汉语国际

教育师资任务培养方式

本书认为加强汉语师资课堂教学的实践性经验和实际的操作能力
是汉语国际教育师资培训的关键，所以要增加被培训者的实践机会
欲达到此目标，就必须提高实践的机会和效率
任务型教学方式是最佳的出路

王丕承 著

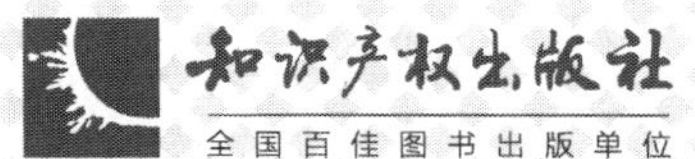
知识产权出版社
全国百佳图书出版单位

图书在版编目（CIP）数据

汉语国际教育师资任务培养方式 / 王丕承著. -- 北京 : 知识产权出版社, 2015.3

ISBN 978-7-5130-3402-9

Ⅰ. ①汉… Ⅱ. ①王… Ⅲ. ①汉语 - 对外汉语教学 - 师资培养 - 研究 Ⅳ. ①H195.3

中国版本图书馆CIP数据核字(2015)第055776号

内容提要

本书针对汉语国际教育师资培养中出现的一些问题，提出了采用任务型教学方式来培养汉语国际教育专业硕士研究生的汉语课堂教学能力。结合著者在汉语教学第一线的教育教学实践经验和培养、培训汉语师资（特别是面向海外的汉语国际教教育专业的师资）的教育教学实践经验，提出了采用任务型教学方式培养汉语师资的必要性、优越性和具体的实施措施。本书认为加强汉语师资课堂教学的实践性经验和实际的操作能力，是汉语国际教育师资培训的关键，所以要增加被培训者的实践机会，欲达到此目标，就必须提高实践的机会和效率，任务型教学方式是最佳的出路。

责任编辑： 许　波

汉语国际教育师资任务培养方式

HANYU GUOJI JIAOYU SHIZI RENWU PEIYANG FANGSHI

王丕承　著

出版发行：知识产权出版社有限责任公司	网　　址：http：//www.ipph.cn
电　　话：010 - 82004826	http：//www.laichushu.com
社　　址：北京市海淀区马甸南村1号	邮　　编：100088
责编电话：010 - 82000860转8380	责编邮箱：xbsun@163.com
发行电话：010 - 82000860转8101 / 8029	发行传真：010 - 82000893 / 82003279
印　　刷：北京中献拓方科技发展有限公司	经　　销：各大网上书店、新华书店及相关专业书店
开　　本：720mm×1000mm　1/16	印　　张：12.75
版　　次：2015年3月第1版	印　　次：2015年3月第1次印刷
字　　数：192千字	定　　价：48.00元

ISBN 978 - 7 - 5130 - 3402-9

前　言

师资培养（教师教育）[1]的重要性，打一个不恰当的比喻，就好比工业领域中的制造机器的"工作母机"，或者是"精密加工机床"，是制造机器的机器。其要求之高、之严是可想而知的，因此应当受到高度的重视，甚至怎么强调对其的重视都是不过分的。

师资情况不佳，直接的后果可能就是灾难性的。好的师资可以弥补教材的不足，而师资不佳会使好的教材无用武之地。师资不佳对学习者的不利影响是难以恢复的，由此会导致学习汉语的生源的丧失。与非专业的、未经系统培训的海外师资相比，我们所培养的汉语国际教育硕士（至少是其中的大部分）是可以成为top gun（顶尖人物）的。师资作为汉语国际教育的"两大瓶颈"之一，其在海外的现状虽然经过努力有所改善，但还是令人担忧的，在汉语国际教育快速展开、快速扩大的情况下，可能会出现无法控制、无法提高的情况。作为另一瓶颈的教材问题，一般不会带来致命的不良后果（除非出现重大的失误），因此师资的问题就成为首要的瓶颈了。

教师是培育人的，与人的身体、智力、精神和情感等所有方面的发展都有着很重要的关联。在人的基本生存之上就是发展，而发展离不开教育，甚至人的生存也离不开教育，生存本能也许是先天通过遗传赋予的，但是生存能力却需要后天的教育来培养，培育这些后天能力的教育者的重要性自不待

[1] "师资培训"和"教师教育"是两个相近的概念，也许有一些差别，如在教育培训的方式和途径等方面，教师教育是更系统、专业化的培训，师资培训更为灵活、多样，但是，就对教师发展的根本目标的作用而言，两者是一致的。由于本书是探讨任务型教学方式在教师的教育培训中的作用，在此研究课题中，两者之间没有区别，任务型的教学方式都可以应用于二者，所以本书对这两个概念不再加以区分，而是随行文而交叉使用。

言。这些都是老生常谈，但是在教育领域中，特别是师资培训领域中出现的许多令人遗憾的现象，使我们发现，许多人并没有明白或故意忽视了这些至关重要的“老生常谈”。

师资培训的难度在于：培训者只能双重地间接发挥作用，也就是只能再间接性地发挥自己的作用。教师的教学要通过学习者的学习才能真正发挥作用，而教师教育者担任的是培育教师的任务，要使教学效果最终落实于教育教学实践，就只能间接地通过被培训的教师才能发挥作用，师资培训的效果要通过被培训教师的教学活动才能间接地得到体现和检验。

有识之士一再强调教师的重要性，认为是所有汉语教学问题的核心，没有了教师就没有了其他的一切。“教师问题、教材问题和教学法问题表面上看是三个问题，实际上它们是互相纠结的，是一个整体。教师是问题的关键，教材和教学法与教师问题密切相关。可以这样说，有什么样的教师就会有什么样的教材，有什么样的教学法。教材的质量、教材是否合用、教学法的取舍都取决于教师的教学理念。而教师的教学理念来自于教师的基本素质和专业素质。”(崔希亮,2010:79)尽管现代教育技术的发展带来了多媒体教学、网络教学和移动学习等多种新的方式，但是在其背后仍然还是要有教师因素在起作用，而且其开展也离不开教师的辅助和支持，其进一步的发展和更新，是仅靠机器难以完成的，仍然需要依靠教师和技术开发者共同合作完成。

许多学者都一再强调教师在语言教学中的重要作用。“教师是教学活动的灵魂，他既是教学活动的设计师，又是教学活动的实施者，他既是传道授业的先生，又是学生言语活动的教练，他既是课堂艺术的创造者，又是学生眼里的百科全书。”（崔希亮，2010：79）可以看出，对语言教师的要求就更是多方面的，甚至可以说是极为全面的。“教师的品性人格、教学观念、教学行为、教学方法都会在不同程度上对学生产生影响。刘芳芳（2008）强调，对外汉语教师富有魅力的人格特征、先进的教学观念、有效的教学行为和科学的教学方法，会对学习者的学习效率产生极大的积极影响。”（黄晓颖，2011：85）与其他学科的教师相比，对语言教师有着异乎寻常的高而且全面的要求，可以认为这是由语言教学的特殊性所带来的。

汉语国际教育是全新的事业，因为在海外开展的汉语教学在许多方面都与国内不同。“现在国家需要、外国朋友需要我们把汉语拿到人家那里去教。整个的语言环境是人家母语的环境，每周最多只有四课时，怎么样在两年到三年的时间里让他掌握汉语，这的确需要重新研究，需要在40年经验的基础上再向前跨出一步。”（许嘉璐，2006：3）可以看出，汉语国际教育在许多方面都与以往我们所熟悉的对外汉语教学有所不同。“海外汉语教学是对外汉语教学的一个崭新的研究方向，围绕着教什么、怎么教、学什么、怎么学、谁来教、谁来学、在哪儿教、在哪儿学、教学效果、学习效果等要素，都因参照系和立足点的不同，与针对来华留学生的汉语教学理论研究有所不同，需要我们不断开阔视野，深入调查，做出科学的归纳总结。”（王路江，2008：55）对教学需要我们重新思考，对于教学者来说也需要重新适应新的要求，那么，在培训新教师的时候就更需要适应这种新的要求。

针对汉语国际教育对教学人才的特殊要求，我们也应该相应地改变和调整教学方式，以适应新型人才培养的需要。为此，我们国家专门新建立了汉语国际教育专业硕士的人才培养渠道。汉语国际教育专业硕士的培养有着特殊的目的和要求，培养方式也因此而带有不同于以往的新特点。“汉语国际教育硕士专业学位研究生教育更重视培育专门化、职业化的教学及管理人才。因此，在未来的培养过程中，培养单位应紧抓能力和实践两大重点不放松，强化培育学生的教学技能、外语（尤其是小语种）技能、文化交流与传播技能等所谓‘三大技能’，加强有针对性的教学实践训练，比如参与像暑期来华‘哈佛班’‘普大班’‘哥大班’那样的海外教学情景真实的封闭式教学及管理工作。”（王路江，2008：52）这里所强调的“能力和实践两大重点”的确道出了汉语国际教育人才培养的关键。

师资培训要解决的是被培训者知识建构和能力建构的问题，具体到汉语国际教育专业硕士的培养上，知识建构的培训不是重点，以往的培训走入了误区，因为硕士研究生已经具备了知识建构的能力和一定的专业知识基础[1]，对他们的教学培训的重点应当在能力建构上，因为能力如智慧（不是

---

[1] 硕士研究生应当具备了一定的专业知识和理论基础，这是对他们的入门级要求，如果缺乏有关汉语本体和中国文化的相关知识，应当自己通过选修补课进行弥补，尤其是后者应当早在基础教育阶段就打下了一定的基础。这些都不应当是汉语国际教育专业硕士培养阶段的主要教学目标。

智力）一样不是先天具备的，也不能通过传授而掌握，而是要通过自己的实践来建构。

汉语国际教育的师资实际上是一种实践性人才的培养，目前的培养方式多为“课堂教学+教学实践”，而这两方面容易脱节，形成“两张皮”，需要在其间建立紧密的联系，作为培养方最应首先抓住的就是在对他们的课堂教学时完成师资教学能力的提升，而不是将这一任务推给教学实习阶段由学生自己去完成。以往的培训方式存在着不少问题，已经不适应汉语国际教育专业发展的需要。面向汉语国际教育的师资培养，迫切需要教学模式和教学方式的转变。许多有识之士已经意识到了问题的存在，正在想方设法解决问题。

汉语国际教育大发展的新形势，使得仅靠“壁炉的火光和导师烟斗里烟丝香味的熏陶”的传统的师徒相传的培养方式（例如，英国牛津大学和剑桥大学的导师制），已经难以适应当今飞速发展的新形势对新型师资的需求了，关键问题是这种方式不能给学生带来大量的实践机会和及时的指导。在急需大量教学人才的情况下，要保证人才培养的教学质量，就必须依靠变革教学方式来创造学生实践的机会并提高教学效率。而变革教学方式，就首先需要转变教学观念、更新培养方式，探索新的培养途径。而且，这不是一种因为教学人手匮乏而采取的权宜之计，而是顺应教学方式本身变革的需要。

国外有很多有大需求量的硕士研究生的培养方式，早已不是师徒相传的培养方式了，特别是应用性学科的研究生培养更是如此。例如，哈佛大学的工商管理硕士(MBA)，一届的学生人数就有七八百之多，如果一个导师带几个、十几个学生，那要配备多少个导师呢？MBA的毕业论文是否需要是研究性的理论探讨？这种面向实际的应用型人才，当然不会要求他们进行高深的理论研究。

教学需要变化的时刻，也就是教学创新的契机。

汉语国际教育师资培训的关键问题是，我们的课程所传授的是否是被培训者所需要的。培训教师实际上是无法判断其所教的内容是否对学习者有益，是否有益于学习者的问题需要由学习者自己来判断和确定，他们可以通过自己的学习实践，经过体验和思考得出自己的结论。

通常的情况下学习者是没有经验的，所以对此问题是很难回答的，但是幸好我们有许多到海外进行教学实习的被培训者的反馈，从他们的反馈中可以发现很多他们在海外汉语国际教育第一线所面临的问题和提出的改进教学的建议，这也是帮助我们判断取舍有关的课程计划和课程的具体内容首先应当重视和正视的因素。

对于汉语国际教育人才培养的内容已经有了许多的研究，但是在培养的主要方面之一的教学能力培训的具体操作方式上还有研究空间，因为在这些方面还存在着一些问题，影响到师资培养的效果，尤其是在被培训者的实践能力方面。

面对汉语国际教育人才这样的新型培养需求，应当调整甚至变革教学方式，强化被培训者的参与，综合培养教学者全面的教学能力。在这种要求下，任务型教学方式不失为一种可行的、能够解决当前教学中问题的、使被培训者适应海外教学环境特点的教学方式。由此，我们师资培养的全部课程的教学方式，至少是有关教学的培训课程，也应与在海外汉语国际教育中所要开展的任务型教学相一致，因此就需要建立一种新型的师资培养的课堂教学方式和教学实习方式。

当今世界上第二语言教学的教学理念和教学方式，已经在不断地进行着更新。“当我们关注世界第二语言教学理念的发展趋势时就会发现，教学理念正在不断地更新。如今，第二语言教学倡导从学生的学习兴趣、生活经验和认知水平出发，采用体验、实践、参与、合作与交流的学习方式，运用任务型的教学方法和途径，发展学生的综合语言运用能力，提高他们的跨文化交际意识，使之最终养成自主学习的能力。”（赵金铭，2008：20）在这种学习方式和教学方式革新的潮流中，各种方式百花齐放，但是任务型教学方式产生了越来越大的影响，得到了教学实践的肯定。“一般认为，20世纪80年代后期至90年代中期，基于任务的语言教学思想开始产生越来越大的影响。‘任务型语言教学’大有替代交际语言教学、形成新的语言教学流派的趋势。”（赵金铭，2007：15）在寻找合适的培训方式时，我们发现任务型语言教学方式在海外开展得很普遍，并且受到了提倡，其实其本身就起源于国外，选择任务型教学方式来培训将来赴海外的汉语教学者，就与其要在海外实施的汉语教学形成了同构性[1]。教（汉语国际教育）与学（研究生培养）的类同，对师资培养的教学操作方式带来了新启示，也提出了新要求。

目前在我国的中学里，面向中学生的教科书和课堂教学都在力求实践研究性学习，采取任务型的教学方式，而我们的研究生教育如果仍然采取传统的知识讲授的教学方式，就不能跟上时代的发展、适应学生已经掌握的学习风格。只讲一些学生熟知、易知的常识，被培训者何以以此深入浅出地运用其在海外开展教学？非实用性的教学内容无法直接与在海外开展的汉语国际教育相衔接，则被培训者困矣！被培训者所获得或强加的无用的东西，使学生在海外实习时感到无助于其教学实践。

任务型教学方式所能够呈现的完成任务的活动是一种复杂的活动，同时也是一种丰富的、接近实际的活动，需要考虑的方面很多，达到了“拟真”“近真”的程度。学习就是一种练习和实践的过程，所谓“学而时习之”的含义之一即此。

实际上在有些高校的汉语国际教育专业硕士的培养工作中，已经采取了任务型的教学方式。“在该批硕士生[2]的培养过程中，采取了任务式的团队合作的学习形式。我们将全班分为幼儿园、小学、中学、大学组，分别准备出国教学的各种资源并且共享，包括课件、歌曲、剪纸等。此外，经常组织全班进行模拟教学，针对不同的教学对象设计教学场景，使得该批硕士生对未来的教学实习有较好的职业准备和体验。”(王宏丽,朱小健,2008:263)可以看出，这种任务型教学方式取得了比较好的教学成效。我们应该对任务型教学方式在汉语国际教育专业硕士培养中的作用多加探索。

如果我们一定要把本来是培养学习者能力的实践性课程采取知识教学的方式来教，并且要求学习者采取知识学习的方式死记硬背，岂不谬哉？知识学习者可以自己主动获取，可以在使用中学习和掌握，而且会更好地掌握。

以往我们的教学者似乎认为在教学中不把所有的语言知识全覆盖、都教给

[1] 两者之间并不具有完全的一致性，这是因为教学的内容和对象等都有所不同。教学中的任务与运用语言的任务有差别，但是在教学操作方式上又有一致之处，因而具有结构上的一致性，所以我们称之为同构性而非一致性。对此问题，本书后文第三章中有专节3.1进行论述。

[2] 指北京师范大学于2006年9月作为“汉语国际教育专业硕士”前身的培养试点而首次招收的47名汉语国际教育专业硕士研究生。

学习者，就会使他们因知识的缺陷而不能学习好目的语，也因此而心生愧疚，对学习者没学习好、没学到的担心。可是实际上，如果真正这样做了的结果却适得其反，因为学习者是否胜任交际的任务、是否具备交际的能力并不主要取决于是否掌握了足够的语言知识，因为知识并不等于能力，这是人们都很容易理解的道理。可是受传统的教育理念束缚，受注重知识教育的传统观念影响，在汉语教学领域仍然把掌握知识作为第一位的任务，造成偏离已经制定的汉语教学的主要目标的后果。

那么，在培养教学者时，我们是否也采用或者摆脱不了面对汉语学习者同样的教育指导思想？我们不是反对和排斥语言知识方面的教学，但是那仅仅是一个基础，教学的主要目标和首要任务是培养学习者的交际能力和教学者的教学能力，对除此之外其他方面的强调，都是一种偏离。

如果转变了教学方式，就可以突破以往传统的讲授式教学方式在培养对象的数量和实践性能力方面的限制，所以值得我们进行积极的探索、积累教学的经验。

对于教学教师都有一个从陌生到熟悉的过程，当然每个新教师都会遇到一些困难，帮助新教师胜任教学，尽量缩短对教学从陌生到熟悉的过程，是很有必要的。教学实习应当是有计划地，而不是自发地去面对教学中的问题。

新教师也不能一步就从教学理论跨越到实际的教学讲台上，要有一些模拟、试讲等环节来准备，让新教师逐步过渡，让担任过相关课程有经验的、熟悉有关课程的教师“传、帮、带”新教师，引导他们发现各种课程的区别之处（不仅是内容方面，尤其是教学操作方式上的区别），这样，就可以减少他们盲目摸索的时间。因此，我们提出借鉴任务型语言教学的操作方式进行汉语国际教育师资培养，目的也是为了增强被培训者的教学实践操作能力，使之更好地适应海外汉语国际教育的实际环境和特殊要求。

汉语教学尽管要以汉语知识和教学技能为基础，但是教学技能不是知识性的，而是行为性的。

培养研究生课程的教学方式是否也可以“精讲多练”，从知识学习的教学变为能力培养的教学呢？只有脱离缺少实践性的教学方式，在实践中打开视野，新的教学方式才能植入，新的教学方式的习惯才能养成。

注意建立新教师满足学习者需求的观念、意识和习惯，已经得到关注，那么，教师学习者自己的需求呢？自然也应当得到关注。任务型教学方式使他们更大的能量、更多的经验可以发挥作用，因为任务提供了可发挥的空间。在任务型学习过程中的挑战性，也有助于他们应对将来工作中的更大的挑战。

保守是改革的大敌。当教育已经十分发达的一些国家（如美国、日本等）仍然在不断地进行教育改革时，我们岂能安枕？岂能贻误战机？岂能误人子弟？

我们必须不断地提出教育改革并实施，可是如果不解决源头上的问题，新培养的教师仍然保有传统的教学观念，传统的教学方式、方法和操作技能，不能适应教学发展新形势的要求，将来还需要对他们进行再加工。如果培养的研究生不能胜任，不免浪费，更主要的是对教学和他们自身的发展不利，所以教师培训课程的教学改革很重要，要落实于内容，不能仅仅是传授一些新观念、新方法，要与教学实习的实践相结合，让他们不是从概念上而是真正能够落实于行动地去贯彻所掌握的新观念、新方法。

本书的主旨就是探讨任务型教学方式在汉语国际教育专业硕士研究生培养方式转变中的创新作用。虽然本书主要集中于探讨汉语国际教育专业硕士的培养方式转变的问题，但也希望能对其他渠道的汉语教学师资培训有一些启示作用。

目 录

第一章

传统培养方式已不适应汉语国际教育师资培训的需求

1.1 汉语国际教育专业师资培训的特殊性

1.1.1 汉语国际教育的特殊性

在海外汉语国际教育迅速开展的新形势下，越来越多的新任务、新课题摆在我们面前。汉语国际教育与国内的对外汉语教学除了语言环境的不同外，一个重要的区别是教学对象的不同。除了孔子学院、孔子课堂等机构的非学历汉语教育外，在学历教育方面也从多为在大学进行汉语教学，扩展到了对中小学生甚至幼儿进行汉语教学。教学对象发生的巨大变化，给汉语教学的教学设计、教学过程、教学方式等带来了一系列的变化，汉语教学的各个环节（包括研究）都应适应这一变化。

在汉语国际教育已经经过多年千辛万苦的努力有所积累并蓬勃发展的今天，令人遗憾的是，国内对汉语国际教育仍然存在着不同的认识。“首先，我们怎么认识‘汉语国际教育’？汉语国际教育的根本目标或实质到底是什么？我们要传播的到底是‘汉语’还是‘文化’？还是‘汉语+文化’？可能在大部分院校和大部分导师看来，这不成问题。但在对外汉语教学领域，从来不乏主张就语言而教语言者。”（朱瑞平，2011：53）“就语言而教语言”的认识已经远远落后于国内对外汉语教学的现实了，更何况是对于在海外开展的“汉语国际教育”呢？抱有这种认识开展汉语国际教育师资的培养，不免令人感到在我们的汉语国际教育事业中潜存着危险。

有学者系统、全面地论述了汉语国际教育的特殊性，“与国内对外汉语教学相比，汉语国际教育人才的工作环境是海外，是特定的国家或地区，其社会、政治、经济、文化等方面与国内存在诸多差异，不同国家和地区之间也存在诸多差异。”（朱瑞平，2011：52）汉语国际教育与对外汉语教学的区别，具体有什么不一样，这里有实例，是第一手的赴海外实习的硕士研究生的自述：“学唱中文歌西班牙语版和中文版的《两只老虎》，学生两分钟就可以自己唱了；《幸福拍手歌》《健康歌》的学习是在身体部位名称学完之后学唱；师生一块儿踢毽子学数数；最有用的句子是：‘我可以去一下洗手间吗?’‘我不明白。’当学生聊天的时候，我会教他们‘请安静’，然后让聊得最欢的学生跟我读几遍，最后再告诉他这句话的意思，然后学生们会大笑。”（马燕华，2008：256）可以看出，这诸多的差异需要我们去认识和了解，更需要第一线赴海外从事汉语教学的人们做好适应这些差异的准备。如果没有做好这样的准备，就会带来不良的后果。“对这种种差异缺乏足够的了解，我们的培养方案和课程设置就会有欠缺，学生无法在一年的强化学习中获得足够多的相关信息，掌握相关知识，形成一定的相关能力，就会影响到他们在赴海外任教时的实际工作能力和工作效果。特别是，当学生缺乏这种差异意识的时候，问题会显得更严重。比如，有些实习生不了解当地的教育文化，表现出对环境的不适应，无法很好地开展工作。”❶（朱瑞平，2011：52）实习生本身没有太多的责任，主要的责任还是在培训者身上，因为实习生的认识不足、准备不够都与培训者的培训不到位直接相关。

在海外开展的汉语国际教育与国内的对外汉语教学最显性的区别是目的语环境的差别。“在汉语作为外语（CFL）的环境下，学习者不可能像在汉语作为二语（CSL）的环境里那样，‘沉浸’在目的语的‘海洋’中，出门就能碰到中国人，就能用汉语跟他们交际。由于没有多少机会跟以汉语为母语者进行接触，这就使得汉语口语练习或训练成为绝大多数学习者的一道难题，就如同中国人在国内学习英语所遇到的问题一样，甚至更难。”（吴勇毅，

❶ 这一问题在汉语教师中国志愿者身上更为突出，其轻者无法胜任日常工作，甚者至于违反当地的法律法规，败坏国家形象。——原注

2008：92-93）

汉语国际教育中教学对象的“低龄化”，要求教学者在课堂教学方面改变以往汉语教学主要面向大学生时所实行的课堂教学方式。另外，在课程设置和教学课时方面的条件限制，也不允许在海外仍然采用分课型、分技能的传统教学模式。在汉语大多作为一门选修课而非专业课（可能每周只有一两次课）的情况下，一般只能采用国内综合课的课程设置和教学方式。

课堂教学方式也需要做出改变，“照本宣科”本来就违背国内通行的“精讲多练”的教学原则，在海外的汉语教学条件下就更行不通了。因为面对低龄的教学对象❶，依靠原有的需要高度集中注意力、迅速跟上教师快速教学节奏的讲练方式难以实施和开展教学，因为学习者在低龄的情况下难以保持长时间的注意力和持续的学习兴趣。如何适应这种教学对象发生变化的新的教学特点，甚至更为重要的是，如何吸引学习者选修汉语课成为决定教学成败的关键。这不仅对教学者的教学能力提出了新的要求，而且提出了适应海外汉语国际教育特点和要求的新型师资的培养方式变革的新课题。国内的对外汉语教学界，已经对此进行了许多探索，包括设置“中华才艺课”以求满足开展新型教学的需求❷，但是，更为核心和重要的是对教学者在新型课堂教学方式培训上的变革。

海外汉语国际教育中面对的学习者的特点与国内的对外汉语教学也有很大的不同，学习者在背景和水平等方面的一致性大于国内高校对外汉语教学面对的学习者。而且，汉语大多并非是“第二语言”，或者说并非是“第一外语”，学习者会有一些学习外语的经验，这使得汉语国际教育中的学习者也不同于国内中小学学习外语的学生，这也是汉语国际教育的特殊性所在，这是以往的对外汉语教学和国内中小学外语教学的教学经验都无法涵盖的教学新课题。

对于海外学习的特点，有赴海外进行过汉语教学的志愿者就提及，“特

---

❶ 甚至有不识字者成为汉语教学的对象，如在幼儿园的3-6岁的年幼学童。

❷ 还有，加强了对外语技能的培训。外语不仅在面试求职和海外生活中至关重要，更为重要的是，在教学工作中是极为重要的。使用媒介语，可以加快教学的节奏和进程，以适应课时少的教学条件，也便于教学者与学习者之间的沟通，能够更好地开展教学活动并取得更好的教学效果。

别是对成长在素有‘自由的国度’之称的泰国学生，学生在日常生活、学习中以随性为主，学业上也没有多大压力，如果对学生管理过于严格，教师过于严肃，学生容易对教师产生畏惧心理，心理上有抵触情绪，从而拉大师生距离，教师将无法得知学生思想、行为动态。另外，泰国高中生比较感性，宽松的师生氛围，能够拉近师生距离，容易让学生喜欢上一个老师。这一年龄阶段的学生喜欢上一个老师可能不是因为老师渊博的知识，而是老师对学生的尊重，愿意和学生做朋友。”（樊泽媛，2014：106）泰国学习者的这种情况，就对教学者提出了新的要求，如果适应不好，就会带来不佳的教学效果。“泰国的中小学教育非常重视学习者的意愿，强调学习的趣味性。上课时多采用灵活的教学方式吸引学生的注意力，而对课堂纪律等要求相对宽松。由于不适应志愿者们的上课方式，所以迟到、不听老师讲课、和同学聊天、吃东西等现象比较普遍，而志愿者教师大都习惯了中国学生‘规规矩矩’的上课方式，遇到这些‘无法无天’满堂乱跑的学生，一筹莫展，不知道该如何处理，往往用大量的时间来维持课堂秩序。”（步延新，2014：139）海外汉语教学的特殊条件，对教师的能力提出了许多不同于国内进行汉语教学时的新要求。

中小学生的特点也不同于以往在对外汉语教学中面向成人学习者时的情况。“处于中小学阶段的语言学习者大多模仿能力较强，爱说爱学，在学习语言的过程中，善于通过语言要素的模仿和频繁运用不断地完善自己的语言体系。但由于这个阶段的学生自控能力较差，注意力集中的时间有限，在课堂学习中很容易就受到其他事物的干扰；他们的思维能力和认知能力还不完善，母语的语言体系还不健全，对语言的认识还不够理性，他们更善于对形象化的图片、视频所表达的语言内容充满兴趣，而不是死板地记忆语言中所体现的规律性的认识；他们容易接受新生事物，如果教学模式和教学方式活泼、有趣，就能比较顺利地培养他们的兴趣，让他们好学、乐学，但这个年龄阶段的学生面对困难和挫折，面对枯燥乏味的教学内容和教学模式也容易失去兴趣；他们还没有建立科学的完善的学习习惯，没有形成独立学习、独立思考的学习能力，在学习过程中比较依赖教师的指导；中小学生，尤其是小学生，思维活跃，他们喜欢玩，善于玩，不喜欢直板板地坐在椅子上学习，在学习中，喜欢通过玩的形式完成学习语言的各项任务，在学中玩，在玩中学是他们喜爱的学习方式。”（谢艳，2014：334-335）只有适应这样的学习者的特点，才能顺利地开展汉语教学，如果沿用以往针对成年学习者的教学方式，恐怕会面临教学的失败。

在没有利益的驱动，没有外在压力的情况下，如何吸引学习者？如何使教学有趣味性，从而引发其内在的动力？趣味性（有意思、好玩儿）只是一端，而且也不完全只有游戏性的教学内容才是有趣味，成就感、成功的喜悦同样可以带来吸引力，学习者克服困难的意愿和现实的可能性同样也会带来吸引力，而且这些引发的是学习者的内在兴趣，产生学习的真正动力。海外汉语教学的课程常常是作为选修课而开设的，不能依靠强迫使学生来学习，唯有靠吸引。要使汉语具有吸引力，唯有改变面向成人的教学方式。

在海外的中小学还有以汉语为家庭语言的学生，如果他们选修了汉语课程，对他们的教学和要求要不同于其他类型的学生。在海外进行汉语教学，可能要面对水平和特点都有较大不同的教学对象在同一班级里上课的情况。传统的只关注语言结构的教学思路显然不能满足各个种类的学习者的需求，其中有些是差异很大的特殊学习需求，因此，教学应当更侧重于语言表达的技能和内容方面，而非语言知识和言语技能。

已经学习过一些汉语的学习者在班级里会处于水平稍高于其他学习者的状况，这会使他们处于“高不成低不就”的状态，难以融入班级的学习中去，反而影响其进一步的提高。海外中小学汉语教学与大学（海外或国内的）汉语教学的衔接的问题也应当引起我们的关注。如果对这个情况不够重视，也会给大学里的汉语教学带来不利的影响，因此有些海外大学的汉语教师会担心，如果在中小学开展的汉语教学水平不高，对学习者后续的学习会产生破坏性的影响。

海外的汉语国际教育没有语言环境的支撑和依托，课堂上与课外的练习就更为重要。任务型的教学安排能够联通课内和课外，创造学习者参与目的语运用的机会。海外的汉语国际教育缺乏社会环境，需要在课堂上建构一个模拟的目的语环境（教学环境）。

在海外开展的汉语教学是开放性的汉语教学，首先就是对学习者（年龄、背景、出身、经历可能差异极大）的开放，教学因而也必须是开放的（开放性教学），教学者就不能自我孤立，要注意与开展教学有关的各方面的联系，同时也向各方面开放。在海外开展汉语教学，学生是独特的，教学也是独特的，所以，教师就必须是独特的，但并非没有规律可循，虽然没有通用性的方法，但是教学方法的规律是有的，只是方法有多样性，要在师资培训时进行甚多储备，以便他们能够灵活运用。应变能力就是创新能力，照本宣科，一味模仿是不能应变的，因其无创新，所以要让学生自主，才能带来创新，束缚了思想和手脚（技术层面），何来创新？

海外汉语教学的自主性、主导性与在国内时都有所不同，教学者的调整、改变是根本性的，既然如此，培养教学者的方式必定也要做出相应的调整，不同于以往，要进行根本性的改变。由“对外”变为“适外”，在不失教学主体性的情况下，主动地去适应海外的情况，满足学习者的要求。另一方面，针对性也要增强，学习者有可能是比较单一的背景，与在国内的对外汉语教学中大部分是混合班的情况不同。还有，媒介语的使用问题也因此与国内不同。教学计划、教学材料、测试标准等都要发生变化，都要做出调整。不是由此不要保持教师教学的主体性、自主性，但保持的方式要更加注意策略，仍然是要进行汉语教育，但不是强行进行。要强行进行的话，就是要求对方适应我们，这在海外恐怕难以实现，但是可以顺应性地进行汉语教育，也就是在顺应海外特点的情况下开展教学。在表面上似乎失去了主导性的同时，达到我们要达到的汉语教育的大目标，否则能否立足和生存下去都会成问题，何谈汉语国际教育大目标的实现呢？当然，我们有许多有利条件，海外对汉语学习的需求就是最大的动力和有利条件。首先要做到能让对方接受，也在同时要求我们自己去适应，如果我们不去主动适应，对方如何能够接受？

适应海外的汉语教学，教学方式要做根本性的变化，因为汉语国际教育不同于对外汉语教学，两者之间不是简单的教学环境的差异和学习者差异的问题，如果真的差异不大的话，那只需把在国内的对外汉语教学变成在国外的“对外汉语教学”就行了。但实际上，不仅是教学环境差异（非目的语环境与目的语环境之间的差异），而且教学观念、教学大纲、教学方式等都会有所不同。甚至教学的主体性都发生了变化，不是“对外”了，因为教学者自身变成了这个“外”，不是以前的要别人来适应我们的教学安排，而是要我们的教学者发生改变、调整，去适应海外的汉语教学，因此要在教学设计、教学实施和教学评估一系列的内容和环节方面都要突出海外汉语教学的特点，如汉字教学要求的调整等。

1.1.2 汉语国际教育专业的特殊性[1]

汉语国际教育专业的设立主要是为了满足海外汉语教学的需求。“虽然我们有传统的对外汉语教学方向的硕士、博士，而且经过十余年的教学实践，这些对外汉语高级人才的培养已经趋于成熟，但必须承认，我们的对外汉语教学方向的硕士博士，无论从培养周期看，还是从课程设置看，抑或是从生源构成看，都不能完全满足当前海外汉语教师的需求。因而，通过特定专业的硕士教育，培养适合海外从事汉语教学的应用型人才，应当是解决问题的办法之一。”（张和生，2008：29）汉语国际教育专业的突出特点有两个：国际性和应用性。汉语国际教育专业硕士与对外汉语教学学术硕士之间的区别，用一个不恰当的比喻，就是经济学硕士与工商管理硕士的区别，两种情况中的后者都是更为面向实践的，实质上也是对理论与实践的偏重有所不同。

汉语国际教育专业的设立，对学科发展的意义重大并且影响深远。“汉语国际教育硕士专业的设置，标志着她已经成为一门独立的学科，其产生恰逢其时。她比起原来对外汉语教学本科专业和对外汉语教学硕士培养方向来说，其内涵更丰富，视角更宽广，手段更多样，因而其揭示对外汉语教学之本质的可信度更高。”（徐宝妹，吴春相，2008：43-44）汉语国际教育专业设立最突出的重大意义，首先就是标志着学科发展走向成熟。“我们也应该看到，汉语国际教育专业硕士学位的设立不仅是这一学科领域的一个重大突破，同时也标志着对外汉语教学向汉语作为外语/第二语言教学的转变。”（程爱民，2008：37）学科的这种转变是走向成熟的一种体现。

汉语国际教育专业中所培养的专业硕士具有特殊性，是所有各种专业硕

---

[1] 汉语国际教育专业作为一种学科，本书作者认为是：“多学科综合的、应用+理论型的、偏重技能辅以知识的新型学科”。

士中唯一带有国际化特点的。“我国目前设置了19种专业学位，这里边只有汉语国际教育硕士具有国际化的特点，只有汉语国际教育硕士将来的工作环境主要是国外，他们将来所面对的教学对象、教学环境基本上是完全生疏的，所以在校期间就应当让他们对国外的教育制度、文化习俗有基本了解。汉语国际教育硕士如果不重视实际工作能力、跨文化交际能力的培养，面对一个全新的环境，就可能适应不了工作，甚至产生心理问题。”（杨用同，2012：216）这种国际化的特点，实际上使培养人才的方式也必然要带有面向国际化的特殊性。❶

有学者认为，汉语国际教育硕士研究生具有双重的身份，“汉语国际教育硕士，既属于师资，又是具有特殊性的师资。这是因为，汉语国际教育硕士主要的任务是进行海外汉语教学，同时肩负着推广祖国文化的艰巨任务，正如许嘉璐先生所说，他们是重要的文化使者。❷汉语国际教育硕士的个人和群体形象，不仅关系到个人的汉语教学工作，也同时关系着汉语国际教育硕士专业学位点的发展，关系着汉语国际教育事业的发展。”（吴春相，2012：2）我们认为，汉语国际教育专业硕士在进行教学实习时，既是学习者同时又是教学者，肩负着不同于一般学习者的任务和使命，所以对他们的培养方式不同于其他专业，也不同于相近专业的对外汉语教学方向硕士的培养方式。

汉语国际教育专业硕士的培养确实由于种种原因要面临许多的困难。有学者提出，“和对外汉语、语言学及应用语言学等科学学位即其他专业学位相比，有人把本专业生源状况带来的问题概括为‘三难’：老师难教，教学难管，学生难做。不论这种概括是否准确，但教学时间一定，授课时间很短（除实习一般只有一年多），用同一类型和内容的课程，难以满足不同来源、不同去向和不同专业水平的学生，这确实是汉语国际教育专业硕士培养面临

❶ 还有，语言教学工作以及学科本身也带有不同于其他学科及工作的特点，在论及外语教学时，有学者就指出了其特点，“外语教学的对象是语言，语言的教学不能等同于其他学科的教学，应该采取不同于其他学科的知识技能结构体系。在教学上也应该有不同的教学行为、结构系统以及不同的教学行为内在运行机制，才能保证不同学科知识的获得和技能的最优化的发展。”（严明主编，2009a：4）

❷ “汉语国际教育硕士是中华文化的使者”是许嘉璐先生2011年2月在北京师范大学举行的“第三届全国汉语国际教育硕士培养论坛暨专业硕士培养工作研讨会”大会上的讲话。——原注

的第四大挑战。”❶（萧国政，2012：347）确实有很多主客观的原因，导致了汉语国际教育师资培养工作开展的困难。除了新专业的开设必然面临的许多客观困难需要克服外，也有一些主观认识的问题需要解决。

在我国，专业硕士的培养教育开始的时间不长，缺乏经验和积累。“我国专业学位设置时间还不长，很多专业学位培养单位又没有充分认识到这类学位的独特性，因而在培养模式上与学术型学位没有根本区别。”（林秀琴，2012：221）由于对专业硕士的特性认识不充分，培养工作易于走向培养学术型硕士的传统方式。在汉语国际教育专业硕士的培养工作中也存在着类似的问题。有学者明确提出了在汉语国际教育专业硕士培养中的类似问题，提倡要改革培养方式。“汉语国际教育专业硕士培养首先要改革传统的科学硕士的教学体系和培养模式，不要让这一传统模式在某种程度上束缚了我们的手脚，使我们在汉语国际教育专业硕士教育中自觉或不自觉地按照原来培养科学硕士的模式进行，因为传统的科学硕士教育侧重于学术训练，而非培养应用型专业人才的职业教育。这也正是科学学位与专业学位的一般区别。因此，这就需要我们从教学目标、课程设置、教学方法、师资队伍、教学特色等方面进行改革，探索并创建适合汉语国际教育专门人才的培养模式。”（程爱民，2008：37-38）可以看出，这种教学模式的变革是全方位的，如果对这种变革的必要性和重要性认识不足，就会带来工作上的偏差。

有学者认为，对汉语国际教育专业特殊性认识上的偏差带来了工作上的问题。“专业硕士在我国只有二十来年的历史，许多人对它还存在认识上的偏差。建立时间早于汉语国际教育硕士专业学位并且其培养目标也是教师或部分是教师的教育硕士和体育硕士就一定程度上存在着定位模糊、实践性课程不足、教学方法陈旧等问题，培养过程中难以跳出学术型人才培养的框架。（李庚，2009：李静，2010）”（林秀琴，2012：219）对专业特点的认识不足，就会带来不重视实践性❷的弊端。“有些培养单位由于对本

❶ 前三个挑战分别是：“专业性质的挑战”“培养目标的挑战”“培养环境的挑战”。

❷ 实践性对汉语国际教育专业人才培养而言是非常重要的。有学者就指出，“杨启亮(2001)认为‘教育硕士专业学位，其规格特色有两点：一是职业专门性，二是教育实践性’。教育硕士是以教师为职业的专门学位，与科学硕士相比，在教学能力上应该具体不可替代的优势。这种职业的专门性决定了其教学实践性的特点，教育硕士的强项应该是在理论指导下的教学实践。”(汝淑媛,2011:245)

专业实践性缺乏认识，任课教师不少都缺乏汉语教学经验，甚至语言课和语言实践课的任课教师不光缺乏海外教学经历，连国内对外汉语教学经验都没有。由于缺乏一线教学经验，不少教师在本专业学位研究生的培养过程中，仍然以知识讲授为主，缺乏互动，教法死板，理论与实践脱节现象严重。专业硕士是应用型硕士，必须与实践密切结合，如果课程设置、教学方法仍沿用学术型学位的路子，学生毕业不能尽快适应工作，就失去了设置这种学位的意义。”（林秀琴，2012：220）培养工作上不注意汉语国际教育人才的特殊性，也就不可能获得能够满足海外汉语教学特殊性需求的培养成果。

要解决这样的问题，首先就要在观念意识上认识到，在海外教学的汉语教师与在国内进行教学的有很大的不同。“如果说‘对外汉语教师’[1]的教学任务相对单一的话，那么‘国际汉语教师’面对大量世界各国的、以未成年人为主的教学对象。面对众多学习者各种各样的新需求，必须具备更为全面的教师素质和能力。”（朱瑞平，2014：15）可以看出，实际上对在海外的汉语教师有着更高的要求。“国际汉语教师标准里的‘教师具备良好的心理素质，能应对教学过程中的突发事件，并在任何场合中应体现良好的职业道德素养’等要求表明，开展国际汉语教学还需要教师的爱心和道德伦理，实践性知识和智慧，创造性寻求变化的自主探究，在行动中的反思调整，善于学习交流，这些，同样是国际汉语教师迫切需要的专业化要素……”（陈梦云，2014：125）可见，汉语国际教育人才的素质和能力要更为全面和多样化。

与海外汉语教学中师资的重要性相一致，培养这些师资的师资也同样重要，如果对比认识不足或不加重视，同样会带来问题。“在实际教学工作中，并非每一位相关的教学者和学习者都了解这个专业。目前还未形成稳定的高素质的汉语国际教育专业的师资力量，很多课程由汉语专业教师、语言学专业和文学专业教师教授，由于这些教师对该专业目标并不熟悉，教授课程是很容易套用他们专业学生的教学内容和方法，这就造成了教学方向与该专业实际需求不十分相符的情况。”（杜健，2012：326）可以说这些教育者

---

[1] “对外汉语教师”此指在中国本土以成年的外国留学生为主要对象进行汉语教学的教师。——原注

还带有本位意识，而非具备汉语国际教育专业的学科意识。汉语教学是教育和语言的结合，因其来源不同，强调哪一端都不对。汉语教学自有基础，并非是以语言学和教育学为基础，应自建学科基础，自走新路。在汉语教学学科已经有所发展的当下，再权宜性地依附于应用语言学之下已经毫无必要了，是不明智、不科学的。目前已经被认可的学科独立性，在已经千辛万苦地争取并且得到了之后，为何弃之如敝屣？为何要重新回到寄人篱下的状况？教学用的语言和为了学习语言的教学，是有明显的不同的。[❶]

专业硕士的课程建设与学术硕士的要求不同，就像经济学硕士与MBA硕士课程设计必然不同一样，同样需要有一个差异性的认知。MBA课程强化操作性，以案例分析为主，强调了操作性、实践性。同样，强调应用性的汉语国际教育硕士，也应突出这一点。

以“急用先学”为教学理念，以传统的学术型硕士的培养理念来框定新型的、实用性的专业硕士，在培养目标、模式有所不同的情况下，必然方枘圆凿。认识到两者之间的区别，并不是要强行割裂两者之间的相同之处和相互联系的可能性，但如果以往出现了在教学理念上和培养设计上不加区分的问题，现在则有必要突出地强调二者之间的差异性。

在汉语国际教育专业硕士的培养上，应当区别知识性课程与实践性课程，即使是知识性的课程也不能采取“满堂灌”式的“照本宣科”的教学方式。“总结我们这几年的汉语国际教育硕士培养工作，我们可以大致概括为：体验式的学习模式锻炼了学生的教学能力，主题式的教学安排激发了学生的钻研精神，互动式的文化课程拓展了学生的文化视野，协作式的互助体制造就了学生的集体凝聚力。”（张和生，2008：33）课程和教学方式的丰富化，为汉语国际教育专业硕士的培养提供了多样化的选择，培养人才的模式不再单一化，可以进行细分，而不再是“一以贯之”的，而是有了针对性。

对汉语国际教育硕士的教学要培养他们进行课程设计的能力，与国内的

---

❶ 许多对外汉语教学之中的汉语本体研究脱离本学科的教学，是“两张皮”，对本学科而言毫无意义、没有价值（无直接价值就可以视为是无价值，因为作为一个新兴学科，本学科需要研究的课题空白太多，无助于学科建设的研究不应支持。就像磨刀石对切菜的人没有价值，只对磨刀的人才有价值。所谓“术业有专攻”，偏要让切菜的人去磨刀，让磨刀的人切菜，结果将使两者皆成外行。）所谓“学科”“专业”就是要“术业有专攻”，就是要“与众不同”，才有存在的地位和价值。

教学情况不同，国内进行的实习通常鲜有这样的机会，通常都已经有了系统的教学安排。因此要包括对课程的设计、描述和介绍的能力的培养等。

国内高校的对外汉语教学的方法，可以通过被培训者对国内高校的教学观摩和在教学实习中获知和体验到，但是海外中小学的汉语教学则难以在培训阶段使被培训者亲身体验到，需要发展和积累这方面的经验，创造有关的观摩和实习条件（国际学校或国内中小学开展对外汉语教学者），使教学实习和教学经验的获得伸展到新的教学领域。在国内的实习有助于被培训者积累课堂教学的经验，但仅仅依靠实习还是不够或者时间过晚，在被培训者的集中学习阶段就应当着力有针对性地培养其在海外开展汉语国际教育所需的教学技能。教学设计和教学操作的细化和具体化的掌握对于被培训者来说很重要也很实用，在与教学有关的课程学习阶段就应当让被培训者参与操作，这样才能使他们有所体验和不断反思，从而获得教学能力。因此，就要转变师资培训的教学观念和教学方式，更贴近在海外开展汉语国际教育的实际，使被培训者获得马上就能上手使用的教学技能。

汉语国际教育硕士研究生在教学计划中安排有教学实习而且尽量安排在海外进行，但是这一般要等到第二年才开始，这就有些晚了。尽管实习也是一种学习，但是主要学习和积累的是面对具体的教学环境的工作应对技能和经验，系统的相关教学技能的培训应提早并且大量地进行。为了更好地发挥实习的作用，更应该及早进行有关实习准备的培训。当然，这种培训是系统的，是上升到理论的，不是只让被培训者掌握一些“头痛医头脚痛医脚”的零散应对技能，而是要使被培训者掌握全面的教学策略和技能，使他们获得根据教学实习的教学环境的具体情况能够自主选择最佳教学方案的能力。所以，实际上这方面的教学任务是重要的、繁重的，应当予以高度的重视，在培养计划中列为重点，贯彻落实。

归根结底，对汉语国际教育专业硕士的培养，要突出作为汉语教学师资的培养特点，要突出其教学性，因为这是对教学型人才的培养。

1.1.3 汉语国际教育师资培训的特殊性

语言教学的特殊性对语言教师也提出了极高的要求。“教师不仅仅是知识的传授者，更是课堂的管理者、组织者、协调人和参与人，他还是一名心理专家和谈判专家，必要时要把握学生心理，懂得循循善诱，动之以情，晓之以理。总之，教师是汇多种角色于一身的综合体……”（丁仁仑，2010：17）在语言教学中，教师要扮演多种角色，承担起复杂的任务。既然如此，对语言教师的培训也必然是特殊而复杂的一项任务。“教师的学习是一种特殊的学习——专业学习，其重点在于成功的教师所必需的三个教育过程的整合：人的发展、课程开发和教学。”（Arhar，Holly，& Kasten，2002：7）教师是需要进行专业培训的，尤其是第二语言教师。这是以往认识不到或认识不足的。改变对于汉语教师培训的认识，对汉语教学学科定位有重要的影响。因为第二语言教学对教师的教学技能有更为多方面的、更高的要求。学科知识的宣讲是简单的（因所讲的内容为确定性的）、容易操作的，而第二语言技能的培养要更复杂、更长期，不同于知识的获得，也不同于其他类型技能的训练。

有学者提出了对外汉语教学师资培养的特点，“就对外汉语教师培训与人才培养而言，传授知识较易，培养能力较难；就对外汉语教师水平的评估而言，考核知识多少较易，评价能力高低较难;就对外汉语教师的综合素质而言，有知识不一定有能力，但知识不足能力必定欠缺。不断完善自己的知识结构和能力结构，不断提高自己的素质，对对外汉语教师来说是一个终身的过程。”（张和生，2006：112）对于汉语国际教育师资培养而言，也是如此。

在海外开展的汉语教学，其中作为教学核心环节的课堂教学，面临着教学环境、教学对象和教学内容的一系列的变化，也要求对赴海外任教的师资的培养要随之发生一系列的变化。

教师的培养并不简单，面临诸多限制，各个方面的平衡也非易事，看似容易效果却并不理想，需要思考和探索解决问题之路。“教师的成长受到教师本身成长过程中的教育体制、师资水平、社会文化环境、个体知识结构、个体性格素养等诸多因素的影响。”（魏慧萍，2012：339）被培训者并非一无所知，完全是空白，但对于教学的所知所能又几乎是空白。

专业的师资培训与对教学者的临时培训不同，通常是对没有教学经验者进行的，在注重培训的系统性和专业性的同时，还应更为注重实践性，因而应当大量增加具有充足实践机会的实践性课程，同时在教学和培训方式上进行改革，增强被培训者在课堂上的实践机会和能够及时接受指导的机会。如何在课程学习的课堂上贯彻实行这一教学和培训理念，实习类的实践内容如何在课程学习的课堂教学中开展，对这些问题的回答，具体来说，就是采用任务型教学的培训方式。

第二语言教学的教学者要进行直接面对学习者的个体性实践，需要增强应对实践中的挑战的能力。实践的过程也是建构的过程，以前的学习可以视为是准备，而不是目标（目的语知识的掌握、技能的训练都不是目标），目标就是实践。教学大纲规定了教学目标、要求、内容等，但是如何具体落实和进行教学操作需要摸索，这就要求培训课程建设要面向实践。培训课堂上的实践活动就是运用的活动，就是检验的活动，是培训过程的一部分。

被培训者的真正实践就只有进行教学操作，那么在实践性课程的教学过程中，可以进行系统的各种教学条件下的模拟教学实践，真正的实践活动是培训者亲身参与的，而不是作为旁观者进行观摩。虽然观摩是必要的，甚至要反复进行，但是观摩仍然代替不了被培训者对教学的亲身体验。这里要突出强调的是实践，实践是第一位的，学习是为了实践而服务的，而不是相反，实践只是为了验证学习，或者仅仅是为了帮助学习。

培训将使被培训的新教师尽快和顺利地进入教师角色，或者进入新的教师角色（这是对有其他方面的教学经验的教师而言的）。

课堂上的教学实践，也使被培训者的教学能力由隐性的变为显性的。尽管最终的应聘面试和教学实践必然会使被培训者的教学实践能力显现出来，但是我们此前的教学就要提前为此做好准备，有意识地使这一过程在课程教学阶段提前进行，使被培训者的能力和教学缺陷早一些暴露出来，有助于促进他们对自己的教学行为的自知、反省和改进。

如果被培训者直接一步就跨入汉语教学的课堂（国内的或者海外的），必然会使他们面对着各种各样的教学困难，难以应对，提前和增强在教学课程学习阶段的实践活动，即使不能完全解决所有的问题，至少可以有助于减少困难或解决问题的难度。

实践性的活动对教师发展有着的重要意义。师资培训带有明显的实践性，可以使被培训者获得教学的过程性知识和技能。被培训者的岗前实习，以及在课程学习阶段的实践性活动，通过讨论性和探讨性的对实践的总结，使被培训者能够自我发现和提升，从而提高他们的教学能力和水平。

在汉语的课堂教学中存在着教学的标准化与学习者个性发挥的矛盾，这就要求我们培养的教学者适应性要强，教学适应面要宽，有能力适应各种教学环境、各种课程和各种学习者。海外汉语教学对教学者提出了要具备教学方法灵活性的要求，教学者对自身教学行为的调整、改变能力，应成为培训的重点。[1]培训的方式要包括结合教学实践进行的指导，不是盲目实践，要有准备、有目的，而且目的明确，自我目标清晰。

教师培训中可以更多地培训灵活使用多种督导方法，对有教学经验者和无教学经验者都可以进行这样的培训。汉语国际教育是经验型的学科，教学经验对于专业硕士的培养来说十分重要。

语言教学是一种训练，教学者的教学能力同样要通过训练获得。要在有要求、有指导的情况下进行，避免随意性，要建立标准，保证质量。提供给学生的课程，是否是其最需要的？不是最需要的就是随意性的内容（效用低的内容）。如何避免教学者的教学随意性？任何内容都有可能对某些被培训者是无效的（包括已经掌握的），出路之一是，教学设计不从内容出发，教学内容由被培训者自己根据需要去选取、确定，但框架和细节

---

❶ 我们要使被培训者能够有意识地在实践中调整、改变教学方法，尝试使用多种教学方法以观察其效果，并最终寻找到最佳的有针对性的教学方法。有时，这种改变和调整也可以是很大幅度的，类似于用不常用的另一只手吃饭。

确定的依据是未来的教学（教学情况是多样的，选取、定位于其中的一个方面）。

教师培训不是封闭的过程，而是循环的过程、开放的过程。由课堂进入到实践，由个体进入到群体。以对教学行为（自我的、他人的）的观察、讨论、评判来建立实习教师的自我提升。课堂教学的能力也包括对教学行为进行观察时的个人对各种情况的敏感性。

新教师在开展教学时会面临许多的困难，“相比那些有经验的教师，新教师在开发教学计划方面还有更大的挑战，主要原因有三点：第一，对于预先列出应的基本掌握的问题，他们没有经验作出快速而有效的判断，他们是第一次作出希望学生知道什么和能够做什么的决定；第二，新教师通常缺乏可拓展的评价技能，而有经验的教师却在这方面有很丰富的技能；第三，对于没经验的新教师、有经验的学区新聘任教师或者改变了教学年级或科目的教师，他们面临的最大挑战是缺乏学区所规定的在他们教学中应该具备的专业课程标准的知识。”（Ribas，2006：93）新教师需要我们的帮助，但是最大的帮助还是在对他们进行培训的阶段就使他们做好开展教学的准备，想方设法使他们尽可能多地获得一些经验。缺乏经验者不能直接照搬有经验者的教学方法，因为要找到适合自己的方法。这只有增加实践中自己的摸索（不断反思、不断调整）而去不断积累。

被培训者不仅要设想自己要采取的教学措施，并且要多设想出另外的教学问题解决方法，要有两种或多种方案。与其他人的讨论、评估、分析可以避免个人的主观性，增强对问题的判断和问题解决方案的客观性。避免教学的主观性，增强客观性和科学性也是教学培训中的重要课题和内容。

被培训者要设想到所可能将要面对的各种困难（也可以作为任务），而不是理想的状态（理想状态的教学条件下，很容易就可以教好），但可以把困难的状态转化为理想的状态，要在各种情况下有备案、有预想，教学只有想方设法采取各种有针对性的措施，才能取得良好的成果。

教师对于教学都有一个从陌生到熟悉的发展过程，当然每个新教师都会遇到一些困难，帮助新教师胜任教学，尽量缩短对教学从陌生到熟悉的过程，是很有必要的。教学实习就是要有计划地，而不是自发地去面对教学中的问题。

要使被培训者认识到教学中等待的重要性。如在汉语教学和师资这种技能培养中，教学者要学会等待，因为要等待被培训者的表现，甚至要等待被培训者达到理想的表现，至少是比较理想的、合乎要求的表现。等待是一种关照。[1]教室似乎是一个永远需要被填充满而不是出现空白的地方，可教学者的这种等待不是空白，往往是学习者产生学习成品的必经进程。我们不能期待成果不经历一个过程就瞬间产生，而耐心等待的能力需要培养，教学者要学会忍耐被置于悬置的状态。对学习者来说也是如此，即使在合作学习中，学习者摆脱了大部分的被动状态，但也仍然需要有耐心等待他人表现的能力。

除了表达能力的培养训练以外，还要注意培养新教师倾听的能力，以往我们太重视表达，而做一个倾听者更难，不是一个心不在焉的听者，而是真正能理解、获取的倾听者，成为要有积极反馈的倾听者。做出有价值的反馈并不容易，所以作一个教学者在操作上并不难，但能真正教会别人（包括小组活动中的他人）却确实需要坚忍、坚韧的耐心。无耐心则无可观的成果，等待虽饱含辛勤，但也有丰硕的收获。

论及海外汉语教学师资培养的特殊性，就不能不提及文化教学的问题。“如果我们培养的人才仅仅是语言技能教学的高手，这是远远不够的，他们还必须是文化传播的能手，这是从主观的角度说的。从客观的角度说，文化传播不仅是我们的目标，也常常可以当作手段来用。”（朱瑞平，2011：54）文化传播是海外汉语教学的特性，也对汉语国际教育师资培养提出了必不可

---

[1] 在课堂教学中还会形成另一种等待，这就是“满堂灌”的教学方式所造成的学习者的等待。“满堂灌”把学习者置于了一种等待的状态，这也是因为教学者在这种教学方式中是唯一可以畅所欲言者，处于掌控状态，可是学习者却处于无权发话的等待状态。实际上，只有学习者感兴趣的才会使他们兴奋，而无趣的或已知的教学内容就把他们置于了一种等待状态，一种悬置性的等待状态。在教学中形成的等待状态对教与学双方都是一种折磨。如果把“满堂灌”的教学方式应用于汉语国际教育专业硕士的培养，这是会遭到极力的反对的，有学者就指出，“我们认为专业硕士教育应少采用‘填鸭式’教学方式，应综合采用讲解法、案例分析法、专题讨论以及自由讨论法，以拓宽学生视野、扩充知识，全面加强专业硕士教学效果，达到培养学生理论素养和实践能力的目的。”(程爱民,2008:40)多种教学方式的采用也是为了和可以避免“满堂灌”的情况发生。

少的、又更高的要求。

对教师教育的重视，对汉语国际教育师资培养教学水平的关注，实际上关注的是培养教师的教师，其重要性不可不察。

1.2 传统汉语国际教育师资培养方式表现出的问题

1.2.1 被培训的师资在教学中出现的一些问题

如同汉语教学的大部分教学对象一样，我们培养的研究生没有升学的压力，可是为什么却要用在激烈竞争的条件下应试教育所采用的教学方式来开展对研究生的教学呢？所进行的研究生培养是强化竞争、强化筛选、注重淘汰而非面向全体进行的培养，不是培养其合作学习的能力，而是仍然培养其在强化竞争的教学意识和能力。

1.2.1.1 学习者反馈的在海外实习教学中存在的问题

有学者对我们所培养的海外汉语教学师资的教学情况进行了调查，得到的反馈是，“一些被调查者在本次调查的第二部分对课堂教学情况表达了自己的看法，他们认为‘有的老师真会让学生觉得这课真没有意思’‘上课的时候觉得无聊’‘上课的方法很单调’‘讲课没意思’‘讲课时很困，让我们不想听’等。”（黄启庆，刘娟娟，杨春雁，2013：46）“被调查者之所以要求‘提供补充材料’，是因为他们认为教师过分依赖汉语教材，如‘不要只照书上的内容讲课’‘多补充对课文有关的常识’‘轻松地上课，不是一直讲在课本里’‘不要总是跟着课本走，很无聊’‘经常教同学书外知识’等。”（黄启庆，刘娟娟，杨春雁，2013：46）“被调查者提出的个别老师‘narrow-minded’‘声音一直太平，没高没低，学生想睡觉’‘没有经验’‘没有责任感’‘没有幽默感’‘重点传授知识，而非能力的培养’‘老师在每一个句子里加“啊、对不对、是不是”，我们不能专心’‘无聊的老师，只靠教材’‘不喜欢教对外汉语’‘班上批评学生’等，这些都是只出现一次的填选项，但每一项都是作为国际汉语教师需时刻注意改正的，否则也势必影响教学效果。”（黄启庆，刘娟娟，杨春雁，2013：50）调查中由汉语学习者们做出的反馈已经非常能够说明海外汉语教学实习中我们的被培训者的问题所在了。总结起来，这些反馈的问题集中在教学方式太落后，不能适应学习者的需求也不能引起学习者的学习兴趣，导致教学者的教学也兴味索然。

“对绝大部分刚刚从事汉语教学工作的新教师来说，即使经过一定的岗前培训，在课堂上做到精讲多练也不是一件容易的事，常常会顺着学生的一个问题展开讲解。这是一种传统教育背景下形成的根深蒂固的习惯，不经过反复的课堂教学实践或演练是很难只靠告知而转变的。”（王学松，2008：161）改变已经形成的观念和习惯很难，唯一的途径是通过教学实践。

1.2.1.2 培训者发现的被培训师资教学中的一些问题

对于国内汉语教学的师资培训，有学者就指出了对课堂教学实践重视不够所带来的问题。“目前国内的对外汉语教师培训项目，大多对教师的课堂演练重视不够，往往只是安排一两次教学观摩和讨论、进行一两次模拟课堂演练。这种安排可以使学员产生精讲多练的意识，但是很难深入了解并付诸实施，如果在岗督导这一环节又不能保证的话，就更难形成课堂教学的好习惯了。”（王学松，2008：161）去除旧有的，形成自身新的认识和行为习惯是双重的任务。

过分重视语言形式的教学，导致在师资培训时过分重视语言知识的掌握，而忽视了教学能力的培养。有学者明确指出了这样做的弊端，“如果教师在知识方面出了错误，比如讲错一个词或语法点，以后还有机会弥补，学生也会原谅。但是如果一个教师的教学没有章法，学生就学不到东西，他们就会认为这个教师‘不会教’。对教师来说，最可怕的就是被学生认为‘不会教’，‘不会教’意味着不是合格的教师。这是无论如何都不能原谅的。”（杨惠元，2007）这段论述显示出教学方法的重要性，不仅应重视和加强研究，还特别应当重视对新教师在这方面的培训。

被培训者过分重视语言形式的教学，会导致他们在课堂教学的过程中大讲特讲词语和语法，我们无以名之，姑且名之为“语法中心主义教学”。表面上看这样的教学语言形式繁复多样，教学内容充实，而且似乎把握了语言的规律，但实际上偏离了语言的本质，也偏离了语言教学的本质和目标。因为其所依靠的是易于形式化的语法内容为教学的主轴和依托，这种教学实际上是一种简单化的教学。无论其课堂操作还是测试方法都是走了一条简单化的道路，回避了语言教学的难题，没有真正的实用性，不是对学习者负责，因为没有实现学习者的学习目的，这是导致教学的发展和教学研究的深入无法进行的原因之一，也是汉语教学停留在初级阶段[1]的主要原因之一。

不重视课堂教学，导致了所谓“教无定法”观念的形成和泛滥，给师资培养带来了危害。“长期以来，在对外汉语教学领域，对课堂教学，尤其是课堂教学的组织管理问题重视不够。这导致所谓课堂教学‘教无定法’，教学技巧千差万别，新教师上路难等一系列问题。”（卢华岩，2011：205）“教无定法”应该成为教法多样、丰富教法的基础，而不是成为教学无法（无规范）的借口，不能成为任性、随意地进行教学的借口。

新教师在课堂教学开始时，自然会出现许多问题。“对教学新手来说，课堂教学方面常见的问题是顾此失彼、讲练比例失当、练习机会不公平、重复训练和朗读改错意识不强、课堂教学语言新出生词、生词处理时间过长、交际情景和交际提问语设计缺乏现场感、学生开口率低、过分依赖PPT等。”（卢华岩，2011：237）那么，如果汉语国际教育的师资在海外进行教学实习时，仍然出现这些问题而缺乏有效的纠正和指导，应该怎么办？

1.2.2 被培训的师资反映的师资培训的一些问题

传统的授课方式在汉语教学师资培训中遭到了学生的批评。“对外汉语教学具有较强的实践性和互动性特征，但是目前对外汉语专业的学生最常抱怨的就是很多教师上课时仍然是一言堂、填鸭式。这种授课方式无法体现汉语教学中应该如何与学生互动，如何掌控并调动课堂氛围。”（王薇，2014：152）显然，传统的授课方式不能解决学生们在进行教学实习时所面临的教学过程中的种种问题，不能满足他们的学习需求。

在汉语国际教育专业硕士的培养过程中，学生们也提出了对教学方式等方面的意见，“学生的主要意见集中在课堂教学形式以及课外补充材料的使

[1] 如果说学习者的语言水平有初、中、高级之分，那么目前的汉语教学处于相应的什么水平呢？我认为处于初级水平。至少如果有这样的教学大量存在的话，我们只能认为汉语教学的发展水平仍然停留在初级阶段。

用上。大多数同学都希望增加讨论时间、试讲活动、教学示范等，这一点与笔者本人的教课感受也基本吻合。”（李娜，2012：92）学生们希望教学方要做到的是改变传统的讲授式的教学方式，即通过任务型的教学方式以增加学生们的讨论和实践的机会。这种教学实践机会的增加，是学习者所迫切希望的，也是教学者们所不断呼吁的。“增加各种实践机会，在实践中理解、更新已学知识，补足盲点，是学生们最喜欢的学习方式。”（王薇，2014：152）

还有学者对汉语国际教育专业硕士研究生进行了相关的问卷调查，得出的调查结果也说明学生们希望改变传统的教学方式，提出要采取小组合作学习的教学方式。“在具体教学或考核方式方面，有64%的学生提出了反馈意见，主要有三个方面：一是赞同与支持小组合作方式的学习形式，课堂讨论、课后作业都以小组形式进行，让学生们之间有更多机会可以合作交流、相互学习；二是在教学方式和具体授课方面，提出个别课程需改变传统的‘老师讲、学生听’的教学方式，多教授一些技能或经验方面的实用性强的内容，增加实践机会和内容；三是在考核方面，理论课程应采取严格的考试方式进行考核，实践课应增强对学生综合能力的考察，多让学生真正上台讲课，应用形成性评价方式评估学生的实际教学技能、文化传播能力等。此外，还有学生提出将重要的专业必读书目纳入考核范围，以督促学生通过自主学习，扩展知识范围，提高综合素质。”（张淑慧，2014：267）通过改变师资培训的教学方式满足被培训者的迫切愿望，既是对汉语国际教育师资培训对象的负责任，也是对这项工作和事业发展有利的做法。

1.2.3 传统的师资培训方式导致的问题

从各门课程总体上来观照，传统的教学方式已经表现出了许多问题。有学者对传统教学活动在学习者学习方法的有效培育方面提出了质疑，“传统教学活动所体现的是对学生的认知策略的培养。学生一旦脱离了课堂学习，他们仅有的学习方法便无法满足用于课后自主学习甚至接受继续教育的需要。”（严明主编，2009a：65）传统的培训理念所形成的培养模式，也给师资培养带来了一些问题。“‘从属性’培养模式缺乏系统完整的学科依据，给师资培养带来的最大问题是缺乏训练或者训练不足，表现为学科意识和学科能力薄弱。已有的研究表明，这种培养模式会导致教学意识淡薄、利用教学资源、适应教学环境以及创造性开展教学的能力低下，因此不但不能舒缓师资不足的问题，反而会使情况更加严峻（Linda Darling-Hammond，2000）。”（周守晋，2013：286）

针对国内对外汉语教学的教学人才培养目标和结果，不适用于海外的汉语国际教育。“从客观需求看，由于汉语第二语言教学的‘主战场’转向海外，教学对象又呈低龄化发展趋势，原有的在汉语环境下针对成年人发展起来的‘怎样教’的经验则相对局限。”（朱志平，2012：313）汉语国际教育的发展，使原有的对外汉语教学专业所培养的研究性人才的不适应性和局限性更加突出。有学者专门强调了汉语国际教育专业硕士和对外汉语教学硕士培养的都是应用型人才的特点，“尽管我们的硕士有学术型硕士和专业硕士之分，预设就业方向有国内与海外之别，但我们培养的都是把汉语作为第二语言教学的教师，都是应用型人才。”（张和生，2012：386）这也说明我们过去对对外汉语教学专业的学术型硕士的应用性特点认识不足、重视不够。

有国外学者指出了国外师资培训机构中出现的不符合被培训者需求的“怪”现象，“在大学和教师培训机构的培训人员常常是站在他们的观众面前，陈述他们的（语言）教育观点。很多情况下，培训人员从他们熟悉的、为数不多的一些课堂教学中选取具体的例子来阐明观点，并在培训机构里安全的、有控制的环境下展示实践……而真正的关于目标技能的培训却很少被包括在培训项目中。这就导致一种奇怪的矛盾现象，培训人员采用了一种理论的教学方法，目的是为了告诉接受培训的教师不要在他们的语言教学课堂上使用理论的教学方法。”（Branden 编著，2005：181）本来应该重视实践性的专业，在师资培训的过程中却通过种种途径暗示或明示被培训者不要重视实践性，结果与预期的目标相反，问题归根结底是出现在观念意识上，但表现形式却是教学方式不适宜。在进行教学改革时，由于教学方式是显性的，因此把教学方式作为教学改革的抓手，由此推动教学改革，进而从根本上改变人们的教育教学观念。

传统的知识教学的观念和操作方式会在教师发展或师资培训全过程的各个阶段中，通过不同的表现方式和途径影响到被培训的师资。“我们关于传授知识的想法从学生时代开始就根深蒂固了。当我们将要成为教师的时候，这些想法又由大学的教育方式再一次巩固。当我们第一次执教的时候，这些想法由管理者通过工作评估正式确认，由其他老师间接确认。这个过程解释了为什么传统的教学不易妥协让步。最后，我们更喜欢用自己受教育的方式去教别人（Lortie，1975）。”（Sandholtz，Ringstaff & Dwyer，2004：15-16）传统的教学方式由此而不断得到巩固、传承、延续和发展，不能够适应教学发展变化的新形势的要求。

传统的师资培训方式忽视了教师创造性和主动性的发挥。“汉语教师在整个专业发展上处于被动发展的地位，无论是培训的需求还是计划，培训的内容和方式都是由教育行政部门或学校决定的。这种模式显然只关注教师接受新理论、新方法、新技能的灌输，忽视了教师的创造性和主动性。”（熊玉珍，2013：336）知识再多也不能覆盖所有的教学情境和教学内容，没学过、没练过的就不会做，这说明了什么？主动性、创造性需要通过相关的活动提供机会才能培养。

在师资培训的过程中，教学实践的不足也会带来先进的教学理念不能在教学实践中实现的问题。“教师也许可以在理论上相信某些教学方法，但是却可能缺乏一定的技能付诸实践。例如，教师也许承认让学生自主解决问题的好处，但是却缺乏支持学习者的互动技巧，不能充分发挥学习者的主动性。”（Branden 编著，2005：180）汉语国际教育人才的实践性能力只有通过教学实践才能得到培养和锻炼，汉语国际教育学科的实践性也才能得到落实。

师资培训教学观念和方式的落后，会导致不良的后果，甚至会导致被培训者的反感。“最终，这样的培训甚至可能产生相反的效果：满怀激情的老师并没有尝试这些新的理念，将来再参加培训课程的时候有可能就要三思了。长期以来，这就会导致越来越多的教师不再参加培训，除非校长强迫他们去，或者教师对任何形式的教学改革都会更加反感。”（Branden 编著，2005：182）没有被培训者的实质性参与，培训的效果如何必然会令人怀疑。

1.2.4 在课程设置和比重方面体现出的问题

在汉语国际教育专业硕士课程设置方面的一些不合理安排，也会导致教学中问题的发生。在海外进行了教学实习以后的汉语国际教育专业硕士研究生对课程设置就有这样的反馈，“有调查表明，汉语国际教育硕士海外实习后的反馈是：能够提高他们外语交际能力、教学组织能力、计算机应用能力、文化适应能力的课程，是他们海外实习中受益最多的课程。语言学理论、二语习得理论和汉语本体知识等课程有用，但却远不如前一类课程来得重要、直接。（张和生，2008）”（李泉，2013：139）因此，才有学者提出了课程设置变革的建议，“应该把汉语课程与教学法作为主要内容，亦即教学对象需要在海外教汉语时用到的汉语本体理论知识及其教学技能应该成为课程的重心。另外两类课程——汉文学文化、英语的比重都不应该大过汉语课和教学法的比重。我们以为，汉语课程应占总课程的30%，教学法占25%，汉文学文化占25%，英语占20%。”（崔立斌，2011：102）

在课程设置方面要注意汉语国际教育师资的教学具体操作能力的培养，因此要增加他们亲身经历、体验的机会，这样，他们就可以同时在自己和别人的操作中打破自身感性经验的局限性。被培训者自己就是被分析的对象，自己就是被研究的资源。这样也可以通过从不同的角度进行反复和循环，达到层级性递进的效果。

鉴于国内高校开展的对外汉语教学多为专业性的正规教学，多采用分技能设置课程或“核心课+分技能”设置课程的形式，因此有必要在其“培养方案”中设置专门的“课堂教学实践课”，以提高所培训师资的适应海外学校的课堂教学环境的能力。

建议以教学技能课程为骨干设计和安排教学计划，其他的教学内容作为辅助和补充的内容，将“急用先学”和“循序渐进”的教学计划设计方式相结合，整体上的总架构是“急用先学”与教学技能相关的课程，在各个局部的课程内部采取“循序渐进”的教学计划和策略。

海外的师资和为海外教学的师资，培训的目标引导也很重要。要摈除概论式的教学课程，要发展组合式、框架式的课程设置安排，不是要深，而是要专。整体上带有计划性，统筹安排，有序而非杂凑，不会成为应付式的技能掌握，加强所培养师资管理技能的实用性。

在汉语国际教育师资的教学能力培训中，加大实践能力的培训比重和培训的力度。要对他们进行系统的教学培训，内容包括三个方面，1.教学的各个环节：课程设计、教材编写、课堂教学和测试；2.教学的各种课型：除了典型的语言技能训练课型外，设置实用、适应海外的多样化的课型；3.教学的各种技能：教学发展的技能，提升教学水平所需的技能。全面的、实践性文化的、才艺方面的教学技能更为实用，增加这些方面的培训也可以增强师资培训的针对性和实用性。

在汉语国际教育师资培训的几个方面都要分两部分设置课程：基础→提高，必修→选修，补课→主修（补课性质的课可以逐步减少，不计入学分，但计算其成绩），对前者强制要求（必须通过考试，达到合格），增强后者的权重，提高考试的覆盖面，灵活要求（可不上课，但要参加考核）。

1.3 传统汉语国际教育师资培养方式问题的成因

1.3.1 根本上的原因是应试教育的弊端和恶果

对于中国教育的特点，有学者进行了概括，“从本质上讲，我们目前的中小学教育教学带有浓厚的竞争色彩。学生都视学校是一个竞争的场所，每个人都想胜过他人。这种教育是一种竞争教育。这种教育的理念是不言自喻的，它把一个人的成功建立在其他人失败的基础之上。”（王坦等，2004：77）过分强化竞争是中国中小学为挤过高考“独木桥”不得已而为之的，并非是主动选择而是要无奈面对的情况和不良后果，但是这种过分强化竞争的倾向会由初中级教育阶段延续到高等教育阶段（大学本科和研究生教育阶段），不仅如此，还会蔓延到与应试教育无关的对外国留学生的语言教学领域，这尽管是不可思议的但又是其逻辑发展的必然。

应试教育的弊端对学生的不利影响是多方面的，并且影响深入、深远。“应试教育给学生带来身体和心理的双重压力，‘背不完的概念，做不完的习题’，过长的学习时间，繁重的课业负担，巨大的考试压力，让学生不堪重负，影响了身心健康。每个班一半以上的学生都跟不上教学进度，学生获得的知识零碎、封闭、僵化，学生‘厌学’思想严重，厌学成为学生辍学的主要原因。”（王坦等，2007：11）虽然，这里介绍的是中小学的情况，但是在大学和硕士研究生教育阶段也如此，甚至在顶尖的中国大学里也毫不例外。

应试教育带有突出强调学生个体之间的竞争和过分重视学习成绩的特点。“在竞争性和成绩取向的教育系统下，从学校成绩到家长动机都存在大量的外在奖励。”（Ng，2005：282）这种强化外在动机的传统，也会影响到汉语国际教育师资培训和所培训的师资。“在东方，学习从来不是自身的目的：通过竞争性考试和测验，以优异成绩毕业，找到一份好工作，通过学术成就光宗耀祖。”（Ng，2005：285）与一般学生的学习动机一样，汉语国际教育师资培训中的被培训者也有这种找到好工作和光宗耀祖的动机，学习成绩也因此变得更加重要，而与其工作直接相关的教学能力的真正获得也许变得不是那么重要了。

应试教育也会导致学生只重视与考试有关的知识的学习，“亚洲学生在学习中特别注重实效：他们只重视教师讲授的问题，因为它们很可能在考试中出现。学生不想超越教学大纲，为了学习而学习——全部的重点都放在班级竞争中获得好成绩，战胜同伴。过于努力、过早的强迫给亚洲学生带来永久的伤害。进入大学的时候，他(她)对知识的渴望已经完全枯竭了。”（Ng，2005：285）如果在汉语国际教育师资培养中也出现这样的情况，不重视教学能力的培训，那就必然会带来在本书1.2.1部分中我们培训的师资在海外教学实习时所出现的种种问题。

应试教育所导致的是为了通过选拔性的竞争考试，必须进行死记硬背。“像其他日本商人，丰田的名誉主席丰田章一郎（Shoichiro Toyoda）先生，对日本的教育系统现状非常不满，目前的教育只是为了配合通过进入大学的竞争性考试。‘教育是日本的最大问题。它不应该只是模仿或记忆。我们想培养出能够独立思考的创造性人才。否则，日本就会完蛋。’”（Ng，2005：293）死记硬背的教学导向和学习要求伤害了学生的自主性和创造性，尤其是在海外进行教学实习的汉语国际教育专业硕士研究生，就只能照本宣科，无法根据海外的具体环境情况灵活地控制教学活动。

应试教育带来了过分重视知识的倾向，使得学习者很少有自己的独立见解和创造性解决问题的策略能力。“在西方，大多数大学生有着很强的个人观点，这些观点不一定基于知识。在亚洲，学生知识非常渊博，但是对于问题很少有自己的看法。”（Ng，2005：306）知识渊博是传统对师资的评价标准，也是应试教育的副产品，但是对于汉语国际教育专业来说，教学能力是第一位的，过分重视知识教育会带来被培训者胜任力弱的情况发生，导致在海外的实习教学中出现问题和学生的不满是再正常不过的了。

应试教育的知识考核理念和测试方式，必然带来对教师权威性的塑造和依赖。“在过度反应或‘高偏向’教师中发现的一系列特征是倾向保守主义、权威主义或教条主义。其他这类特征虽然没有充分证据但并不是没有可能：①一旦形成某种权威就会倾向严格保持；②以减小确保学生掌握课程的教师个人责任的方式对教师角色进行界定；③倾向于把学生的能力看做单一和固定的而不是多元和开放的并可通过教学和实践得到提高的；④倾向于注意、考虑和评价学生间的差异而不是共同点，并把差异作为计划教学的考虑因素；⑤倾向于抑制或掩盖使教学失败而不是认识和努力克服教学的不足；⑥课堂管理的教学能力差（使得教师更多的时候只有招架之功，因而更可能抑制或掩盖自己的无能）。”（Good & Brophy，2002：130）实际上，应试教育所包含的对教师角色的要求，也是导致汉语国际教育专业硕士在海外实习时教学中问题表现的一个重要原因，他们没有“以学习者为中心”的教学理念和观念意识，不重视学习者的需求和反馈，只按照自己的经验和被培训的教学方式开展教学，必然会在海外的汉语教学环境中碰壁。

应试教育以教师为主，以教材为重的教学方式，必然会带来教学者的照本宣科，他们不敢也不能“越雷池一步”。因为僵化的考试方式和学校教育对于应试的要求，使得教学是为了考试服务的。“当教师向学生教授自己没有把握的课程时，他们会过分地区别对待（如避免差生问措手不及的问题，过于依赖被认为非常能干的学生），他们上课也会根据教材照本宣科，给学生安排的活动是做填空练习，并通过做多项选择题来评价学生的学习。”（Good & Brophy，2002：140）重要的是，有些教师经常把多项选择题作为拉开学生分数档次的重要手段，为了区分学生的水平故意出难题和偏题。但是依靠过难和过偏的多项选择题，甚至设置考试“陷阱”的方式来考核学生，会给学生的学习和对待考试的方式及态度带来灾难性的不良后果。对于带有中国传统特色的竞争性的考试文化，外国学生恐怕会难以适应，心生反感。问题在于，大多数中国的教师是在这种“考试文化”的“熏陶”下成长的，是在重重的竞争性考试的“拼杀”中“突出重围”的，身在其中而不自知，把这种不适合外国学习者的考试观念和方式移入到汉语教学之中而不自觉，还有可能认为是理所应当、合情合理的。

汉语难学与应试教育影响下教师陈旧的教学观念和测试观念是否有关呢？对学生的要求过高，采取筛选性的和竞争性的教学方式和测试方式，导致对教学结果的要求过高，直接影响到对课堂教学的设计，影响到从总体设计开始的教学的各个环节，即影响到教学的全部过程的各个方面，导致了对学生“天罗地网”一般的高压，最终会带来学生认为汉语难学的后果。尽管这只是汉语难学的原因之一，但是，这个原因是最直接地发挥作用的。

任务型外语教学在中国中小学未获成功，至少是部分地失败了。首先，条件不允许是最主要的原因，有些超前，超越了观念转变之难的“前”，并不仅只是操作方式、教学方法上存在着问题。重回老路的最主要的原因是观念转变不能超前，也无法超前，观念转变因旧观念根深蒂固而不易实现。其次，在应试教育的大环境下，反对应试教育的任务型外语教学也不可能成功。

升学竞争和升学压力是不存在了，但面向升学的教学意识、教学路子和教学操作都还在汉语国际教育上存在着深深的烙印，难以轻易改观。教学者都是从严酷的升学竞争的“拼杀”中脱颖而出的，怎能轻易就摆脱得了自己最熟悉的教学方式、最适应的学习方式？

1.3.2 问题主要是由传统的师资培养方式所带来的

对于传统的讲授式教学方式，有学者这样总结概括，“传统的讲授式教学的一般模式是：以教师为中心，教师利用讲解、板书和各种媒体作为教学的手段和方法向学生传授知识，学生主要是接受教师传递的知识。在这种模式中，教师是知识的传授者，学生是知识的接受者，教材、参考资料、教师的个人经验等是知识的来源，是学生的学习内容，媒体是教师向学生传输知识的手段、方法和途径。”（严明主编，2009b：58）可以看出，教师是主导着一切的，学生毫无选择，只能被动地、无条件地、接受被授予的一切。也可以认为学生的作用是有限的，教师的作用至关重要，但是至少这会带来两个问题让我们思考：学习到底要通过谁来完成？仅仅靠教师的讲授是否就能够圆满完成学习的任务，就能实现学习的目标？有国外的学者还指出，“旧式教育中，老师的言语都是金科玉律，而孩子们的渴望与爱好却无人理睬。”（F.戴维，2002：3）这种情况确实令人心痛和着急。

传统的教学方式面对的是班级授课制的情况，是为适应班级制的教学需要而存在的。有国外的学者分析了传统教学模式具有的班级全体同一性的问题。“传统教学模式包括连续步伐课程（lock-step curriculum），即把学生按年级分层，把上学时间分成若干节课，教不同的科目，每科的教学分成不同的单元和课时；群体教学进度（group pacing），即全班同学以大致相同的进度，用同一教材、同一教法达到同一教学目标；以及全班教学方法（whole-class instructional methods），即教师上课时首先复习，接着引入、分析新内容，然后引导学生背诵或监督学生练习，最后布置课堂作业或家庭作业让学生独立完成。教师偶尔会辅导小组学习，或在学生做课堂作业时在教室巡回走动，给学生个别辅导。“全班教学—背诵—课堂作业”这种教学基本模式一直沿用下来，很少有什么改变，当然它也不时地会受到批评。”（Good & Brophy，2002：420-421）这种教学方式最大的问题，恐怕是缺失了或者难以做到对学习者个人的关注。而学习要通过学习者个体认知的发展才能完成，学习的目标必须落实在学习者个人身上，学习也最终必须是通过学习者个人的收获才能有成果。

传统的教学方式的缺点十分明显，有学者就直截了当地指出，“但传统教学法有很多弱点：①当教师在辅导小组或个别学生时，大多数学生得不到教师的照顾；②教师难以开展因材施教。”（Good & Brophy，2002：421）传统的讲授法之所以通行，也是与人们的错误认识有关。“尽管有大量的研究证明了新的教学方法是有价值的，但是教师仍然沿用传统的教学方法，传统认为只有在教师对整个班级授课、学生认真听课的方式下，学生们的学习效果才会最好。从历史上讲，人们曾经使用这个方法，学生在教育系统中升学的过程就像汽车在流水线上一样，每个人接受的是同样的教育，每个人都被贴上'合格'或是'不合格'的标签。讲授法曾经被认为在金钱和时间上是最有效的教学方法。"（Arhar，Holly & Kasten，2002：86）但是，我们不禁要问：学习者的学习效果得到关注和考虑了吗？谁来对学习者的根本利益关心和负责呢？

传统教学方式还有许多其他的问题，"有人批评在传统教学法中，教师太专制，教学形式僵化，培养被动的、死记硬背的学习方法，教学方法单一，不具有创造性。也有人说这种方法适合中等程度的学生，优等生应得到进一步的提高、知识上的深入和更快的学习进度；应该给学习困难的学生增加课时，以便掌握学习内容，对有特殊需要的学生应有特殊的教材和教学法。"（Good & Brophy，2002：421）除了教师专制、机械僵化以及学生的死记硬背外，传统的教学方式还有难以适应不同程度学习者学习需求的最大问题，这个问题在这种教学方式中难以依靠其自身的努力解决。

传统的教学方式会带来教师之间不合作的状态，"教师进入他们各自的教室，关上门（如果门上有个小窗户，教师经常会用一张图画纸把窗户遮上，使他们的隔离更加完整）。一个老师的教室就是他的城堡，领域的性质决定了他这一天的统治权力。即便是校长也不能在没有默许或不打招呼的情况下进入老师的教室。"（鲍威尔，库苏玛—鲍威尔主编，2013：87）教师之间的"隔离状态"实际上是导致教师之间难以合作的关键原因。"多少年来，学校中一个最稳定的因素就是贯穿每一天和每一年的教师之间的相对隔离。社会学家丹·洛蒂（Dan Lortie）在他1975年开创性的研究中的描述，至今在很多学校中依然如此。在那些'蛋箱'学校中，他观察到，工作生活中的自主的教师是由一种现时意识、个人主义和保守主义的文化组织起来的。这些教师每时每刻都生活在教室中，寻找着有效果而又节省精力的习惯。他们小心翼翼地步踏上他人的领地，对于课程和教学的改变极为保守。"（Garmston & Wellman，1999）传统的教学方式在教师之间、师生之间保持和塑造着不平等。如果传统的教学方式是在制造和加剧着不平等而不是消除之，就已经不适应这个日趋变得平等的世界，尤其不适应国外那些鼓励平等的教学环境。

传统的教学方式也会导致师生之间交流很少，这不是师生本身的愿望，而是这种教学方式限制了师生之间的交流，根本没有提供交流的机会。“以往的教学多采用以教师为中心的教学模式，课堂上教师讲授、学生听记，教师是课堂的主导者和控制者，学生则处于被动顺应的地位，导致师生之间的互动比较少，生生之间的互动就更少。”（廖继莉，2012：170）

传统的教学方式对学习者的压抑也是非常严重的，“从某种程度上讲，现实的教育不是在解放人，而是在压抑人。这是因为如果受教育者对知识的学习不是建立在自身的体验的基础上，无论这种知识价值大小，对受教育者来说都是意义不大的，甚至是有害的。这样会使他们感到书本的观点是正确的，是权威的，而漠视了自己的观点，自己的权威与尊严。它会造成受教育者在表达自己时，首先要想到的是书本的观点，他人的观点，而异化了自身的观点，进而失去创新的勇气与动力，形成过多地引用他人，沿袭他人观点的奴性。使受教育者因知识而失去自我，因知识而失去创新。”（严明主编，2009b：28-29）传统的教学方式所带来的对于学习者这样不利局面，恐怕也是教学者所难以料想和不希望见到的。

传统的教学方式之所以有市场，有学者指出了其中的一个原因，“教师们喜欢用讲课的方式，尤其是在中等教育和大学教育中，因为这种方法直接用到他们的专业知识，并且比任何其他教学方法都能更快地覆盖教学内容。许多学生也发现做被动的知识接收者比做主动参与者和对自己学习负责者要容易得多。”（Sandholtz，Ringstaff & Dwyer，2004：179）这种教学方式对教师和学生而言，都是最容易的，但是对于他们二者，尤其对学生的利益损害是最大的，只是这种损害似乎显得比较间接，不容易被认识和察觉到。

传统的教学方式畅行无阻的另外的原因，还有就是它与教师和学校的利益是紧紧挂钩的。“忧心忡忡的家长不是担心孩子学业是否成功的唯一群体，校长和教师也有同样的忧虑。竞争性排名活动可以清晰地表明这一点，它是根据学生标准化测验和考试的学业成绩，按照从高到低的顺序为学校排名。”（Ng，2005：2）传统的教学方式是最适合应试教育的要求的，是最能应对考试的教学方式。为了学校和自身的利益，教师也不能不采用这样的方式。“如果学生成绩不好，就会对学校的学术地位产生消极的影响。这种激烈的竞争的后果是，在学校中形成自上而下运行的‘压力形成压力’(pressure-breed-pressure)现象：为提高学生学习成绩，教师在课堂上给学生施加压力。”（Ng，2005：2-3）表面上看，采取传统的教学方式也是为了学生的利益，因为升学是关乎命运前途的大事，但是对学生的长远前途却会造成不利的深远而长久的影响。学生的厌学在学生阶段就已经出现，少数成功的知识精英并不能说明传统教学方式的成功，在现代社会学习都是终身的，学习者未出校门就已经厌学，将来会影响他们步入社会以后的发展。

具体到语言教学领域，传统的教学方式同样带来了许多问题。有学者在谈及中国的外语教学时指出，“在目前的中国文化氛围里，外语教学过分注重知识的传授而忽视科学精神与方法的培养，注重应试教育而忽视对学习者主动性、创新性和创新能力的培养，强调律己、独思而缺乏合作意识的培养，崇拜权威、重视背诵而缺乏个性特点和自信心的培养。因此，中国学生自主学习的意识不强，很多学生在外语学习上，往往存在你教我学的习惯，缺乏主体意识，学习中重语言知识的积累。”（严明，2009b：178）在课堂上，无论哪个教师都不希望面对这样的学习者。

在汉语教学领域也同样存在着类似由传统的教学方式带来的问题。“我们也强调功能教学法，强调‘教给学生有用的语言’，但我们往往更重视的是语言的知识性和系统性：我们在编写教材时，一定要先制定词汇大纲和语法大纲，似乎离了这些，我们就无所适从；在授课时，无论是什么类型的课，都非常注意句型的讲解和训练，这已经成了我们想克服但又很难克服的弊病；在考试内容上，知识性的考题占了绝大多数，并由此出现了有些说得很好的学生并不一定能有好成绩、而一些几乎张不开嘴的学生得分又很高的情况……这些事实都反映出了我们对外汉语教学中存在的一些问题。”（陈绂，2006：41）海外汉语教学本来是处于教学观念和手段相对先进的教学环境之中，不应再使落后的教学观念影响和阻碍汉语教学的适应性和拓展性。

1.3.3 被培训者以往学习和教学经历的影响

在汉语国际教育师资培训中，被培训者以往的外语学习或以往从事母语、外语教学所接触的教学方式，与目前所要掌握的适用于海外汉语教学的教学方式有很大的不同。

汉语教学与被培训者以往的所有的学习经验都有所不同，是他们没有经历过的。虽然有些学生遇到过外教，但是其感受是从学生的角度认识到的，所以被培训者有经验空缺，或者至少是经验不足。

教师以往的学习经历对其教学观念和教学行为的影响是不容忽视的。"研究表明教师做学生的经历，Lortie（1975）所谓的'观察的学徒期'（apprenticeship of observation，转引自Freeman，2002：5），无论正面的还是负面的，对这个教师的教学理念和方法都有很强的影响。"（孙德坤，2008：77）对此，有学者提出了"教师观念"的概念，"教师观念（teachers' belief，也称教师信念）是指教师对学科、教学、教师角色、学生、学习、课程等相关因素所持有的信以为真的观点（Pajares，1992），通俗地说，是指教师对学科及其教学的认识、态度、理论、观点。教师观念的各个方面是相互交织的，构成一个互相关联的系统，从而指引着教师的教学决策与行为。在第二语言/外语教学界，教师观念主要包括教师对于语言、教学、教师职业、学习、学习者、课堂等方面的认识。"（江新，张海威，2011：298）他们认为教师观念对教师教学行为的影响作用是很大的，"教师观念对教师的学习具有很大的影响作用，即教师观念作为'过滤器'促进或阻碍教师的学习（Kagan，1992）。"（江新，张海威，2011：300）看来，教师观念也会影响教师以后的发展。

教师教学观念的形成受到学生阶段和师资培训阶段的诸多因素影响，有国外学者总结了六种，"根据Kindsvatter等人（1988）的研究，外语教师信念体系的来源有六种：①教师自身作为语言学习者的经验；②教师取得最佳效果的经验；③既定的惯例做法；④个性因素；⑤教育或研究理论；⑥某一种教学途径或方法。"（覃辉，鲍勤主编，2010：50）但是，在形成教学观念的诸多来源中，被培训者以往的学习经历是列在首位的，此外，教学实习的经验和师资培训时的所学也有着重要的作用。

同样，语言教师以往学习经历所造成对教学的认识，对他们以后的教学行为有着重要影响，有国外学者对此进行了明确的肯定。“相反，研究表明，语言教师的课堂行为是以他们对他们的职业的很多不同方面的认识为基础的。这包括对教育的认识，特别是对语言教育、学校环境、学生、课程设置、语言学习的认识等。”（Branden编著，2005：179）国内的学者也同样肯定了这一点，“已有研究表明，语言教师的教学观念会受先前的语言学习经历、语言学习策略、先前的语言教师的教法、教师教育课程和教龄等因素的影响。在影响教师观念的诸多因素中，教师自身的语言学习经验对其观念有着很大的影响。”（江新，张海威，2011：299）

另外，非母语的外语教师会受其学习目的语时的教学方式的影响，也采用同样的方法来教其目前的学生。教师所受到学生时代教学方式的影响是非常大的，是难以控制的，是历史性地存在的，要做到完全转换另一种教学方法是非常困难的，因为以往学习时接触到的教学方式已经是一种习惯性的现实存在，已经在他们的头脑中占位。要把已有的、已占位的教学观念完全从教师的头脑中清除掉，是非常困难的，这并非不可能但也是一个艰苦的过程。要让新的教学观念、方法在新教师那里“生根”并不容易，因为这与他们旧有的概念、方法相冲突，如何挤占一席之地是个难题，何况我们所提倡的任务型教学方式是要全面更新传统的教学方式。固有的影响难以摆脱，更新对汉语国际教育师资而言是艰难的任务。弃旧图新、改变习惯，是令人痛苦的事情，他们只有通过教学实践才能逐步完成这一痛苦的转变。

第二章

新型汉语国际教育师资的培养目标和任务

海外的汉语教学与国内的对外汉语教学有很大的差异，需要使教学者明确“在外对内”与“在内对外”的差异。但是，这种差异又没有想象的那样大，两种教学的共同部分还是很多的，只是各有特色，但是这种差异又是不容忽视的。

汉语国际教育已经在海外越来越多地进入大中小学的正式课程序列，成为学历教育的一部分。同时，也要应对包括非成年人在内的多种多样的社会各类的教学对象。但是，学校教育里的非成年人与业余的社会汉语培训机构中的非成年人学习者又有不同的特点。因此，赴海外任教的师资培训需要提高被培训者应对多种复杂教学情况的能力。

汉语国际教育硕士研究生的培养不是要培养他们掌握教学的“万灵药”，以便以之“包医百病”。海外汉语教学所要面对的是千变万化的具体情况。所以，对海外汉语教学师资的培养关键是要培养他们具备灵活应对各种教学情况的能力。使被培训者既能够掌握多种的教学应对策略和技能，又要使他们能够灵活运用，而要达到这样艰巨的教学培养目标，只有依靠实践也只能通过实践来完成。

2.1 新型汉语国际教育人才的培养目标

2.1.1 “培养方案”中所提出的培养目标和要求

制定汉语国际教育专业硕士培养的蓝图，从这个专业设置之初就得到了有识之士的高度重视，为此制定了汉语国际教育专业硕士的培养方案。“‘09版方案’[1]较08版[2]做了较大的变动。课程设计思想具有鲜明特色：‘以实际应用为导向，以国际汉语教师的职业需求为目标，围绕汉语教学能力，中华文化传播能力和跨文化交际能力的培养，形成以核心课程为主导、模块拓展为补充、实践训练为重点的课程体系。’”（王若江，2011：40）可以看出，对于汉语国际教育专业硕士的培养方案，专家学者们花费了很多心思，不断进行改进，使之越来越完善。

在“培养方案”中培养汉语国际教育专业硕士的教学能力得到了高度的重视，并且提出了具体的教学方式。“‘09版方案’[3]在教学方法部分指出：‘运用团队学习、案例分析、现场研究、模拟训练等方法，力争研究生在课程学习期间能接触到100个以上不同类型的案例，提高教学技能和国外适应能力’。”（王若江，2011：41）“培养方案”还提出了具体的培养过程中对于案例教学的量化指标。

“培养方案”更为成熟和完善的标志，还体现在对课程设置和分布安排的合理上。“从课程分类的名目看，我们认为，‘09方案’[4]关于‘核心课程’‘拓展课程’‘训练课程’的提法有所创新，特别是把‘教学调查与分析’‘课堂观察与实践’‘教学测试与评估’‘中华文化才艺与展示’纳入

---

❶ 指2009年国务院学位办颁布23号文件下达的新的《全日制汉语国际教育硕士专业学位研究生指导性培养方案》。

❷ 指2008年国务院学位办设立的汉语国际教育硕士专业学位的教育指导委员会颁布的《汉语国际教育硕士(MTCSOL)专业学位研究生指导性培养方案》。

❸ 指2009年国务院学位办颁布23号文件下达的新的《全日制汉语国际教育硕士专业学位研究生指导性培养方案》。

❹ 指2009年国务院学位办颁布23号文件下达的新的《全日制汉语国际教育硕士专业学位研究生指导性培养方案》。

‘训练课程’较之‘07方案’[1]把‘汉语测试与教学评估’‘汉语教材分析与编写’‘汉语教学案例分析’纳入选修课的‘教学类’，把‘中华文化技能’纳入选修课的‘文化类’，更有利于引导教学单位避免把以训练为主的‘技能型课程’上成以讲授为主的‘知识型课程’。”（张和生，2011：48）“培养方案”在这里特别提出，或者说突出了“训练课程”的课程类别，是明显地意在强化对汉语国际教育硕士教学能力的培养。

当然，在汉语国际教育专业硕士的培养方案不断完善的过程中，也仍然存在着可以进一步改进之处。有学者就提出，“2009版‘培养方案’[2]规定的‘核心课程’中，‘汉语作为第二语言教学’和‘第二语言习得’只是角度的不同；‘中华文化与传播’和‘跨文化交际’，文化传播中应该包含有跨文化问题。‘拓展课程’中，‘汉语作为外语教学类’中的‘课程设计’与‘教育与教学管理’中的‘教学设计与管理’；‘训练课程’中的‘教学调查与分析’和‘课堂观察与实践’，这些都不免重复之处。”（崔立斌，2011：104）还有学者提出，“该专业硕士的培养目标清楚地定位于应用型、复合型人才，以区别于对外汉语专业培养学术型、研究型人才为主的模式，而目前的选修课程体系与学分制度似乎并未很好地体现这一目标和特色。”（冯丽萍，2008：80）“按照培养方案，该专业硕士应该完成不少于40学时的课堂教学实习，这也是培养他们成为应用型人才的体现，但该阶段只有4个学分，这4个学分是否能有效体现和评价学生的实际教学能力？如何设置有效的评价体系来考核作为重中之重的教学能力？这些都是各学校在以培养方案为指导安排教学时不易解决的问题。”（冯丽萍，2008：80）这里提出的改进建议明显突出了对教学能力的重视，称之为“重中之重”。也有学者发现了同样的问题，“《培养方案》[3]特别重视专业实践，提出要‘形成以核心课程为主导、模块拓展为补充、实践训练为重点的课程体系’，可是训练课程的学分偏

---

[1] 指汉语国际教育专业硕士教学指导委员会2007年颁布的《汉语国际教育硕士专业学位研究生指导性培养方案》。

[2] 指2009年国务院学位办颁布23号文件下达的新的《全日制汉语国际教育硕士专业学位研究生指导性培养方案》。

[3] 为全国汉语国际教育硕士专业学位教育指导委员会2010年5月发布的《汉语国际教育硕士专业学位研究生培养指导性培养方案》的简称。

低，4门课均为1学分（总学分4），与其他课程至少2学分（学位核心课程总学分12、拓展课程总学分8）相比，看不出重点何在。”（梁晓萍，邓葵，2012：72）现在虽表面上已经没有“会说汉语就能教汉语”的认识，但是轻视教学的观念的影响仍然存在，时或表现出轻视教学能力培养的倾向。

之所以要强调对教学实践能力的重视，是因为在汉语国际教育专业硕士的培养工作实践中，仍然存在着无法满足实践需要的情况，需要引起我们的重视和反思。“依照方案[1]要求，‘各培养单位要提供和保障开展实践的条件’，我校[2]也充分利用现有资源，努力提供实践机会，建立了较稳定的海外实习基地。然而，学生仍然觉得实践机会太少，实践课效率太低，且偏向于调查与观察，对实践的指导不足，缺乏教学演练。”（梁晓萍，邓葵，2012：72）教学能力是汉语国际教育硕士培养的关键，涉及学生的工作、人生发展，要对学生（既有中国的学生，也有外国的留学生）负责。其他一切都是次要的，教学生存是第一位的，教学能力的发展也与教师的专业发展以及他们将来的工作直接相关。

有学者提出了现有的“培养方案”还缺乏对教学能力培养的课程学习和教学实习的统筹安排和考虑。“无疑，2009版培养方案[3]中是围绕培养教学能力考虑的，包含了课程学习、教育实习两部分，从课程分工看，教学能力培养由实践类课程和教育实习来承担。据目前所见，承担此重任的课程目前还不成熟，没有实践步骤的具体安排，还未真正形成科学、理想的系统。”（林秀琴，2012：204）

对于“培养方案”的进一步完善，有学者还提出了很好的建议，“我们可以把培养教学能力相关的实践类课程和教育实践（见习部分）结合起来，通盘考虑，形成一个‘教学实训’系列，该系列可以把与教学实践相关的内容分成不同专题，由专题统领，所有课程（包括见习）按步骤同时进行，让每一个专题形成小系列、小循环，一个专题解决一个方面的问题，这样，能

❶ 指全国汉语国际教育硕士专业学位教育指导委员会2010年5月发布的《汉语国际教育硕士专业学位研究生培养指导性培养方案》。

❷ 指南开大学。

❸ 指2009年国务院学位办颁布23号文件下达的新的《全日制汉语国际教育硕士专业学位研究生指导性培养方案》。

够改变各自为战的课程之间或内容交叉或相互游离的状态，让每一门课程都成为系统中要素，提高教学效率，让学生在整体上认识教学、体会教学、实践教学。”（林秀琴，2012：205）这里的建议也是带有提倡重视和突出培养教学能力课程的意图，进一步使教学能力培养的课程更能实现被培训者教学实践能力的提升。

2.1.2 适应国外语言教学标准的要求

在海外如果要顺利地开展汉语教学，了解和适应当地的教学标准也是非常重要的。这些教学标准既对教师的教学提出了目标和要求，同时也对教师的教学有帮助。例如，美国的“21世纪外语学习标准”实质上就是与教师有关的，让学习者更好地学习的标准，实际上也包含着对教学观念的变革，提倡的是以学习为主，教学是为学习服务的辅助因素，这是“以学习者为中心”的观念的落实。❶

有学者分析了美国的“21世纪外语学习标准”重视交际的特点。“全美外语学习标准(The Standards for Foreign Language Learning: Preparing for the 21st Century，简称为国家标准National Standards)主要是从交际的三种模式来组织实际的语用形式：人际性、解释性和演示性。人际性的模式主要是指个人之间直接地通过口语或书面的形式交流。它强调人与人之间积极主动的意义协商过程以及语言的创造性。而解释性的模式主要诠释不同类型的信息和资料的能力。它呈现在书面和口语表现中合理化诠释意义的过程，强调了像听和读等语言接收能力。演示性的模式主要是指协助其他文化交流者理解而创造新信息的过程，它同时也强调口语与写作等语言创造能力。”（柯传仁，黄懿慈，朱嘉，2012：181）实际上，这里提及的“三种模式”代表着对语言学习和教学的新理解、新观念。如果在美国进行汉语国际教育，就不能不考虑到这种新标准对教学的影响和要求。

在美国的“21世纪外语学习标准”中详细列出了教学所要达到的

❶ 以往“以学习者为中心”的口号也提倡了多年，但是虽提倡多年，如果没有落实，仍然是空的口号，在教学标准中明确提出，就为在教学实践中落实打下了一定的基础。

"5C"[1]目标。"国家标准指出了外语教学界的五项主要目标：沟通、文化、贯通、比较和社区。尽管沟通在这五项教育目标中处于主导地位，我们仍需具体深刻地理解其他各项教育目标。因此，我们在看国家标准时，绝对不能将这五项相互贯通的内容标准孤立讨论。"（柯传仁，黄懿慈，朱嘉，2012：183）在这5项教学目标中，把学习者沟通能力的培养和师生之间的沟通放在了首位，但是也强调5项目标之间的紧密关联。无论如何，这些都提醒我们要在美国开展汉语教学时要注意到的特点。

美国的"21世纪外语学习标准"对在美国开展中文教学也具有指导作用，并且也有依据此"标准"制定的中文学习目标，在"标准"中还特别注意到了美国华裔汉语学习者较多的"国情"。"在课程设置上，国家标准和具体的中文学习目标为标准化中文课程的发展提供指导的作用。中文学习目标中的语言发展参照范例不仅描述了学生在不同年级段应该表达的语言活动，同时也考虑到不断增加的华裔学习者的特殊需求。在12年级的语言发展参照范例中，有一个有星号标出的小节专门表述这些华裔作为学习者和更高级水平学习者在此年级段可能表达的相关语言活动。"（柯传仁，黄懿慈，朱嘉，2012：188）对于新的教学标准和目标所提出的新型的教学理念和要求，我们如果视而不见，对我们在美国开展汉语教学的工作会带来不利的影响，我们应当适应这样的标准和目标，这样做也顺应了学习者的学习要求和汉语教学发展的潮流。

在欧洲，已经制定出了《欧洲共同语言参考框架》作为外语教学的共同的标准。"CEF（The Common European Framework，欧洲共同语言参考框架）提供课程规划、教学大纲、教材编写以及各类测验一个共同的标准。CEF中详细介绍了外语学习者实现交际所必须掌握的知识和能力。除了讨论语言因素，CEF也特别提出支撑语言使用所必要的文化因素。"（柯传仁，黄懿慈，朱嘉，2012：189）可以看出，这个标准有不同于美国的"21世纪外语学习标准"的特点，受到了欧洲外语教学界的高度重视，对于我们在欧洲开展汉语国际教育也有着重要的参考价值。

---

[1] "5C"就是引文中提及的"沟通、文化、贯通、比较和社区"5项目标的英文大写首字母缩写。

根据欧洲的特殊情况，《欧洲共同语言参考框架》提出了“语言多元化”的教学理念。“在过去十年，‘多元化’的理念逐渐在欧洲成为语言教学与学习方法的主流。‘语言多元化’与‘多语言化’并不相同。‘多语言化’指一个人会说一定数量的外语，而与这几个外语相关的知识储存在不同的内在部分，不相联系；‘语言多元化’则强调结合所有的语言知识与个人的语言经验，并建构一种交际能力。从‘语言多元化’的角度出发，个人并不需要达到‘如母语者一样的语言能力为目标，而是要灵活利用交际能力的不同方面，实现与不同对话者在不同情境下的交际’。‘语言多元化’的目标并非培养学习者如母语者般精通一种语言的能力，而是建构一个语言的资料库。能让学会的各种语言建立联系，并鼓励语言学习者终身学习。”（柯传仁，黄懿慈，朱嘉，2012：191）这里实际上包含着对语言教学适应欧洲特点的目标和要求，包含着对学习者语言交际能力发展的重视。

同时，《欧洲共同语言参考框架》还贯彻了“以学习者为中心”的教学观念。“以学习者为中心的量表反映出不同等级的学习者所具有的典型语言行为。量表的目标在于用肯定、正面的语气探讨学习者能做的事情，即使是描述低语言程度的学习者。以学习者为中心的量表一般为概括性的，为每个等级提供一个描述性指标。”（柯传仁，黄懿慈，朱嘉，2012：205）这顺应了语言教学发展的潮流，对于我们在欧洲开展汉语教学和汉语国际教育师资培养都有着重要的启示作用。

《欧洲共同语言参考框架》的制定者把学习者的需求放到了重要的位置上。“根据CEF，语言学习与教学的目标必须基于对学习者和社会需求的理解、学习者为了满足这些需求而执行的任务、活动与过程，以及他们为了满足需求而培养的能力与策略。此外，学习目标必须考虑语言学习者的发展轨迹、习得多元化语言和多元化文化的重要性以及根据不同的情况作适度的调整。”（柯传仁，黄懿慈，朱嘉，2012：206）这个语言教学标准提出了具体的学习目标，但是这个目标是框架性的，可以根据学习者的实际情况和需求进行调整。

对于《欧洲共同语言参考框架》的具体语言教学目标，有学者进行了概括总结，“根据欧洲共同语言参考框架，有5个语言教学目标。（1）培养和发展学习者的一般综合能力：技能、知识、个性、态度等。（2）拓展和丰富学习者的语言交际能力：语言学、语用学和社会语言学知识。（3）培养技能，以求在一个或多个特定语言活动有更好的表现：听说读写、互动与中介翻译能力。（4）培养和发展最大限度地功能性融入某个领域的能力：公共领域、职场、教育领域和个人生活领域。（5）丰富和扩展学习策略以及完成交际任务的能力：应用一门或多门语言的行为能力以及发现和体验他国文化的能力。”（柯传仁，黄懿慈，朱嘉，2012：209）虽然突出强调的仍然是语言能力，特别是语言交际的能力，但是《欧洲共同语言参考框架》也注意要发展学习者的全面的、多方面的其他能力。

值得注意的是，在《欧洲共同语言参考框架》中贯彻了任务型语言教学的理念。有学者就指出了这一特点，“特别值得注意的是，《欧洲语言共同参考框架》作为欧洲理事会组织各成员国共同制定的关于语言教学、学习及评估的整体指导方针的纲领性文件，尽管多次声明不针对、不采用任何现有理论，也不完全采用某个语言教学法，但是综观框架，可以看出完成交际任务在框架的概念及方法论系统中处于中心地位，框架系统列举并分析与任务有关的各要素，将任务型教学系统应用到课堂活动和语言学习中，这正是框架被称为语言教育的一场‘革命’的原因之一。（白乐桑，张丽，2008）”（吴中伟，郭鹏，2009：3-4）对任务型语言教学方式的倡导，实际上是欧洲外语教学自我更新的表现。

尽管《欧洲共同语言参考框架》详细列举了教学标准的等级和评价的量表，但是也有学者仍然认为，《欧洲共同语言参考框架》是比较粗略的。“由欧洲理事会制定的《欧洲语言学习、教学、评量共同参考架构（CEFR）》（2001）是为了加强外语或二语在学习、教学和测试等方面的跨文化交际和国际交流，它区分了语言应用的四个比较广的方面：个人的、公众的、职业的和教育的。由于提到的这四个领域范围很广，它们包含一系列语言应用情境和各种各样的任务，所以这种划分法仍然比较粗略（Humblet & Van Avermaet，1995）。”（Branden编著，2005：16）尽管有不同的看法，但是《欧洲共同语言参考框架》对我们在欧洲和世界其他地区开展汉语国际教育工作还是有着重要的参考价值，所以中国国内也组织力量把它全文翻译出版了。

在海外有些国家和地区对教学要求严格，制定了详细的教学标准等，但在有些国家和地区就没有明确的要求和标准，这就需要教师自己来开发、来确定。在世界各地汉语教学的要求和标准的这些不同的情况，也需要引起汉语国际教育师资培训的注意，使被培训者掌握适应的能力。

2.1.3 适应在海外开展汉语国际教育的要求

教学工作具有复杂性和不确定性的特点，适应各种教学的情况和要求，是教师的一项基本的能力。“教学活动以其复杂性和不确定性为特征，永远有新问题源源不断地产生。学生们如果在入学之初，就能直觉培养观察的习惯，勤于思索，善于总结，有一套具有操作性的研究范式，习惯酿成自己的问题情境和个人习惯的操作模式，将每天的教学活动、教学体会和经验纳入一个研究的框架，会使其专业活动多了一个不断发展的、纵向的维度。（施良方，1996）”（贾放，2011：189）

汉语国际教育专业硕士在海外进行汉语教学实习时，要面对各种各样的教学环境和条件，对他们的适应能力提出了很高的要求。“海外实习对教师处理学生差异进度的能力提出了较高的要求，教师需要关注学生个体差异，针对不同教学对象，调整教学方式和课程设计。”（王宏丽，朱小健，2008：267）如果我们所培养的汉语国际教育专业硕士能够适应海外汉语教学的多样性，他们就有能力使海外实习的汉语教学更有针对性。

另外，在海外进行的汉语教学中，学习者学习动力的目标支持不足，而且目的语环境的支持作用也有些缺失，因此就更需要教师适应这种特殊的教学环境，想方设法对学习者的学习给予充分的支持。

在海外开展汉语教学实习时，通过他人纠正教学偏失的机会比较少，因此实习的汉语教学师资的自我反思能力就显得尤为重要。“‘只可意会不可言传’是汉语教师经常感觉到的一个问题。在对课堂实录进行分析时，有相当一部分情景不能用语言来描述，诸如课堂管理中学生瞬间产生的注意力不集中，什么时候对学习偏误要纠正，什么时候不需要纠正，都很难用一套程式来说清楚，只有通过汉语教师的自我反省，并和自己的教学经验结合起来才能有效地去体验，也就是说有时候教学效果的提高是汉语教师对实际情况的一种自我感悟而采取的策略。”（张建民，2013：286）教师掌握自我反思教学的能力，也是由教学工作的特殊性所决定的，而在海外开展汉语教学时自我反思的能力可以使实习教师更顺利地适应当地教学的要求。

在海外进行汉语教学实习时，汉语国际教育专业硕士实习生可能会遇到学习者低龄化的情况，开展面向幼儿的任务型汉语教学对教师提出了特殊的要求。幼儿学习语言有着不同于其他年龄阶段的特点。“对于幼儿，需要在语言和任务之间建立关键的联系：与相关的、有趣的任务型行为结合在一起的词汇，比在任务型行为语境之外出现、使用的词汇，能够明显地对儿童的语言习得产生更强烈的影响。”（Branden编著，2005：164）因此，开展面向幼儿的海外汉语教学实习，对实习教师的适应能力提出了很高的要求。

教师要摸清幼儿的心理特点，在教学过程中对他们特别要多支持、多鼓励，这也是需要实习教师特别加以注意的。有学者就指出了过多纠正幼儿语言错误的弊端。“一些孩子需要得到细心的、大量的互动性支持才能从参加的任务型活动中学习语言。在传统的教育中，由于教学过程中某些时候的矫正性教学，这些孩子们常常被孤立。矫正性教学常常伴随着降低教师的期望和任务要求，侧重孤立的语言元素，因为有深度的会话被认为是超过孩子的能力的。自相矛盾的是，矫正性语言课程往往不能让孩子充分利用很多辅助工具，比如可以用来接受有意义输入和产生输出的视觉语境，而且，从儿童的角度看，矫正性教学中的任务往往激励性较差。”（Branden编著，2005：173–174）实习教师通常没有对幼儿进行教学的经验，他们自己幼儿时期的学习经验恐怕早已忘记了，没有经验的依托使他们的教学面临着很大的挑战。

海外的汉语教学实习对教师教学的灵活性也提出了很高的要求。有些被培训的实习生缺乏教学的灵活性，只是按照教科书或者教学典范套用、搬用，在海外进行实习教学时就会遇到困难。即使是先进的教学方式也不能僵化地使用。“任务型学习应该是一种开放的、弹性的、动态的学习模式。在具体的教学实践中应该有不同的变体。如果把任务型学习形式化，将不利于语言学习与迁移。”（程可拉，2006：17）所以，在教学中实习教师的灵活运用能力是十分重要的。

2.2 新型汉语国际教育师资的培养任务

开展和实施任务型教学，对教师提出了更高的要求，要经过一定的培训、指导和实践，亲身实践尤为重要。任务型教学的操作重视的是过程，重视的是课堂中的活动，对教师的教学能力是很大的挑战和考验，比以往的照本宣科难度大得多，课堂上发生的情况更加难以预计和掌控，需要教师有预判可能发生的情况和临机处置的能力，除专业能力和教学水准之外，对教师的课堂敏感性和灵活处理各种教学状况（包括各种突发状况）的能力提出了很高的要求，这些也都应该在师资培训的范围之内。

汉语国际教育专业硕士教学能力的培养自然是我们培训者最主要的任务，但是对他们的培养不只如此，仅仅进行教学能力的培养并不能培养出理想的教学人才。师资培训涉及的领域是很多的，但是在此我们只探讨与教学直接相关的一些培养任务。

2.2.1 新型汉语国际教育师资教学理念的更新和角色转变

2.2.1.1 更新教学观念是汉语国际教育师资培训的首要任务

汉语国际教育是一项崭新的事业，为开展这项事业而培养新型师资，首先要进行观念的革新。“首先教师要解放自己，进而解放学生。解放学生的潜能，这样才能培养出真正高级的人才。”（许嘉璐，2008b：17）被培训的教师如果不能改变自己对汉语教学不正确的认识，就会带来教学操作上的不良后果。教师应当注意改变自己对学习者的能力和作用的认识。“总以为受教育者什么都不知道，都要由我们滔滔不绝地讲。应该由老师引路，由学生自主地学习；老师也不能只管讲课不管课下，要和学生保持密切的联系，成为整个师生队伍不可分的一员。”（许嘉璐，2008b：20）

新的教学理念可以使被培训的教师更好地发挥学习者的自主性和积极性。“如果老师舍弃自己传统的传播知识的角色，让学生们更加自主地学习，老师就不会太在意自己的教学计划被打乱，相反，如果在课堂里老师认为自己还是处于主导地位，他们就会觉得自己的教学计划被打乱。”（Sandholtz，Ringstaff & Dwyer，2004：104）我们的汉语教师应当让学生有更大的自主权。对于学生，既不用事事周全地“背着”学生，也不用小心谨慎地“抱着”他们。现在我们代替学生做的事情太多，这样做反而使学生无事可做、无所适从，要他们学习的知识内容是很容易获知的。他们经常被灌输很多他们已知的知识和内容，而真正需要掌握的技能却得不到关注和锻炼。这样使学习者主动探索的热情和精神得不到发挥，发现未知的乐趣被取缔和受到打压。

在当今信息技术发展迅猛的时代，对知识的认识和对知识的教学与学习观念都需要变革。观念变革了，教学的操作才能适应汉语国际教育的要求。

2.2.1.2 促进汉语国际教育师资的角色转变

虽然“以学习者为中心”的教育理念已经深入人心，但是在传统的教学方式中教师是主宰者的角色，新的教育理念在语言教学的过程中实际上很难贯彻落实。“在教师角色方面，教师们虽然在讲解方式、练习方式上努力实践着‘以学生为中心’，但整体上还是‘自上而下’的教指导学的模式。正如Goffman（1981：24）所言：课堂被‘教学命令’（educational imperative）所控制，教师与学生不可能成为真正的语言使用者，因为他们始终意识到彼此的身份和目的——前者是教，后者是学。”（许希阳，2009：9）教师和学生之间的角色是界限分明的，在教学活动中各司其职被认为是“应当应分”的职责，且不论这种界限分明的僵化和保守，仅就师生之间相互作用无效或低效的结果而言也是不理想的。

有学者论及了任务型教学方式促进教师角色转变的作用，“任务型口语教学要求教师进一步转变角色，把握‘以学生为中心’的精髓。首先，教师应跳出传统教材的束缚，积极参与教学设计，针对学生的特点和教材的内容创设一系列任务，不断激发学生的学习热情。同时，记录学生完成任务的具体情况，由此对任务的类型、组织形式、难度、复杂度等进行反复调整。其次，教师不再是传统的教授者，要走下讲台，对学生何时需要帮助、需要哪些帮助保持高度的敏感。因此，教师是关键时刻才出手，在学生身后实现了指导，这种指导削弱了教的意志，提升了为学习者服务的意识。”（许希阳，2009：9）可以看出，在任务型教学方式中“以学生为中心”的教育理念因教师退居学生身后而得以真正落实。任务型教学方式带来的教师角色的转变是巨大而深刻的，也带来了教师角色转变的契机和可操作的环境。

2.2.2 培养汉语国际教育师资在海外开展汉语教学的多方面能力

2.2.2.1 汉语国际教育师资教学方面能力的培养

汉语国际教育师资教学方面的能力包括许多的方面，初步总结如下：通过合作完成任务的能力；合作途径的探寻、合作渠道开发的能力；自主学习和实践应用的能力；自我监控、自我评价的能力（对新教师在海外生存尤为重要）；批判性思维和反思教学实践的能力；教学设计和课程开发的能力，实际上是分析和设计的创造力。另外还有：教学资源的管理和创新的能力；教学材料的编写能力，现有的材料的选取和加工的能力；在汉语教学的范围以外获取资源并整合到汉语教学之内的能力；社区、社会资源的利用能力；建立网络社区，建立有针对性的、为特定的学生服务的平台；开展比赛、活动的能力等。

汉语国际教育师资的教学能力仅仅局限于语言、文化的教学能力是不够的，还包括中华才艺等方面。才艺既是中华文化的显性代表，也可以育人。

对教学内容和活动难度的敏感、认识、理解与把握，是语言教师的一项重要技能。这种技能与教育经验有关，需要通过在教学实践的体验中总结获得。

被培训者可以模仿师资培训者所提供的操作模板，在模仿中发挥主观能动性，进行自己的创造。不要担心被培训者的模仿，模仿不是照搬，也不可能与模板完全相同，必然会加入被培训者自己的有特色的东西，也就是说，在模仿中出现“变形”，而这种“变形”不要视为是模仿的失败，也许会成为被培训者自我创造的启端。所谓的“模板”也不是标准的，是相对来说较为理想的一种形态。模板只是启发被培训者的一种过渡性的教学辅助措施，它不能成为限制被培训者的阻碍创造的因素，更不应当成为衡量被培训者模仿或创造成功的唯一标准。

作为培训者的教师所能发挥的主要作用，前期是引导、组织课堂上的教学实践，后期是把关和评价。

在全面培训的同时也要有针对性，可以“急用先学”，但是也要考虑到今后被培训者的长远发展，所以又要全面，关键在于使他们获得可持续发展的能力。

2.2.2.2 汉语国际教育师资社会技能的培养

在海外开展汉语教学时，所面对的社会交往情况不同于中国国内，除了与学生打交道以外，还要与学校领导、外国同事、学生家长和周边社区居民打交道，这对教学师资的社会技能提出了很高的要求。社会技能的掌握程度熟练与否也会影响到汉语教学能否顺利展开。而我们的汉语国际教育专业硕士多数是“校门到校门”的在校学生，没有进入社会，必然会缺乏社会技能。对于社会技能的重要性，有学者认为，“社会技能的欠缺对教师的影响也是很明显的。很多教师报告，在适应了学校中简单的人际关系后，不能也不敢想象更换工作的情形，因为害怕不能处理其他工作中复杂的人际关系。”（伍新春，管琳，2010：237）以往学校中的人际关系是脱离社会故意地被简化的，以便能够更方便地进行管理。这种为了便于管理的教学方式造成了学生的需求被压抑、被忽视。

教师掌握社会技能不仅要使自身的教学能够顺利开展，而且还肩负着培养学生的生活技能的责任。社会技能的发展是学生人生成长的重要组成部分。在传统的教学中对此是忽视的，或者说对应担负的责任视而不见。“传统的教师教育不注重对教师进行社会技能方面的训练；相应地，教师也不重视对学生进行社会技能的训练。”（伍新春，管琳，2010：236）传统教育只关注知识，只关注考试，不关注人，不关注学生，他们只是知识的容器，考试的机器！顺应学生的天性、特点、意愿的教育，才能称得上是“以人为本”的教育。以知识为本、以考试为本的不是教育，因其缺少了化育之功而败坏了教育之名。不是教师要如此做和愿意如此，而是升学、竞争、体制、传统造成了如此。

2.2.2.3 汉语国际教育师资信息素养的培养

信息技术的发展提升了现代教育技术在教育教学领域的应用，也促进了对教学师资学习素养重要性认识上的变化。有学者从教师资格标准对汉语教师信息素养的要求上总结了这种变化：“从以往汉语教师资格认证对信息素养没有明确的要求，到《汉语作为外语教学能力等级标准与考试大纲》[1]中的‘语言研究与对外汉语教学理论’中补充规定‘五、现代教育技术的应用’，直到《国际汉语教师标准》在标准八和标准九中的具体规定，反映出时代的变化对汉语教师提出的更新、更高的要求。这是我们必须面对并加以重视的。”（郑艳群，2012：261–262）尤其值得我们关注的是，《国际汉语教师标准》对教师信息素养提出的高要求，在汉语国际教育师资培训中信息素养是必不可少的并且是应当格外重视的培养任务。

有学者界定了对外汉语教师信息素养所包含的内容：“对外汉语教师信息素养是‘对外汉语教师应具备的信息技术与对外汉语教学的课程整合的能力，包括信息化教学设计的能力、教学内容信息化处理的能力、创设语言交际环境的能力、培养听说读写译语言技能的能力等。’‘对外汉语教师信息素养是对外汉语教师知识结构更新的重要方面。’（徐娟等，2006）”（郑艳群，2012：262）信息技术的飞速发展影响到中国社会中的几乎每一个人，我们所要培养的汉语国际教育专业硕士研究生，由于已经受过大学本科教育，在基础教育和大学教育阶段的培训使他们已经具备了一定的信息素养基础，师资培训的关键问题是要使他们具备汉语教学中运用信息技术的意识和能力，所以要使他们所已掌握的信息技术与汉语教学的实践结合起来，这种结合的桥梁可以由任务型教学方式来搭建。信息技术在汉语国际教育教学实践中的应用可以作为任务布置给被培训者们去完成。

2.2.2.4 汉语国际教育师资沟通交流能力的培养

在海外开展汉语国际教育，不仅在课堂教学中要依靠良好的沟通交流能力，而且在教学管理和课堂管理的过程中良好的沟通交流能力也十分重要，包括在国外的社会生活中也极为需要良好的沟通交流能力，这样才能使被培训的汉语国际教育专业硕士师资能够在海外的环境中生存和发展得好。汉语国际教育专业硕士沟通交流能力的培养，是教学实践和职业需求的必然要求，也是师资培训中必不可少的重要组成部分。

---

[1] 国家对外汉语教学领导小组办公室编，北京大学出版社2005年版。具体包括（1）计算机及常用软件的使用；（2）现代声像技术的应用；（3）汉语知识与言语技能的计算机辅助教学；（4）网络远程汉语作为外语教学。——原注。

语言教学本质上也是一种交际，是发生在师生之间、生生之间的交际。更为重要的是，汉语教学要在学习者与目的语之间建立交互性的关系，首先要树立交际观，而不是通过交际教学法。达到学习者使用目的语进行交际的教学目标的方式、方法有很多种，不拘一格，而实质则一：为培养学习者的目的语交际能力服务，教学以达成学习者的交际为旨归。课堂教学本来就不是一对一的，也不是只从教师流向学生，交流不要变成“单流”，因此重视对汉语国际教育专业硕士的沟通交流能力的培养很有必要。

许多缺乏社会实践经验的汉语国际教育专业硕士研究生欠缺沟通交流能力，在互补性（补课型）的知识教学中，人际沟通能力应当列为第一位，通过社会性（群体性）活动（小组学习、任务型教学等方式）可以对此有效地进行培养。依靠沟通交流组织活动的能力对于汉语国际教育师资而言也很重要，这方面的能力可以通过在学习小组中轮流担任组织者来培养。

第三章

任务型教学方式是解决培养方式问题的佳径

在外语教学领域，有学者认为任务型语言教学的根本性质是一种教学途径。“需要指出的是，任务型语言教学是一种教学途径，而不是一种具体的教学方法。❶”（程晓堂，2004：3）我们的理解是，任务型语言教学是一种教学途径，是为了避免出现仅仅把它归为一种教学法的局限性认识。任务型语言教学也确实牵涉到语言教学的各个方面，系统性地带来了语言教学的全面变化。但是，任务型的教学方式并不仅限于应用于语言教学领域，本书所论及的汉语国际教育师资培训领域也可以运用这种任务型教学。由于本书的研究课题是关于汉语国际教育师资培养教学方式的，所以本书只是选取任务型教学的一个侧面进行论述，并非否认任务型教学在其他方面和领域的作用。

3.1 任务型教学方式与汉语国际教育师资培养的同构性

任务型语言教学不过是采用了在国内外中小学早已采用的教学方式，采用学习者熟悉的方式，也可以使他们容易和乐于接受，更可以取得良好的教

---

❶ 教学途径由approach翻译而来，它指的是关于语言及语言的教与学的本质的理念和认识，是语言教学大的方向，使用有时也称为“路子”；教学方法由method翻译而来，它指的是比较具体的教学方法。教学途径是原则性的或原理性的(axiomatic)，而教学方法是操作性的（procedural）。……鉴于以上的区别，凡是属于教学途径的流派，一般不宜翻译为“某某法”。所以，严格来讲，我们不能说“交际法”和“任务型教学法”，而应该说“交际语言教学”和“任务型语言教学”。另请参阅Richards & Rodgers(2001)。——原注

学效果。当面对汉语国际教育师资培训的研究课题时，我们发现，对第二语言学习者和教学者都需要进行一种适应汉语特点和汉语教学特点的培训，也就是说，使学习者适应汉语学习的特点和教学者适应汉语教学的特点，尤其是在海外的汉语学习和汉语教学。问题是：需要和可能采用相同的培训方式吗？

在汉语国际教育师资培训中，被培训的教学者在其学习过程的初期阶段也是需要较多的帮助和指导的，汉语学习者，尤其是初次接触汉语学习的学习者也同样如此，这两者间具有一致性。当然，汉语国际教育师资培训和汉语国际教育在海外的开展，两者之间在教学内容上肯定是会有所不同，但在教学方式上可以是一致的。

在海外开展的汉语教学中所具有的特殊性已如前文（1.1.1）所述，在海外的许多教学标准中也提倡采用任务型教学方式[1]，因此，在汉语国际教育中采用或提倡采用任务型语言教学方式是顺应了海外语言教学的需求和潮流，在汉语国际教育师资培训中也不能忽视这样的实际情况，尤其是被培训者在海外开展汉语国际教育时的需求。因此，我们认为应当在汉语国际教育专业硕士教学能力培养的课程中，采用与被培训者将要在海外面对的实际教学同构的任务型教学方式。

提出汉语国际教育师资培训采用任务型的教学方式，我们也考虑到这种教学方式与语言教学本身的特点是相一致的，这同样也贯彻了“精讲多练”的原则。技能培训有共同性的特点，语言教学也是一种技能，但不是一种单纯的技能，而是结合了知识（语言、文化等）的技能。

采用任务型教学方式培训汉语国际教育师资的另一个重要原因是，培训者的课堂教学习惯会影响到被培训者的学习习惯，进而也会影响他们将来的教学习惯，这种影响可能是明显的，也可能是潜移默化的。我们不一定忽视这种影响，相反应当对此加以重视和积极、有效地进行利用。

采用任务型教学方式可以使所培训的教学者有能力面对教学生存的挑战，同样的，学习者也要面对生存的挑战（工作、生活），教学者与学习者

[1] 可参见本书2.1.2部分的相关内容。

在这一方面具有了一致性。

任务型教学方式不是只完成教师的一个任务，而是帮助学习者完成“他们的”任务，这是明显的实践性目标。汉语国际教育的硕士培养目标也不能仅仅定位为完成对学位的培养计划或达到一定的知识水平及研究能力，还要符合对较高水平的教学实践的要求。对被培训者的研究要求和研究能力的培养是第二位的，主要是要把他们培养成为较高水平的实践者，是“知其然又知其所以然”的实践者，是能够充分认识和把握并且能够灵活运用教学规律的实践者。

任务型教学方式对语言教学有启发作用，对汉语国际教育硕士的培养也同样有启发作用。由于教学立足点和视角的转移，任务型教学也可以视为是组织一种口头的表达，这种表达的目的是要引导和帮助学习者通过自身的努力达到学习目标，从而使这种表达成为促进学习有效的途径。对于汉语国际教育师资而言，表达能力是教学能力之中十分重要的技能，通过任务型教学方式可以更好地掌握表达的技能。任务型教学方式可以增强教学的互动性，也可以成为被培训者未来教学行动的范本。❶

教师如果在同构性的培训中得到良好的发展，他们也会在同构性的汉语教学中去培养学习者相应的能力。例如，教师学习的自主性如果在培训中得到了培养，他们就会去培养学生学习的自主性。“有些教师让学生自己确定学习任务和学习情境，他们发现这种方法很有效，因为他们自己在接受教师培训的时候也是自己确立工作的目标、过程等。”（Norton & Wiburg，2002：262）“Little（1995）也提出了学习者自主和教师自主的关系，他认为学习者自主和教师自主是互相依存的，所以要促进学习者自主就要在教师培训中实行教师自主。”（徐锦芬，2007：201）在教师培训中培养教师自主性，由此才能由教师去进一步推动和培养学习者的自主性，教师自主性是学习者自主性的前提条件、先决条件。

基于语言教学和师资培训中采用任务型教学方式必然具有如此多的同构性特点，因此采取此种教学方式是必要的，有学者直截了当地提出，“外

---

❶ 关于汉语课堂教学中互动的重要性，以及任务型语言教学在增强课堂教学互动性中的作用，可参见本书作者的另一论著：《汉语初级口语课交互教学方式》（知识产权出版社，2015）.

国人学习汉语是‘做中学’，我们教师培养也需要‘做中学’。”（夏耕，2013：74）

任务型教学方式主要的长处在于，其有助于学习者能力的建构[1]，但是不可否认的是，任务型教学方式也可以发挥其有助于知识建构的作用。这两个方面所显示出的任务型教学方式的特性与汉语国际教育师资培养的目标和需求是一致的。尤其是任务型教学方式在教学技能培养方面起到的作用，更为突出和明显，也更能适应汉语国际教育人才培养的要求。因为属于技能性范畴的语言教学能力一定要通过个性化的培养途径来完成，技能培训是不能采取知识性教学那种“大拨轰”的方式来进行的，教学这种操作性的技能需要进行有针对性的个性化指导，最好是一对一的直接指导。学习者在技能学习时尤其体现其个别性的特点，每个学习者的特点都是不同的，在技能学习时尤其突出，所以尤其应当引起重视，要在教学中采取措施，选取有针对性的教学方式。

在海外开展汉语国际教育将面临很多对中小学生进行汉语教学的情况，任务型教学方式可以解决教学针对性的问题，可以更好地针对中小学生的特点，针对他们注意力不容易持续集中的特点。他们的这一特点，尤其是在只坐在座位上听讲时表现得更为突出。如果采用任务型教学方式让他们参与学习活动，可以提高他们的学习兴趣，注意力也不容易分散。要在海外的汉语教学中开展任务型教学方式，被培训者首先就要掌握这样的教学方式。

任务型教学方式是与真实的教学相联系的，面对的并不是茫然不可知的未来海外汉语国际教育的情境。其实用性和针对性会引发被培训者学习和掌握汉语教学技能的积极性。任务型教学的开展需要有一定的前提条件，需要在一定的基础上进行。就汉语国际教育师资培训而言，它有着很强的针对性和适用性，与任务型教学的特点相契合。

在任务型师资培训教学中，学习者之间地位平等、互相信任，自然地产生相互帮助的需求和动力，而不是由外在的强制性的力量迫使他们组合在一

[1] 任务型语言教学首先关注的不是语言形式，而是表达意义、完成语言交流任务，获得交际结果。语言形式是第二位的间接地获得的成果。聚焦语言形式的教学环节只是一种补充，而非主要的教学出发点，技能的培养是主要的教学目标。

起，学习者在实践的过程中遇到困难就会自发地合作、自主地寻求指导和帮助，这种合作和指导都不是由外部强加的，而是来自对课程学习中课堂上的实践活动和即将实习所产生的压力。

任务型教学方式可以满足机会均等的要求，使每个参与学习的学习者都有机会完成自己的学习目标。特别是在遇到被培训的教学对象人数较多的情况时，任务型教学方式所采取的分组合作和轮流表达的学习方式可以为实现机会均等提供有力的保证。

在任务型教学方式中，如果采取学生分组学习的方式，教学者只需要面对几个组团，而不是每一个学生个体，教师的指导、反馈在时间、精力和指导强度上都有了保障。分组学习方式产生的小组之间的竞争，会促使形成组内的民主，只有小组的每个成员集思广益，在小组内分工合作，才能赢取小组在竞争中的胜利。

我们提出采用任务型教学方式培训汉语国际教育师资，并不是要求对任务型语言教学方式的所有细部操作都要照搬，毕竟在师资培训和汉语教学两者之间是有所不同的。我们也应该相信实习教师能够在海外开展汉语教学时，有能力发现、领会这种不同，当然在培训过程中进行有效的提示是我们培训者的责任。

在海外开展汉语国际教育所面对的情况是变幻莫测的、复杂多样的，要使我们培训的汉语国际教育师资有能力应对这样的教学情况，就不能简单、僵化地传授一些所谓的“教学法”让他们去套用。

语言教学的方法是第二位的，虽然有借鉴意义，但意义的产生必须在教师自己进行了探索之后。要使被培训者具有结合海外汉语教学的实际情况对一些方法的原则进行创新性灵活运用的能力才是最重要的，所以能力是第一位的。方法的、技巧只是引导使用者达到最佳教学效果的辅助手段，最忌将其视为“万灵药”，不加变通地进行照搬、套用。对方法、手段、技巧、模式等不要过分迷信，更不能在汉语教学的实践中僵化地、教条地使用。

任务型教学提供了一个框架，其他方面的学习内容可以融入或添加到任务型教学活动中来。任务型教学方式可以起到“脚手架”[1]的作用。任务型教学方式通过学习者的不断地试错和纠错，通过自我引导或他人引导、指导，学习的效率和效果与传统的教学相比都会有所不同。

采用任务型的教学方式培训汉语国际教育师资，对于新教师的影响并不局限于他们的课堂教学能力本身，还会有助于促进教师之间的合作（合作完成任务、集体备课、网上或其他途径的各种交流），解决我们在前文论及的传统的教学方式中教师之间难以沟通和合作的问题。

任务型教学方式可以帮助学习者把压力变为信心。初登讲台时的忐忑不安恐怕是每个新手教师都曾经有过的经历，在教学对象可能会分为有经验者和无经验者两种区别很大的情况时，任务型教学方式可以同时有助于这两种教学对象，使他们在完成新型的教学任务的互帮互助中共同提高，可以很好地实现因材施教的教学理想。

在任务型教学这种探究型的教学方式中，学习者的研究能力也得到充分的开发和展现，研究能力也不是靠灌输大量的知识就可以使学习者获得的，研究能力的培养也要通过学习者自己的行动，加之以教师的指导和引导才能够形成。

任务型教学方式是探索式的、难以控制结果的、具有挑战性的、经常处于未完成的状态的、非安全性的教学方式，而这些教学特性或教学形态都是目前或未来的教学者要面对的，完成教学任务的过程就是克服压力、克服困难的过程，在这个过程中也能提升他们的能力和信心。

从知识的角度看也许任务型教学的内容，也许是断面式的、不成系统的，但是从教学的角度看却是完备和实用的，这其实是因为这样的教学内容可以覆盖不同的教学对象所需的学习内容。任务型教学方式也可以解决教学内容的广与深、杂与专的矛盾。要相信学生的理解和消化能力，教学不必强求系统化和面面俱到。任务型教学方式的框架型特点，也可以满足对和中外

---

[1] “脚手架”是建构主义教学理念实施的方式之一，对于“脚手架”的作用，有学者介绍，“在学习活动中，学习者得到的帮助逐渐减少，直至独立完成任务。这就是Vygotsky所说的‘脚手架过程’(scaffolding)。其寓意是：先给学习者搭一个脚手架，随着学习者能力的发展，逐步拆除脚手架。”（程晓堂，2004：16）学习过程中的“脚手架”是逐步减少对学习者的帮助，这样做可以减少他们对于教师和教学的依赖性，增强学习的独立性，这一点与语言教学的特点和要求是一致的。

汉语国际教育专业硕士学生区别教学的需求。

开展任务型教学活动，也许在理念上容易明确其必要性，但是落实到教学的具体操作层面上，则需要许多具体的操作练习步骤，需要有一个适应和转变的过程，就像习惯了用右手使用筷子的人，突然让他改用左手一样，可能会出现严重的适应性阻碍。

任务型教学方式也并非是普适性的，可以作为一个教学过程的局部成分加入到某一课程当中，也可以为某一课程的大部甚至是全部过程所采用。不可否认，任务型教学有其局限性，但是任何一种教学模式、教学法或教学方式都有其局限性，首先要认识其适用性，然后才能发挥其长处，避免或减少其局限性。

任务型教学方式中的接近实际教学的操作过程有很多限定，对教师、对学生都提出了更高的要求，难度加大了，也更接近了教学实际，使学习者能够直接面对实际。这种直接性的教学方式是基于对所培养的学生在实践性方面的要求。实践是自由运用，那么对汉语国际教育研究生的培养就要从面向自由运用的规定性运用向完全的自由运用发展。由教师的讲授（“知其然”）向学生自己去探索（“知其所以然”）转变，学生以交互性的学习方式进行探索，通过教师的指导和纠正最终达到“知其所以然”。这样，对“知”的切身体验、感受会更强，体会和掌握会更深，在探索的过程中学习者自己的发现比直接得到结论印象更深，表面上效率低，知识容量差，但知识的容量以何为度呢？如果以知识传授的方式进行教学，就需要考虑在一定期限内能够达到一定的知识水平，“授之以鱼不如授之以渔”，走出象牙塔才是解决问题的正确道路。

3.2 任务型语言教学的实质和特性

3.2.1 任务型的教学方式的实质

3.2.1.1 任务型教学方式适应语言教学的根本目标

任务型语言教学方式倡导者对语言和语言教学的认识，是符合语言教学培养学习者交际能力的根本目标的。任务型语言教学方式的首倡者提出了

“做中学”的任务型教学方式教学操作的核心理念。“珀拉胡坚信无意识学习是最有效的语言学习途径，强调‘做中学’（not ‘English for communication’ but ‘English through communication’；not ‘learn English so that you will be able to do and say things later’ but ‘do and say things now so that as a result you will learn English’ Prabhu，1980），无疑也为我们认识语言的教与学提供了一个新视角。”（魏永红，2004：19）尽管培养交际能力的语言教学目标并不是任务型语言教学方式所首倡的，但是采取任务型的教学方式是实现这一教学目标与以往相比最有效的途径。“斯万（Swan，2005）指出，尽管倡导任务教学法的学者有不同的信念，关注的重点也不同，但在以下几个原则上却有共识：一、语言教学应以活动为基础，这些活动关注的是自然语言运用，是意义而不是形式。二、语言教学应以学习者为中心，而不是以教师为中心。三、在通常情况下，完全自然的学习并不能保证准确地道（native-like accuracy），教学介入是必要的，以便能够在保持自然学习优势的前提下，促进对语言形式的习得。四、交际任务是实现这一思想的有效工具，教师应提供机会，让学习者在重视意义的基础上，自然而然地对形式进行短暂处理，即关注形式。五、此外，在完成任务之前和之后，多作一些相关的语言学习活动可能会很有帮助，因为这些活动能够引起或者强化学习者在交际中对形式特征的注意。”（刘颂浩，2007：214）任务型语言教学方式在重视语言意义和语言形式方面达到了一种合理的平衡，这样也符合语言学习和教学的规律。

语言教学的根本目标是培养学习者的语言交际能力，而任务型教学方式也具有重视和可以实现交际能力的培养的本质特点。“任务的本质特征是以内容为中心。以内容为中心，也就是交际性的基本内涵。什么是交际（communication）？交际就是人与人之间信息、思想、情感的交流和沟通。”（吴中伟，2008：279）对于任务型教学方式重视语言交际的实质，也有学者提及，“所谓任务实际上就是一个鼓励学生积极地用语言进行交际的手段。其优点有三：第一，在‘做中学’的过程中，学习者容易被活动所吸引，想参与，处于一种积极主动的学习心理状态。第二，在完成任务过程中，学习者一定要与别的同学接触，或是解释咨询，或是小组活动，他们之间一定是有意义的互动。第三，‘任务型’的学习过程提供了学习者自然地有意义地运用语言环境和资源的机会。在这一过程中，学习者会调动各种语言和非语言的可及资源，来解决问题、完成任务。总之，任务型的活动建立在学生的积极参与、体验、独立思考、合作研究、意义学习的基础上，给学习者充足的机会进行口头和笔头的输出。”（温晓虹，2008：223-224）学习者如果只是被动地吸收，则难以构成交际，交际能力的培养研究无从谈起。交际重在联系和传导交流信息，而内容是所要交流的东西。“任务型学习是一种整体型的学习方式，即学习者不必分析语言形式，注意力集中在语言的使用或者语言的意义上，所关注的是流利性不是准确性。虽然这种学习方式不一定能够适应所有的学习者，但是，在任务型学习的框架下，仍然可以考虑到分析型的学习者，帮助他们适应任务型学习。”（林立等，2005：28）在语言教学中重视内容的交流而非只是语言形式的教学，可以促进交际能力的培养符合语言教学的目标，任务型教学方式可以比较好地实现这样的教学目标。

任务型教学方式除了可以发展人的交际能力外，在完成任务的过程中还可以发展学习者的多方面的能力，“Long & Crookes（1991：43）指出，任务给学习者提供了一种途径，即恰如其分地展现目的语的用法。在设计任务时，应对认知过程和焦点形式加以权衡。”（岳守国，2002：365）这一特点也十分符合语言教育的目的。“语言教育的目的不是单纯为语言而学习语言，而是要把语言作为工具来发展人的认知能力、创新能力和应变能力（夏纪梅等，1998：37-39）要达到这样的目的，关键是学生在语言学习过程中的投入、参与和应用的量度（Foley，1991）。”（程可拉，刘津开，2003：42）任务型的教学方式可以在完成任务的过程中增加学习者的参与程度，其投入的程度也会更好。

任务型的教学方式也符合“以学习者为中心”的语言教学原则。“任务型学习是以学生为中心的学习：任务型学习是交际的；任务型学习是以目标为导向的；任务型学习可以是合作性的；任务型学习具有挑战性；任务型学习可以激发学习动机；任务型学习是体验性学习；任务型学习提供课堂教学组织框架；任务型学习创造语言使用的真实目的；任务型学习提供自然环境进行语言学习；任务型学习是一种课堂学习的模式。”（林立等，2005：18）

任务型教学方式重视学习者在学习中的重要作用，并且能够充分发挥其作用，这也符合学习和教学的规律。

3.2.1.2 任务型语言教学突出实践的重要性

任务型教学法非常强调实践在语言学习中的重要作用。“它坚持一个重要的观点，即语言学习活动过程本身与语言的目标实现同样重要，语言学习的全过程应该体现经历性的特点，有效的语言学习不是传授性的。只有在经历性的习得过程中关注意义而不是语言形式，学习才具进步性和创造性。正如美国实用主义教育家杜威所倡导的那样‘学生中心，从做中学’。”（郭跃进，2008：49）“任务型语言教学突出了‘做’在教学中的价值。但是在课堂上的‘做’要注意以下几点：1.凡是让学生去实践、去做的活动，都要结合学生的实际。这里的实际主要是结合学生的生活经验、年龄实际、认知实际等。2. 做要让学生手脑并用。真正的做要调动学生的多种感官，引导学生用眼、用口、用手、用脑等，只有手脑并用，才能感性和理性相结合、理论和实践相结合。课堂教学的灵魂是做，让学生在做中体验汉语，在做中运用汉语，在做中创造性地运用汉语。”（姜丽萍，2011：9）强调实践的重要性是任务型教学方式突出的本质特点。语言学习的目标就是为了语言交际的实践，任务型教学方式与此目标是一致的。

也许有人会质疑，在课堂教学中进行的完成任务的活动，并不具备真实性。实际上，课堂操练与真实生活中的任务完成有着紧密的联系，教学任务对教学而言具有真实性。“从‘课堂操练’到‘真实任务’，中间是一个任务性逐渐增强的连续体。处于这一连续体上的，都可以看成教学任务。”（吴中伟，2008：280）操练是对教学任务的实施或实施的演练、准备，也是对真实任务的模拟，是为完成真实任务的准备。所以，我们认为对任务型教学方式的真实性不能苛求，要有较为宽泛一些的理解，指向真实的语言交际任务就是带有真实性的。

3.2.1.3 任务型教学方式可以促进学习共同体的形成

任务型教学方式中的许多任务都不是由学习者个体所能完成的，而且任务型教学方式提倡和强化学习者之间的互助，促进他们社会性交往技能的发展也是任务型教学方式的教学目标之一。有学者强调了学生之间相互交往能力发展的重要性，“由于教育工作者认为，学生之间的相互作用是没有什么好处的，所以没有人主张对这种关系加以建设性地利用，也就不去系统地训练学生们相互交往所必备的基本社会技能。事实上，与同伴的社会互动是儿童身心发展和社会化赖以实现的基本关系。”（约翰逊等，2003：58）学生的社会化是不能仅依靠个人完成的，学校里开展任务型教学方式可以为学习者之间的社会交往提供良好的平台，可以促进学习共同体的形成。

学习共同体的形成首先取决于学习者之间交互关系的建立。有学者提出了在形成学习共同体过程中对于学习者的四个方面的要求，“在教室环境中形成的学习者共同体主要依赖于四方面：第一，成员之间要互相信任和分享彼此的经验，因为每个人都可能是某一领域知识的专家，但决不可能是所有领域知识的专家，所以要互相合作。第二，成员之间的相互尊重，包括学生之间的互相尊重，师生间的互相尊重，对提供帮助的专家们的尊重，应该轮流听取各个成员的意见。第三，共同体的意见是经过全体成员建设性的讨论、提问和反思后形成的，是所有成员共同努力的结果。第四，共同体的成员要遵守一定的活动程序和规则。规则制定得要明确简练，而且学生们要反复练习和使用这些规则，以保证小组活动顺利进行（Brown et al.，1993）。”（Norton & Wiburg，2002：227–228）

学习共同体的建立还需要其他一定的条件，而任务型教学方式的开展可以为这些条件的构成提供契机。“一个学习者共同体主要依赖于共同体的关系、地点和观念。共同体的关系是指创建共同体的人们之间的关系，就像家庭关系一样；地点是指所有成员都能在一个公共的场所待一段时间；观念是指成员之间可以分享的目标、价值观和行为观（Tonnies，1957）。通过这三方面的作用，可以把不同群体的人联系起来，使他们产生归属感并对别人给予深厚的关注（Sergiovanni，1994）。”（Norton & Wiburg，2002：227）

在学习共同体中，教师和学生的角色和关系都发生了变化。“在学习共同体中，学生和教师都不是知识的所有者，而是知识的探索者、使用者和添加者。”（Norton & Wiburg，2002：226）在改变师生关系和生生关系方面起到良好的作用，是任务型教学方式开展的旨归之一。

学习共同体也可以在被培训的师资之间形成。“在教师教育领域，对学习共同体[1]的关注，是学生教师发展研究的新维度（Eun，2010；Johnson，2009；Johnson & Golombek，2003；Morton & Gray，2010）。在汉语国际教育学生教师构建一个有效的学习共同体十分有必要。因为这种新型的学习型组织可以为学生教师提供一个互相交流、互相分享、互相帮助的平台，使共同体成员之间形成相互影响、相互促进的新型关系。对学生教师改善学习方法、激发创新意识，培养探究能力有重要意义。”（车溪，2013：4）这段论述显示出，师资学习共同体的建立有着促进他们学习和成长及有助于帮助他们顺利进行教学实习等多方面的作用。

3.2.1.4 任务型教学方式的实质是合作教学

在任务型教学方式实施的过程中，许多任务的完成要通过学习者之间的合作来进行。“Naiman & Stren（1978）注意到，学生彼此之间往往会自发地重复练习、自己纠错并纠正同伴的错误。实际上，很多任务都是集体完成的，要么两人结成对，要么分成小组，这样就必然导致‘自己人’的合作与‘外人’的竞争。合作与竞争机制的创造必然营造对立与统一的局面，一种特定的学习氛围得以形成。”（岳守国，2002：366）所以，任务型教学方式可以促进学习者之间的合作，使学习更有成效。“任务型教学模式的理论依据是，语言习得是一种自然的过渡，涉及语言的接触与使用。学生只有通过大量的语言接触和使用，才能发现语言的规律，才能把规则内化。而在这一学习过程中，学生的情感因素就成了语言学习的关键，因此主动学习、积极参与、合作交流也就成了任务型学习的主要特征及核心所在。”（程可拉，刘津开，2003：41）

任务型教学方式不仅在促进学生之间合作有明显的作用，而且在促进教师之间合作方面也有着不同寻常的作用。

---

[1] 学习共同体的英文为“learning community”，而其中的“community”包含丰富的意义，它表示“社区、共同体、联合体”，因而，在英译汉的过程中，香港或者大陆出版的相关著作中，涉及此词有各种不同的译法，如“学习联合体”“学习社区”等，而其所指的意义都是相同的，本文内容均采用“学习共同体”一说。——原注

在教师之间开展合作并不是从一开始就一帆风顺的，由于习惯于传统的个人教学的方式，在教师之间开展合作会遇到许多困难，甚至是抵触。“一开始，教师们经常认为合作教学增加了很多工作量，而并没有很多收益。个性、技术知识、教学方式、判分标准和纪律要求等方面的不同变成了障碍。”（Sandholtz，Ringstaff & Dwyer，2004：110）

完成共同的教学任务可以促进教师们之间的合作。“共同计划激发了教师们的灵感，增加了他们的激情。在会议中，他们发现可以将自己独自进行的活动和策略联系起来并给予改善。此外，讨论还产生了新的模型，成为课程计划的一个有力工具。合作的方法还使得教师们能够利用每个组员的力量来安排活动。教师们发现不同的方法是互补的，对于学生学习来说起到推动的作用而不是阻碍的作用。”（Sandholtz，Ringstaff & Dwyer，2004：113）

有国外学者描述了在教师之间开展合作教学所带来的成效和教师的变化过程。“一开始，教师们采用合作教学更多是出于需要，而不是方法本身的优势。但是随着试点继续进行合作教学，并且找到方法克服内在的一些障碍，优势开始凸显。最终，合作教学带来跨学科教学，这一方法为教师和学生都带来了额外的好处。”（Sandholtz，Ringstaff & Dwyer，2004：116-117）“随着教师们对互动的增加越来越熟悉，他们开始观察别人的教学，而不是简单地讨论教学想法。最初，很少有教师观摩别人的课堂，即使去观摩，主要目的也是学习技术而不是收集教学想法。”（Sandholtz，Ringstaff & Dwyer，2004：109）“成功的组减轻了教师之间的竞争，有助于他们学习其他人精通的领域和专业知识。尽管问题还是周期性地出现，但是利大于弊，教师们继续着合作教学。”（Sandholtz，Ringstaff & Dwyer，2004：113）可见，教师之间开展合作的有利之处要通过一个逐步发展的过程而逐渐显现出其优势和效果。

合作学习是任务型教学方式开展的重要途径之一，与在学习者之间开展任务型教学方式一样，在汉语国际教育师资培训的过程中利用任务型教学方式可以促进教师自己开展合作教学。

教师之间进行教学合作可以给双方都带来许多的好处，有学者列出了教师自己开展合作教学的益处。“下面列出合作教学对教师的好处：责任共担；友爱、激情和支持的增加；根据教师的专长开发的活动；开发出新的想法和教学方法；使用方法帮助学生提高理解力；学生分组方面更大的灵活性；为学生提供更多的个人帮助；课堂里完成的任务量增多；更容易发现学生不懂的地方；一位教师缺席的情况下，课程能够继续；跨学科教学的开发；学生学习更难的材料方面能力的提高。”（Sandholtz，Ringstaff & Dwyer，2004：117）

合作教学的进行可以带来教师之间大量的交流和互动，教师之间建立起的良好关系可以改变整个学校中教师的教学面貌。“研究者们认为同事之间经常的互动对于一个成功的工作环境来说是非常重要的，而且对于形成专业的学校文化也是非常必要的。如果教师们没有互相观摩、互相帮助、互相交谈，学校里就不可能有什么变化。取得较好效果的学校里教师之间的互动很经常，他们注重任务、涉及面广。”（Sandholtz，Ringstaff & Dwyer，2004：118）

3.2.1.5 任务型教学中开展的是一种真实性的活动

强调真实性是任务型教学方式突出的特性，这样可以改变以往的语言课堂教学脱离目的语交际实际的弊端。什么样的活动可以称之为“真实性活动”呢？有学者提出了定义，“真实性活动定义为一种文化的日常实践。真实性活动对学习者而言是相当重要的，因为这是学习者达到像实践者那样有意义和有目的的解决问题的立足点。是活动塑造了工具，真实性的活动为后续活动提供了经验，真实性活动架起了‘惰性’知识通向文化实践的桥梁。”（Norton & Wiburg，2002：120）

虽然真实性在任务型教学方式中十分重要，但这并不等同于，任务的真实性程度越高，对教学的有利程度也越高。毕竟任务型教学方式的采用目的是为教学服务的，任务价值的衡量也要以对教学是否有价值为标准。“真实任务是无限多样的，简单的、机械地模拟某些真实任务，必然有其局限性，也会影响教学的效率。有时候，不那么相似的模拟，也许是最好的模拟。”（吴中伟，2008：282）

任务型语言教学方式可以在课堂上带来真实的交际活动，从而达到促进学习者语言技能发展的教学目标。“用交际情景、任务型教学活动来化解学生程度不齐的难题。高年级课堂上语言输出面临的一个挑战是学生的背景不一、程度不齐。这一挑战恰恰反映了真实的语言社区中人际交流的特点：人们的语言水平交际能力都是参差不齐的。教师的任务就是要通过不同的教学活动内容和教学技巧把课堂变成一个语言交际场所，不同背景和不同程度的学生被交际任务自然地结合在一起，以互动的方式表演着不同的角色。每个同学都有自己的强项。在这种环境下，学生能自然地互助学习。语言的输入不仅仅来自教师和课本，更来自于同学、伙伴儿，学到的语言更鲜活、更有生命力（Swain，1997；Barnhardt，1999）。”（温晓虹，2008：225）任务型教学方式真实性的本质特点，有利于汉语国际教育师资培养目标的实现，教学技能培训的真实性更有利于师资在教学实习阶段真实的教学活动顺利展开。

3.2.2 任务型教学方式的特点

任务型教学方式的特点有许多，“任务型教学则重视作为语篇、人际行为、概念等统一体的交际知识，强调通过任务来实现对语言的意识和感知，强调认知能力、协商能力、应变能力和创新能力的培养。”（程可拉，刘津开，2003：41）我们在本书中仅就与汉语国际教育专业硕士师资培训有关的一些特点进行分析。

3.2.2.1 任务型教学方式的创新性特点

任务型语言教学方式自身就有着创新性，代表着语言教学的创新潮流的前沿。“与其他教学法相比，任务教学是20世纪80年代在国外涌现的新生事物，反映出外语教学目标与功能的转变，体现了外语教学从关注教法转为关注学法、从教师为中心转为学生为中心、从注重语言本身（结构、功能、系统）转到注重语言习得与运用的人（认知、习得过程）的变革趋势（夏纪梅等，1998：37-39）。”（程可拉，刘津开，2003：42）

任务型教学方式对学习者的第二语言学习有着创新性的认识。有学者认为，“任务型学习的基本观点是：语言学习涉及交际、意义；学习目标是任务的完成；错误是语言学习的一部分；教师难以预测学习者在交际中所要使用的全部语言；在与他人交流时，流利性是主要的目标；语言具有创造

性。”（程可拉，2006：9）

任务型教学方式的创新性还体现在对语言得体性的强调上。“在正规学习中，人们比较关注语言成分间的关系，很少考虑到自然和社会文化关系。也就是说，人们更多的是考虑语言成分组合的正确性，忽略了语言的得体性，即在什么时间，什么地点，用什么方式，对谁说什么话……任务型学习的目的之一就是要改变这种只强调正确性，而忽视得体性的传统做法。”（程可拉，2006：51）可以看出，任务型教学方式创新性地改变了以往传统的教学方式过分强调语言表达准确性的偏差，显然，学习者目的语交际能力的培养目标仅靠关注语言的准确性是难以实现的。

有学者提出了两种与任务相关的教学的根本区别。“基于任务的教学与结合任务的教学的根本区别在于：（一）是基于需求分析来设计任务，还是基于结构分析来设计任务。（二）是形式优先，还是内容优先。（三）是把任务作为教学的基本单位，还是作为教学过程中的一个局部的组成部分。”（吴中伟，郭鹏，2009：158）本书所提倡的在汉语国际教育专业硕士师资培训中所采用的任务型教学方式，是基于任务的教学。从上述引文中所强调的三方面的根本区别，也可以看出任务型教学方式与以往教学不同的创新所在。

3.2.2.2 任务型教学方式的实践性特点

任务型教学具有真实性、灵活性、能产性、运用性和“个性化”等特点，但最为重要的是其所具有实践性特点，这也是汉语国际教育硕士培养目标落实和体现培养特色的重要甚至是主要的途径。有学者提出了任务型教学经验实践性特征的观点，“任务教学思想首先来自教学实践，而不是来自理论研究，因此，任务教学从开始就具有明确的教学实践特征。”（鲁子问，2003：10）在海外的汉语教学实践中，所开展的任务型汉语教学也突出地表现出了实践性强的特点。“我们在美国考察时，对这种以完成任务为根本目标的教学理念确实感触很深。在我们所听过的外语课中，都有一个共同的特点，那就是学生在不停地做活动，不停地完成老师布置的一个又一个的‘任务’：学习语法点是学生们比赛说顺口溜、学习时间词是看图说话、填表格，从课前的‘热身’到课后的辩论……每一个知识点的讲解、每一个教学环节都充分显现了任务型教学法的特点。”（陈绂，2008：96）任务型语言教学的最终指向是目的语交际能力的培养，将教学从目前的课堂延伸到其具体的教学实习和实践。

在汉语国际教育师资培训中所利用的任务，主要是要更具体地转入教学操作的层面而不是宽泛的教学理念，使语言教学能力的培养不是停留在概念上而无法落实。完成任务可以使学习者所学更充分地运用于教学实践，并且在实践中去发展和完善教学能力。

在已经开展的汉语国际教育专业硕士的师资培训过程中，已经在采取任务型教学方式，并且获得了良好的培训效果。“在教学形式上，我们完全继承了在2006级培养中采用过的建立主题统帅课程、突出特色整合师资、相互渗透综合训练、动手体验培养素质、完成任务锻炼能力等卓有成效的方式。不过2006级最为突出有效的协作学习为主的经验，在2008级却由于学生只在周末才聚合而难以实施。但我们还是将他们按不同学科背景混编为6个小组，在各门课程的学习过程中，尽可能让他们以小组为单位，相互结合，取长补短，共同完成学习任务和目标。”（朱小健，2011：140）

任务型语言教学实际上与学习者的交际实践有紧密的联系。“任务型教学以同伴或小组学习为其主要组织形式，呈现的是师生之间、生生之间交谈、协商的言语行为。课堂话语复杂多样，且由于交流是出于提出问题、解答问题、表达思想等需要，所以是真正的交际。这样的课堂话语无疑更接近真实生活。”（魏永红，2004：146）为学习者的交际实践直接服务，使学习者通过交际实践掌握交际能力是任务型教学方式的突出特点，也使得这种教学方式带上了明显的实践性色彩。

任务型教学中任务完成的情况具有不可预知性，增加了教学的难度，给教学者把握和掌控教学的进展带来了风险，但是这样做却降低了所培训的师资在未来进行实际的教学操作时的难度和风险。因为以完成任务为目标的教学方式是最接近未来的教学中汉语师资要求学生完成任务的教学方式，而且是最接近语言交际实践的一种教学方式，所以任务型教学方式的实践性与目的语交际的实践性是一致的。

3.2.2.3 任务型教学方式的过程性特点

在任务型教学方式中不是由教师直接给出结果、结论、答案[1]，而是在完成任务的过程中由学习者自己去获取，这也使得任务型教学方式具有过程性的特点。

学习者在准备完成任务的过程中要进行相关材料的搜集和分析，还要与学习同伴进行交流和探讨，在展示完成任务的结果时还要进行排练和预演，在完成所有这些活动的过程中，所有由学习者所做的也都是学习和练习，因为任务型教学方式提倡“做中学”的教学理念，而“做”（也就是完成任务）必然要经历一个过程。

任务型教学方式的教学过程在培养学习者交际能力时更为重要，教材只是提供了一个静态的培养交际能力的操练的基础、导向，重要的是在课堂教学进程中如何落实。自然在落实教材教学内容的过程中，选择有效的教学方式极为重要，而任务型语言教学方式正为学习者交际能力的培养提供了操作的空间。

基于建构主义利用、开发、借鉴学习者已有经验的教学理论，任务型教学方式注重的不是理论的探究，而是实践操作的过程、运用的过程。学习者学习目的语主要不是为了研究目的语，也不是为了掌握工具，而是为了交流（而非对交流工具的掌握，对交流工具的掌握是达到交流目的的副产品。尽管目标是掌握这个“副产品”，但是这一目标是可以间接达成的），在交流的过程中掌握目的语是任务型教学方式重要的教学理念。

3.3 任务型教学方式的作用

任务提出了对学生活动的要求，也提供了开展活动进行操作的框架，使学习者有自由发挥的空间，但又不会在这个比以往更为广大的空间里不知所措、漫无目的地进行活动。任务型语言教学就是要通过使学习者自己亲自参与和亲手操作，主动探索出这个“措（施）”来，使他们“有所措”，才能够使他们的所学能够发挥出实效性，能够真正应用于汉语交际的实践。

有学者总结了任务型教学方式的优势之处，“任务型学习的优势总结

---

[1] 实际上这些答案也只能是虚拟的、一般性的。

如下：激发学生学习外语的动机；给学生提供自然互动的经历；给学生机会了解他人如何表达意义；给学生机会练习会话技能；让学生有目的性、合作性地使用语言；使学生参与完整的互动过程；给学生提供使用交际策略的场合；使学生体验到与同学合作可以完成任务；任务通常将多种语言技能相结合；为不同语言水平的学生提供学习机会。”（林立等，2005：18）实际上，这也表明了任务型教学方式多方面的有益作用。也有学者对任务型教学方式的优缺点都进行了总结，“任务型教学的优点是：强调学习过程、学习方法和学习能力的培养；强调学习的民主性、协商性；充分考虑学生的学习需要、能力差异和情感因素；语言学习和运用的目的性强；注重综合能力的培养。缺点是：语言呈现显得不太系统；不容易被受语言知识教育的学生所接受。”（程可拉，刘津开，2003：41）这些不同的看法，也引发我们在此对任务型教学方式的作用进一步深入探讨。

3.3.1 任务型教学方式促进对学习根本认识的变化

任务型教学方式带来了对学习方式的改变，把以往的学习者“接受学习”变为了“发现学习”[1]，使人们对语言学习和语言教学形成新的认识。“布鲁纳（1989）认为，只有学生自己亲自发现的知识才是真正属于他自己的东西，学习的目标不是要记住教师和教科书所陈述的内容，而是要培养学生发现知识的能力，使其可以独立前行。这种学习方式可以充分激发学习者的内在学习动机，培养和提高学习者的探究性思维和独立解决问题的能力，开发学习者的潜能和创造力。发现式学习中教师通过提供情境、问题引导、设计框架等方法为学习者发现知识创造条件和提供帮助。”（梁宇，2013：

---

[1] “接受学习”和“发现学习”这一对概念是美国教育心理学家奥苏伯尔提出来的。“他（奥苏伯尔，1961，1963）区分了接受学习和发现学习，并认为这一区分非常重要，因为他认为大部分学校学习属于接受型的。对于接受学习，奥苏伯尔写道，‘将要学习的所有内容以定论形式呈现给学习者’（1961：16）。因此，这要求学习者将信息以一种有利于以后运用的形式加以内化。另一方面，在发现学习中，学习者要‘重新安排给定的信息，将其整合进已有的认知结构中，以及对整合后的组合进行重组和转化以创造出预期的终点产品或发现一种缺失的手段—目的关系。当这一阶段完成之后，所发现的内容也像接受学习中的那样被内化了’（Ausubel，1961：17）。”（德里斯科尔，2008：98）

99）在任务型教学方式中，由于任务的完成是通过学习者“做中学”进行的，学习者要完成任务就必须自己或者和同伴一起进行探索发现，自己得出学习的结论和结果，所以使其学习必然带有发现式的特点。在学习者发现的过程中主动性和自主性大大加强，与以往被动地接受学习完全不可同日而语了。

奥苏伯尔还提出了有意义学习的概念，他认为，“有意义学习有三个必要条件。第一，学习者必须对任何学习任务采取一种有意义学习的心向。如果学习者倾向于记忆，就不会导致语言学习，而不管学习是发现的还是接受的。第二个必要条件是，要学习的材料必须是潜在有意义的。这意味着学习任务和学习材料应该是有组织的、可阅读的和相关的，这样学习者不会因为搞不懂学习任务的意义而导致学习失败。最后，第三个也是最重要的有意义学习的条件是，学习者已经知道了什么以及这些已知的知识如何与要他们学习的内容发生关联。根据奥苏伯尔的观点，‘已有的认知结构，也就是个体知识的组织程度、稳固性与清晰性是影响有意义新材料学习与保持的主要因素’（1963：217）。”（德里斯科尔，2008：99）任务型语言教学倡导的就是在完成任务的过程中，学习者使用目的语进行意义协商，从而习得目的语。学习者在完成任务的过程中，以自己的已知为基础，互相交流和帮助，共同探索未知。这一点与建构主义的教育理念是一致的。

对于有意义学习，人本主义心理学家罗杰斯认为它能够把学习者的经验利用起来。“认知学习的很大一部分内容对学生自己是没有个人意义的，它只涉及心智，而不涉及情感或个人意义；而经验学习以学生的经验生长为中心，以学生的自发性和主动性为学习动力。把学习与学生的愿望、兴趣和需要有机结合起来，因而经验学习必然是有意义的学习，能有效地促进个体的发展。所谓有意义的学习，不仅仅是一种增长知识的学习，而且是一种与每个人各部分都融合在一起的学习，是一种使个体的行为、态度、个性以及在未来选择行为方针时发生重大变化的学习。”（严明主编，2009a：56）结合学习者的经验进行学习，可以使学习更为有效，使未知、新知与学习者的已知相连接，使学习者的已知发挥更大的作用。还有国外的学者对此认为，“传统的观点认为学习完全是个人头脑中发生的事，近来的观点认为工具、信念、练习、态度和其他人都对学习有着重要作用。学习已不再是孤立的，而是学习者的活动和经验与课程内容相互作用的结果。”（Norton & Wiburg, 2002：226）

新型的学习观更强调学习的过程和掌握学习的方法，罗杰斯认为，“强调学习过程不仅是学习者获得知识的过程，而且是学习方法和健全人格的培养过程，最有用的学习是学会如何进行学习。罗杰斯强调学习不仅是知识的获得，更重要的是方法的学习。”（严明主编，2009a：57）任务型教学方式非常重视和强化任务完成的过程对学习者的作用，强调完成任务的过程对学习者的学习所起的作用比获得学习结果更为重要，就是在学习成果的完成之后，还加入了学习成果的展示阶段，也是突出过程在学习中的作用。而且，学习者在完成任务的过程中掌握了学习的方法，因为他们在主动的探索中也必须关注到解决问题的方法。问题解决的任务设计可以促进学习者的学习。“学习涉及问题解决，这些问题是从日常情境中能产生冲突的困境中冒出来的。例如，购物者之所以学习一些数学计算，是因为在有限预算的情况下，生活要求他们计算出最佳的购买。这表明，教学应当提供类似的、要求学生解决困境的相关情境。”（德里斯科尔，2008：215）仅仅是学习一些知识，而没有与解决实际问题挂钩，也是无益的学习。

任务型教学方式强调在完成任务的过程中学习者可以间接地习得，实际上是贯彻和促进了学习者的非正式学习。任务型教学方式实际上依靠的是非正式学习，这与以往对非正式学习的认识有所不同。“传统的认识是将非正式学习（informal learning）看成是正式学习（formal learning）的补充。而最新的教育理论认为，技术支持的非正式学习在人一生中的分量将越来越重，更多地与正式学习互相促进。这是教育技术研究扩展的新视域。”（郑艳群，2012：4）在任务型教学方式中，非正式学习处于十分重要和突出的地位。

任务型教学方式与信息技术相结合，就可以实现泛在学习。泛在学习不仅带来了学习的便利，而且拓展了学习的内涵。“泛在性学习（ubiquitous learning）指普遍存在的、无处不在的学习和无时无刻的沟通，它是信息技术环境下的学习方式，通过利用信息技术为人们提供一个可以在任何地方、任何时刻获取所需的任何信息的学习方式或学习活动（anywhere，anytime，anydevice，anyone，简称4A）。泛在学习理论是一种新型的学习理论体系，与数字化技术环境、学习资源、教学模式、学习支持服务系统密切相关。它体现出了现代教育技术对传统正规学习的扩展。”（郑艳群，2012：4）任务型教学方式中任务完成的许多环节并不局限于在教室的环境中完成，它是与社会和社区是紧密相连的，而信息技术使这种联系的领域大大拓宽了。

任务型教学方式也可以使学习者有兴致地、快乐地进行学习。这就可以改变我们传统上视学习为“头悬梁锥刺股”的“苦差事”的学习观念。我们传统上“强调刻苦学习与西方学习观形成了鲜明的对比。在西方，学习常常被看作是人们喜欢从事的有趣活动。例如设计有趣的活动去激发学生的创造力。相反，在东方，学习是克服困难的一种自律活动。根据儒家传统，只有经历过个人刻苦磨砺的人才能获得人格和道德力量，才能被赞扬为学者的楷模。”（Ng，2005：211-212）“苦学”的后果是许多人变成了“厌学者”。

在汉语教学领域，对语言学习的认识也在发生着改变。“随着语言学习和语言教学理论的发展，人们发现：有效的语言学习不再只是学习者对语言结构和知识的了解，而是学生对语言的认识、语言技巧的掌握和对目的语文化的深入了解等多方面技能的综合发展。”（冯丽萍，2008：83）任务型教学方式可以为实现学习者这种多方面综合发展的语言学习目标提供保障。

任务型教学方式实际上也可以促进学习者的积极学习。“积极学习意味着‘从做中学或在事件中促使各种因素交互作用，无论是智力的、社交的、情感的，还是审美的、体能的’（Stooksberry，1996）。”（Ciaccio，2005：132）在任务型的教学中，学习者摆脱了被动的地位，学习的积极性被充分地发动起来了。

积极学习是与学习者的主动发现联系在一起的。“传统的教学方式着眼于教师的教，而非学生的学。积极学习使重点回归原位，学生是主体，学生的兴趣引导着教学。积极学习创设了一种促进发现和激励的环境，……当学生潜心于‘实验、问题、反省、发现、创造与讨论’时，也就相应地产生了积极学习。”（Ciaccio，2005：132）完成任务的过程中所形成的积极学习可以贯彻以学生为主体的教育理念。

3.3.2 使课堂教学的形态也得到根本上的改变

任务型语言教学是范式改变的教学变革，是根本性的、颠覆性的，与以往的教学模式的改变相比更为深刻，变化更为彻底。

在任务型教学方式中，课堂教学的形态发生了根本性的变化，不再是教师一个人讲授，全班学生听讲的组织形式了。“任务型语言教学的特点之一，是大量的结对练习（pair work）和小组活动。学生在完成各种各样任务的时候，运用语言的机会大大地增加了。”（龚亚夫，罗少茜，2006：23）小组活动使得课堂教学的形态从根本上改变了。

课堂教学形态的根本改变还体现在，教师不再是课堂上的“主角”了，学习者成为了教室内外的中心。“教师的任务是把教材的内容活化给学生，即是指导他们怎么说，怎么动。说得不好，加以纠正；动得不当，加以指点，真正的动是在学生，他们要经过操、练、演，他们是演员，是舞台上的主角。”（王才仁，1996：184）任务型教学方式可以改变在汉语教学的课堂上教师经常“唱主角”的现状。由于传统的教学方式的影响，一些被培训的师资从未经历过学生唱主角的教学方式，存在着经验的空白和观念的空白。

任务型的教学方式可以带来课堂中“少教”的状况出现。有学者在研究英语教学时谈及，“过去，我们比较重视学生的记忆能力和语言模仿能力的培养，而对学生如何学习语言关心得不够，这是英语教学的一大缺陷……教的目的就是为了少教或不教，而不是为了给学生教得更多更细。也就是说，教师的任务主要是为学生的学习提供支撑或支架，在必要的时候教师需要淡出教学。我们只有教会了学生如何学习，学生才能摆脱教师的束缚，成为一个名副其实的终身学习者。”（程可拉，刘津开，2003：5）汉语教学是否也应该对此反思呢？教师要“淡出”课堂教学与教师不再“唱主角”是一致的。同时，学习者的学习场所也可以扩展到教室之外，在教学课堂之外也可以学习，而且可以学得更多更好，对语言学习而言，学习者对语言环境的条件会利用得更好。

3.3.3 促进教师角色和教学方式的变革

学习观念和课堂教学形态的根本变化，必然对教师角色和作用提出了新要求。“教师应当为学生提供足够的让他们在学习中发挥自己的思维和智慧的空间，教师担任的不再仅仅是知识输出者或者‘语言专家’的角色，教师在更大程度上应该是课堂资源的提供者、学生学习的向导和顾问。”（徐锦芬，2007：211）教师虽然不再是教学中的主导者，但是有了更多的任务和角色需要去完成。“现代英语教学对教师提出了更高的要求，教师担任的角色不再仅仅是‘知识的输出者’或者是‘语言专家’，教师在更大程度上是教学活动的‘导演’；是学生学习的中介者、促进者、鼓励者、帮助者、合作者和监督者。对于教师的教学中的作用，普鲁顿报告（The Plowden Report，1967）曾做过精辟描述：作为协调者，教师的作用就是为学生提供适宜的语言输入；而学习者按照自己的学习方式直到完成对语言的习得。”（严明主编，2009a：65）教师的多重角色，实际上增加了难度，教师的角色还处在不断的变动之中，多因素的变动及对其的适应使得教师教学的难度和负担加大了。

虽然在任务型教学方式中教师要“淡出”课堂教学，但是这并不意味着教师的角色也随之“淡化”了，相反，教师要承担更多的角色。有学者就指出，教师要成为“促进者”[1]的角色、“心理咨询者”[2]的角色、“协调者”[3]的角色、“合作者”[4]的角色，以及“评估者”[5]的角色。也许今后还有更丰富的角色等待着任务型教学方式中的教师去承担。

要想承担好这些不同于以往的教师角色，首要的任务是进行角色转变，但是教师角色的转变并不是一件容易的事情，在转变的过程中会出现种种不适应的情况。“有的教师习惯了权威的角色，习惯了学生对自己的意见言听计从，而不会处理互动中出现的与平常经验不同的情况。比如，有些教师不能与学生平等地探讨某个问题，会为学生坚持与自己相反的意见而生气等。”（伍新春，管琳，2010：237）

对于应当培养什么样的师资，有学者就提出了这样的标准，“好的老师给学生讲授，更好的教师向学生解释，而最好的教师却是激励学生自己去探究，因为课堂内的时间终归是有限的，课堂外的时间却是无限的，一名优秀的教师会充分利用课堂内的时间来激励学生利用课堂外的时间探索知识、培养能力。”（丁仁仑，2010：36）我们的汉语国际教育专业硕士培养目标应当设定为培养这样的教学者，那么教师培训者自己应当首先成为这样的教育者，应当对好的教师的标准具备这样的认识。

---

❶ “所谓‘促进者’(prompter)是指在以学生为中心的教学活动中，教师把课堂的控制权基本上转移给学生，让学生自主学习、自由发挥；以学生为学习的主体，教师鼓励和促进学习者学习(李瑞红,2006)。”(严明主编,2009b:200)

❷ “所谓心理咨询者，就是在教学过程中，针对出现的各种各样的心理问题给予解疑、澄清和引导、根据人本主义心理学的观点，使咨询对象‘发展积极的生活方式，减少内在冲突，增强自我整合与自尊，对生活方式感到满意是咨询的主要目标，并使之成为一个天赋功能充分发挥作用的人’(许超,2007)。”(严明主编,2009b:201)

❸ “在学习者自主学习外语的过程中，教师也要作为‘协调者’(coordinator)来协调在语言学习过程中出现的不同的人际关系和社会关系，弱化学生与学生之间、学生与学习之间以及相关矛盾。”(严明主编,2009b: 202)

❹ “所谓‘合作者’，就是教师把自己当成学生中的一员，参与他们的各种活动，以与学生平等的身份回答或解决教师之前布置的话题或课题。在自主学习模式下，教师作为合作者，能够在教学过程中为学生和教师提供一个平等交流的教学平台，可以在最短的时间内活跃课堂气氛（刘启艳，2001）。”（严明主编，2009b：203）

❺ “在自主式语言学习模式中，教师更要充分利用评价的积极导向作用，把形成性评价与终结性评价相结合，对教学产生积极的作用，这就使得教师作为评估者（assessor）的角色也十分重要。”（严明主编，2009b：204）

有学者提出了传统的外语教学方法的弊端，“这些教学方法[1]以及这种教科书一统课堂的局面在我国基础教育中还很普遍，因为，教师不需要投入太多的精力，手头上有现成的教案、教参和答案，每一节课都是前一课的翻版，只强调学生对教科书内容的记忆与内化，实施‘结构化’和‘封闭式’的控制方式，缺乏独立性和创造性。”（程可拉，2006：187）除了应试教育导致的约束或自我约束，现成的教案、教参和答案也会给教师的照本宣科大开方便之门。

任务型教学方式也带来了教学中的“不可预知性”，教师已经不再能够依靠“标准答案”。“了解‘语言课堂须再现的社会情境的真实性’，能使教师充分理解并容忍任务型活动可能造成的不可预知性（unpredictability）。因为在现实条件下，一因多果和一果多因的现象是普遍存在的。这对于习惯了‘唯一标准’答案的人来说，在任务型语言教学中转变观念显得尤为重要（罗和陆，2002：20-3）。”（龚亚夫，罗少茜，2006：170）实际上，摆脱了“标准答案”的束缚，教师的教学获得了自由。当然，教学中的难度也随之增加，因为教学进程中发生的许多情况不完全在教师的掌握之中，但也不会完全出乎教师的意料之外，实际上这些情况都是类型性的、有范围的，尤其是中小学生生活视野的局限性还是很大的，所以也不必过分担心。

除了要注意发展学习者的自主性外，也有学者提出了发展教师的自主性。“教师自主意味着教师不再满足于仅仅作为知识的传声筒或教材的扬声器，而是把自己当成一个理性的，有思想、有见解、有独立判断和决策能力的人，把自己看作教学活动的反思者和研究者，认真思考自己在教学活动中的经验和教训，把终身自我教育作为自己教师生涯的推动力，把自我发展与职业的要求结合起来，把教学的成功与持续不断的学习结合起来，使自我职业发展呈现出更强的主动性和自觉性。”（徐锦芬，2007：206）发挥教师的自主性，是传统的教学方式的“短板”，却是任务型教学方式的“长项”。任

[1] “无论是语法翻译法、听说法还是功能—意念法，它们在几个方面都有类似的地方。首先，它们都把语言当作产品，可以切分为一个个部分进行施教……其次，学生的学习内容不是由学生本人决定的，而是由教育专家或教师决定的……此外，意义是为语言结构、功能或意念服务。最后，教学上一般都采用3P教学模式……由于这些教学方法都以对某一语言项目、功能或意念作为学习的前提，因此，其学习的真实性受到普遍质疑。“（程可拉，2006：187）

务型教学方式也要求教师要成为思考者，因为教学中已经不能照本宣科了，必须通过自己的思考来判断学习者的学习进程和判断需要提供的帮助等教学措施的实施，还要经常在学习者任务完成的过程中与他们一起进行研究，这样也带动和促进了教师的自我发展，真正实现了“教学相长”。

教师要变革传统的教学方式，有许多的工作和任务需要去完成。“与传统教学相比，外语教师应当将传统的‘知识教学’过渡到‘方法教学’；变‘接受学习’为‘发现学习’和‘研究性学习’；重视‘教学过程’和思维过程；重视思维方式与行为方式的培养训练；要站在科学方法的高度设计教学的全过程。”（徐锦芬，2007：210）进行这些教学变革，不仅有利于学习者的学习和成长，也会有利于教师自己的发展。任务型教学方式为教师的教学变革提供了契机和方向，也提供了可操作的具体指导。

教师的实践性教学知识和技能具有十分重要的作用。对此，有学者就指出，“教师的实践性知识在教师职业中有着不可替代的重要作用，是教师真正成为专业人员的核心基础，因此它能够成为教师专业发展的建设性工具——不仅有助于理解教师行为的意义，而且还能为教师的专业发展找到切实可行的出发点。”（陈向明，2003：104）任务型教学方式重视实践性的特点，正好可以成为满足被培训的师资发展自己实践性知识和技能的需求的平台。

虽然汉语国际教育专业硕士研究生和新手教师以往的学习经历和应试教育的影响会使他们倾向于知识的掌握，但随着中学外语教学的发展、“新课标”的实行，被培训者的学习经验也在发生着变化，因此，被培训者也有了一定的接受新教学理念的基础。

有学者提出了自己预测的受中国传统教育理念影响的师资在海外开展汉语教学时可能会出现的现象。“而中国的传统文化是讲究师道尊严的，因此教师具有绝对的权威，在教学中非常注意知识的传授，这与美国中小学课堂注意激发学生的兴趣刚好相反。如果一个遵守传统的中国教师去教授美国学生，教学的效果是可想而知的。”（陈颖，2012：32）

任务型教学方式重视学习过程和技能的掌握，恰恰可以解决只注重知识传授的问题。

3.3.4 对教师的作用产生了新的认识

汉语教学研究者对教师在教学中的地位和作用已经有了新的认识，早已提出教师不是教学中的主体而是辅助者。“简言之，教师的作用就是辅助主体（学生）更好地实现教学活动所要达到的目的。(李泉，2001）也就是说，从教学活动中主、客体关系的角度看，教师实际上是教学活动中的助体，是主体学生在认识和学习客体内容过程中的帮助者、服务者，而不是学习活动的真正主宰者和学习任务的承担者。”（李泉，金香兰，2013：20）教师在教学活动中是起辅助性的作用的，是帮助和服务于学习者的学习活动的。如果学习由教师承担，那学生作为学习的主体做什么呢？在任务型教学方式的教学活动中，明确地把学习者置于完成任务的主体和主导的地位上，教师只是在学习者完成任务的过程中起引导和辅助的作用。

任务型教学方式的应用，也可以避免以往的课堂教学容易出现的教师“一言堂”“满堂灌”的情况。“明确教师在教育和教学过程中的助体地位，鼓励学习者积极参与教学过程及其相关的活动，避免‘一言堂’‘满堂灌’式的教学方式，避免将‘我听你讲’的教学模式全面地带到海外的汉语教学课堂中去；突出学生在学习活动中的主体地位，凸显教师解惑答疑的助体地位。”（李泉，金香兰，2013：20）教师在课堂教学过程中虽然不再进行讲授活动了，但是在从制定教学计划、设计和选择任务，到学生完成任务之后的讲评、总结和测试等教学各个环节的全过程中仍然要发挥重要的作用。“教师不是前台的表演者，更不是语言知识内容和学习活动的权威控制者。教师必须首先营造一个鼓励学生参与的互动课堂，激发学生积极参与的愿望，把题材的控制有意识地转于学生，促进他们多发言讲话。要有选择地提供给学习者语言输入，使其容易理解吸收，并谨慎地设计教师的提问。”（温晓虹，2008：271）教师尽管离开了“讲台”但并没有“退居幕后”，仍然在学生完成任务的活动中成为积极的辅助者。

任务型教学方式的开展离不开教师多方面的支持作用。“从情感的角度看，任务型课堂的成功有赖于，至少部分有赖于：a.老师对学生完成任务的能力和对他们能够在完成任务过程中学会语言的高度期望；b.老师愿意与学生分担完成任务的责任和控制学习的过程；c.老师对个别学生面临的情感问题和认知问题，以及他们具体的语言学习需要表现出的移情；d.老师针对不同的学生灵活地调整他的支持和干预，允许在课堂上有不同的学习路径和语言习得速度；e.老师可以容忍语际错误、不同观点、任务完成情况的多样性，老师愿意使用教学媒介语以外的语言，如果学生更喜欢这样或者认为这样有帮助的话；f.在任务型教学中以及总的教学中，老师对学生的表现、想法和观点充满激情。”（Branden编著，2005：158）教师如果不能充分发挥好自己的作用，对任务型教学方式的开展会带来不利的影响，甚至导致教学的失败。“作为知识传授者的教师的职责是单一的，教师从传统的知识传授者的角色，变成了学习中介者,并不意味着教师在整个教学过程中地位和作用的弱化。恰恰相反,学习中介者是一个多元整合的角色，教师的责任更加重大了。应该说，教师的角色转型是否成功是推广任务式教学法成败的关键。”（张美霞，2009：47）教师的作用更为多样化和多元化了，他们在任务型教学方式的实施中起着决定成败的关键性作用。

教师在学习者完成任务的过程中，还要起到协调的作用。“教师的首要角色不是解决学生的问题，而是以相互帮助的形式，对任务要求和学习者的现有能力进行协调。教师的作用最重要的在于指导学习者解决问题的过程。这个过程以及老师的帮助因不同的学习者而不同。协调的本质是帮助学习者处理他们遇到的具体问题，不管这些问题是与认知有关还是与情感问题有关，抑或是与语言的意义或是形式相关。”（Branden编著，2005：78–79）

教师需要注意的是，在学生完成任务的过程中要起到支撑性的作用，而不是起到替代学习者完成任务的作用。“有关任务型语言教学中教师所扮演的角色的文献（Nunan，1989；Richard & Lockhart，1994；Samuda，2001）强调，语言教师应该尽力去激励学生为实现有意义的目的而使用目标语言，并且在学生实践当中以互动的方式给予支持。教师带入课堂的任务要求学生在实践当中解决复杂的问题，探讨意义，并且与同伴对话者和教师互动。教师不是自己解决问题，而是建造支撑学习者自己进行脑力活动的支架，从而使学生在认知和语言方面有所发展。”（Branden 编著，2005：160）尽管学生在完成任务的过程中会遇到各种各样的困难，甚至他们的表现可能不佳，但是这些正是学生们改进和提高的契机，教师不能把这些由于自己的提前介入而破坏掉，这就违背了任务型教学方式实施的目的和宗旨。

在任务型教学方式中，由学习者来完成任务必然会给他们带来很大的压力甚至焦虑。“Horwitz（1986）认为，教育者可以从两方面帮助学习者克服或降低焦虑：帮助他们对付引起焦虑的各种因素；减少学习环境压力……营造一个压力小、没有威胁、相互帮助的学习环境有助于降低学习者的焦虑，增强自信心，提高外语课程总体水平（Chang 等，1999；Elkhafaifi，2005）。[1]”（黄启庆，刘娟娟，杨春雁，2013：45）因此，教师要在学生们完成任务的过程中，创造条件、发挥作用，帮助他们减少压力和焦虑。

对教师作用的新认识，与传统的教师作用是完全相反并且互相矛盾的。在国外学者视角中的传统教师的作用是，“在儒家传统中，教师代表国家而不是个人向学生传授知识。更为重要的是，他作为学生将要仿效的道德化身；他们接受委托，担负着引导学生走向终身学习旅途的职责。”（Ng，2005：213）这种沿袭多年并且深入人心的认识，是否轻易地就能够得到改变令人担心，但是如果汉语国际教育专业硕士教育的培训者和被培训者仍然不能摆脱这种传统的影响，秉持或者更进一步甚至欣赏这样的教师作用，他们在海外进行汉语教学时能否顺利地融入当地的教学并适应当地的教学要求，令人怀疑和担心。任务型教学方式中教师的新作用，会引发人们反思传统的教师作用有哪些已经不适应当代及未来的汉语国际教育。

---

[1] 转引自李炯英、林生淑：国外二语/外语学习焦虑研究30年，载《国外外语教学(FLTA)》，2007年4月。——原注

在传统的教学方式中强调教师的权威性作用。“儒家思想中的师生关系具有权威性：普遍、严厉和不能容忍分歧。它限制，甚至阻碍学生的行动自由、自我决定和个性的发展。它阻碍了创造性教学和学习中师生之间必要的交流。”（Ng，2005：217）但是，这样会对学生发展有不利影响，也会导致教师的思想走向封闭和保守。“作为保守意识形态的表现——强调安全、顺从和传统而不是创造力、自主性和自我指导——这些促使亚洲教师形成封闭的思想倾向，通过教师，也促使亚洲学生形成了这种思想倾向。”（Ng，2005：216）

有国外的学者把教师划分为“保守独裁型”[1]和“自由民主型”[2]两类，认为他们在学习者的学习中起着不同的作用。“与学生建立等级和权威关系的保守独裁型教师，更喜欢依赖前面三种权力形式控制课堂。即，他更可能运用强迫、奖励和法律的力量迫使学生从事活动。相反，与学生建立平等、互利关系的自由民主型教师，更喜欢运用后两种权力形式控制课堂。即，他更可能利用专业权力和建议权力促使学生从事活动。”（Ng，2005：220）迫使学生进行学习的作用显而易见会带来不同的学习结果，而且对学生学习兴趣的影响也会明显不同。

教师要在教学变革中起到中心性和决定性的作用。“教师不论作为主动的参与者还是作为变革中的领导者，都必须处于改革的中心位置。教育改革取决于教师们的想法与做法（Fullan & Stiegelbauer，1991）。因为他们最终决定课堂的内容和如何进行创新。教师们自己也要意识到他们在改变工作环境方面所起的作用，并且意识到这个变化会带来很大的不同（Kelly，1994）。”（Sandholtz，Ringstaff & Dwyer，2004：2）任务型教学方式的变革，必须要通过教师的主导来完成，教师只有首先转变了思想认识，才能顺利完成教学的

---

[1] “保守独裁型的教师(conservative-autocratic teacher)信奉教师是课堂的权威；学生必须无条件尊重权威；通过惩罚学生的错误行为来培养他们的道德意识；通过不断运用惩罚和奖励来维护课堂纪律。”(Ng,2005:217)

[2] “自由民主型的教师(liberal-democratic teacher)相信每个学生都能发挥内部潜力，他们帮助学生发挥这种内部潜力。他们以热情和道德劝说的方法对待学生，鼓励他们自己确立目标。他们用说服和道德劝说的方法对待学生的错误行为，不是斥责和惩罚他们。他们强化具有创造性但不喜欢的学生行为，例如怀疑、争论和好奇。”(Ng,2005:218)

变革。

现代教育技术的进步和应用也会带来教师作用的变化。“一个关于互动学习工具在提高教育质量方面的研究表明在课堂里使用计算机的一个最显著的效果是将教师‘传统的传授准备好的知识’这个角色转化到帮助学生学习的角色（Office of Technology Assessment，1988）。”（Sandholtz，Ringstaff & Dwyer，2004：10）这就需要我们重新认识和定位教师的作用，认识不足会带来行动的缺失。

3.3.5 能够充分发挥学习者的作用

以往传统的注重知识传授的教学方式，特别是在中国中小学，使学习者处于学习中的被动状态。“有些中国学生从小就被动地接受知识传授，较西方学习者更多地依赖机械学习，更注重把所学内容复现出来，在学习过程中表现出更多的被动、顺从，倾向于沿着已经设定好的学习方法和学习目标来调整和规划直接的学习方法与学习进程，独立思考能力、学习者自主意识很难得到应有的发展（徐锦芬，2007）。”（肖惜，2010：112）学习者也因此很难发展出自己的独立思考能力和自主学习意识。

任务型教学方式强调的是在教学过程中由学习者在“做中学”，学生的主导性得到了落实，学习者的作用也就可以得到充分的发挥。“任务型教学能够使学生体会成就和不足。任务型教学有明确的具体目的，有利于激发学生的学习动机。在完成任务的过程中，学生容易看到学习的价值，有利于激发学生的主动性；容易看到成绩，体验成功，有利于激发学习积极性；同时能感受到自我的不足之处，有利于激发自我完善的欲望，启发不断学习的内在动力。”（严明主编，2009a：163）这样一来，学习者的主体地位也就可以得到真正的实现。

在任务型的语言教学中，学习者被赋予了很大的权力对自己的学习进行决策，而且在强调学习过程的任务型教学方式中也保证有很多机会可以使学习者实践这种决策。“学习者对任务会构建自己的理解。为了精心的计划，以及在实际是完成任务阶段之前实施对任务特征的控制，学习者对互动的发生过程、要注意的语言形式以及对意义探讨的程度，仍然有很大的发言权（Breen，1987；Foster，1998；Machado de Almeida Mattos，2000；Murphy，2003），尤其是要求两人或小组完成的任务，很大程度取决于对话双方一起给任务设定的目标和他们一起建立的合作性对话（Swain & Lapkin，2001）。进行中的任务也许会向一个与任务计划完全不同的方向发展。”（Branden编著，2005：148）

学习者在任务型教学方式实施的过程中，除了可以有大量的机会进行参与和实践之外，还可以在其他领域发挥作用，他们还可以起到多种角色的作用。“学生主要是活动的参与者，但也应是组织者和辅导者，比如，组织自己的小组活动，帮助同伴参与活动等。”（魏永红，2004：173）任务型教学方式突出了学习者的主体地位，改变了学习者在传统的课堂教学中的作用。“在对待学生的问题上，改变课堂教学中‘见书不见人’的局面，因材施教，务必使任务向不同程度的学习者开放，使每一个学生在原有水平上都能得到发展。”（程可拉，2006：201）任务型教学方式的针对性可以使每一个学习者都有发挥自己的作用的机会和空间。

有学者通过问卷调查发现，汉语学习者在任务型教学方式的实施过程中，由于完成任务的需要而使得他们必须运用更富有积极性的“成就策略”而少用带有消极性的“缩减策略”。“留学生运用成就策略多于缩减策略。因为主讲学生的任务是围绕主题进行介绍，太多的缩减会使听讲学生不明白，介绍也难以继续，所以他们会想方设法使介绍得以进行。”（罗春英，2012：23）通过任务可以使学生更多地使用积极的成就策略，这也是任务型教学方式可以更好地发挥学习者作用的表现之一。

以往的汉语教学（也包括其他学科的教学）往往倾向于由教师包办代替学习者可以完成的一切。就连在强调学习者实践性的任务型教学方式的提倡者也不免会出现这样的认识。“任务型学习需要大量的语言输入，仅仅靠课本所能提供的语言输入是远远不够的。教学还必须从其他渠道获取语言材料，才能满足学生接触丰富多样文本的需要。”（程可拉，刘津开，2003：42）实际上，任务型教学方式中的许多工作，都可以放手让学生去操作、去实践。

可以说，任务让学习者求教成为内在的必需，让教学者的指导成为自愿，学习和教学成为不是外在强加的而是内在的需求。

3.3.6 突出了教学实习、实践的重要性

在进行汉语国际教育专业硕士师资培训的过程中，教学实习和教学实践的作用非常重要，“我们培养的汉语国际教育专业的硕士在教学能力上应该高于普通的科学硕士。而培养教学能力的诸多办法莫过于教学实践本身，教学实习是国际汉语教育硕士在读期间唯一的教学实践机会，因此，教学实习规划的合理与否将直接关系到教育硕士教学能力培养的成败，从而也成为能否实现教育硕士整体培养目标的关键所在。”（汝淑媛，2011：245）实践之所以重要，是因为被培训者只有在教学实践中才会暴露出问题，才能有针对性地进行他人的指导和自我的改进。

汉语国际教育专业硕士经过理论的学习，掌握了一些教学知识，但是当他们进入到实际的教学工作中时，仍然会面临许许多多的困难和障碍。“人们把那些经过格式化了的翻译法、听说法、交际法、任务法等作为显性知识不断地在汉语教师培训中传播出去，但是应用了这些方法的汉语教师还是经常会碰到难题：他们依据这些教学法原则进行的教学并不等于全部的教学过程。很显然，他们没有注意到作为教育的一种，国际汉语教育中教师和学生都有自己的训练和认知结构，教师在认知风格上，学生在学习节奏上都是极其独特的，每个学习团体也都是有自己特点的，完全依照教学法或教师指导书的要求去教，并不能达到理想的教学效果。”（张建民，2013：285）如果他们的教学知识和教学方法与教学实践没有联系在一起，那么这些知识和方法在教学实践中的效用就会打折扣。“新手在解决复杂的、现实世界的问题时会遇到困难，因为他们倾向于以去情境化的方式在学校中记忆规则和算法。另一方面，专家和普通人在利用情境线索解决危急的和复杂问题的能力类似，普通人利用因果故事而专家则利用因果模型。普通人和专家问题解决的成功归因于知识的情境性。而布朗等人则提出了一个认知学徒的模型，作为使学生适应一门学科知识实践的手段。”（德里斯科尔，2008：135）教学知识并不可以直接转化为教学技能，教学

技能的获得要通过教学实践，因为在教学实践中教学技能可以通过“认知学徒”的方式为被培训者所掌握，这也是由教学技能的特殊性所决定的。“教师的技能不是完全靠传授就能获得的，更多的要在教学实践中生成。我们根本无法按照一个模式去培养出能适应复杂多变的教学情境的教师。这在我们对外汉语教学中表现得尤为突出。即便是对外汉语专业毕业的研究生，在教学中，尤其是初上讲坛时，也有这样或那样的问题。只有经过一段教学实践的磨砺后，才能渐渐学会应对复杂多变的课堂情境。当然，即便是再出色的教师，也必须根据不同的情境在与学生的互动与对话中不断反思改进完善自己的教学，而且，这一过程是永无止境的。”（黄晓颖，2000：19）

有国外的学者认为，“认知学徒”的学习方式有着十分有效的作用。“作为学徒，学习者有很强的目的和动机，通过参与实践，他们形成了对整个事业的看法（Lave & Wenger，1991）。在学徒式学习中，在相关信息得以迅速有效传递的程度上，同伴和接近同伴的人之间还倾向于存在交流。”（德里斯科尔，2008：140）通过教师进行教学知识的讲授来培训师资不是高效的，因为被培训者不能接受所有的讲授内容，有一部分会被浪费掉，因为没有结合实践，被培训者也体会不到其效用和重点所在，因此，也就没有吸收的重点和方向，教师的讲授也会有被学习者遗漏的部分，甚至可能是重要的部分。如果是由学习者自主学习，而不是由教师来“灌输”，那么学习者锻炼了学习能力，尤其是可以有针对性地面对所遇到的具体问题加以解决。学习者获得了这样的能力，会受益终身，也能自己完成其知识更新和终身学习。

对于汉语国际教育专业硕士的培养来说，教学实习与实践有着特殊的重要意义。“汉语国际教育硕士专业学位是以培养技能为主的高层次学位，因此，实习与实践环节格外重要。专业学位正是以此为特色。要有计划、有步骤、科学合理地安排教学实习与实践，切实加强教学实践能力的培养。教学实习与实践不是任意的、随意安排的，而是由理论到实际，由虚拟到真实，由低到高，按部就班，循序渐进，使学生最终掌握汉语基本教学能力，走进汉语作为外语教学的崇高殿堂。”（赵金铭，2011：5）教学实习和实践的重要性，使我们一定要认真对待和重视这件事情。有学者提出了建立实践体系

的建议，“能力的培养主要通过实践来完成，由此看来，可以把培养学生能力的实践视为一种体系。”（吴春相，2011：222）

提出这样的建议，是因为目前对被培训者的实习和实践的重要性认识不足。首先，在实习的时间上没有保障。“教育硕士的实习时间基本上是不足的，有的学生只能听指导教师两次课，自己只有上一次课的实习机会，这样的学生将来在教学上将会遇到多大的困难是可想而知的。可以说，是我们实习时间不足，实习机会不够造成了这方面的缺失。现在也有一部分专业硕士自己非常重视教学实习，甚至不惜跟单位请半年的事假也要来学院实习。不过，大部分学生依然存在实习时间不够的问题。仅凭几次听课和一次试讲是很难达到实习目标的。”（汝淑媛，2011：246）需要进行教学实践，并且要进行比较长时间的教学实习，这是由汉语教学的特殊性所决定的，也是由汉语教学人才培养的特殊性所决定的。“需要长时间实践是因为汉语教师的职业性决定的。因为我们是与‘人’打交道，人脑的学习机制还是个谜，并且我们同时还要面对我们自己、教学内容、教学环境、教学途径，同时操作这几个因素实在是不易的。”（蒋小棣，2009：53）开展语言教学的难度很大，面临的问题很多，对于刚刚参加教学实习的汉语国际教育专业硕士来说更是如此。

被培训者的教学实习和实践是为了在今后开展汉语国际教育工作做好准备。“实践作为培养学生实际工作能力的重要部分，实践的具体目的是为了使学生有机会亲身体验教学对象、教学内容、教学方法和教学效果等，发现自身在知识和能力等方面的长处和不足，以便进行必要的弥补。理论上讲，针对海外教育可能碰到的任何情况，尤其是比较大的问题，都应该让学生提前做好思想和能力准备，特别是通过具体的见习和实习来做好准备。”（吴春相，2011：221）实践在汉语国际教育专业硕士师资培训中对被培训者教学能力的发展有着重要的作用。“实践作为培养学生实际工作能力的一个重要环节，实践的具体目的是为了使学生有机会亲身体验教学对象、教学内容、教学方法和教学效果，发现自身在知识和能力等方面的长处和不足，以便在剩余的在校学习时间内进行必要的弥补（朱永生，2008）。”（徐宝妹，吴春相，2008：47）实践还有益于被培训者的进一步学习和自我完善。

从已经进行过教学实习的汉语国际教育专业硕士的反馈，可以看出对教学实习应当更为重视。“以汉语作为第二语言教学为例，该批硕士生对此课程的意见和建议多集中于应该增加教学实践的比例，同时教学实践应更具有针对性。比如：去国际学校参观，听课；找更多的资料让学生了解国外的课堂以及国外教学的运行模式是怎么样的；邀请有海外教学经验的老师做讲座或者示范课；定位各自将来的教学对象，有针对性和目的性地培养各个方向（如小学、中学）的老师。”（王宏丽，2008：66）教学实践的机会可以通过多种途径来加以解决，但是最根本的还是要利用课程教学的机会。通过任务型的教学方式可以实现“课程实施”（curriculum implementation）[1]，在完成教学任务的过程中，被培训者可以通过完成教学模拟任务和试讲等途径，完成模拟性的教学实践。“国际教育硕士各门课程的实践特性不尽相同，既有非常基础的汉语语言学导论，也有实践导向的课堂教学技巧。将各门课程尽量有效地与课堂教学实践相联系是我们的培养目标。不能把实践完全等同于最后的真实情境的实习环节，因为没有平时的积累和参与，最终的实习便需要从头学起。所以，我们的实习模式分成课程融入的单项实习、综合模拟实习和现实实习三个层次。”（曹顺庆等，2008：234）在通过模拟性的教学实习之后，再进入到真实的实习，可以循序渐进，让被培训者逐步适应实习的要求，适应教学任务的角色转变。

在教学实践中还要注意对教学的变革。“实践是一个不断变革的过程，这种变革既需要理论的指导，也不断向理论研究提出新的问题。这个实践是以学生为本的实践，是以学生为主体的实践，而不仅仅是领导与老师们的实践。”（许嘉璐，2008b：15）师资培训中的教学实践也要贯彻“以学习者为中心”的理念。

---

[1] “‘课程实施是指一套规定好的课程方案实际的运行过程。’它强调的是一个课程方案的实际运行过程，‘课程实施在本质上是一个行动的过程，通过这一过程将观念形态的课程转化为学生所接受的课程，从而实现课程内在的教育意义。’美国学者更直白地认为‘课程实施是一个“做”的过程。’”(马燕华,2012:271)

第四章

汉语国际教育师资培养中任务型教学的开展方式

在汉语国际教育专业硕士的师资培训中，任务型教学可以认为是从教学理论知识到形成教学能力的中间环节之一（实习就已经非常接近教学实际了）。任务型教学的开展方式可以有多种，我们重点论述常见的小组合作学习的方式、讨论的方式、案例教学的方式、以问题为基础的方式、以项目学习为基础的方式等。这种多样化的任务型教学方式，使汉语国际教育师资培训可以出现多元化的成果，也为被培训者适应海外多种多样的汉语教学环境提供了保障。

4.1 小组合作学习的汉语国际教育师资培养方式

4.1.1 在汉语国际教育师资培训中开展小组合作学习必要性

有国外的学者已经详细论述了小组合作学习的教学方式的好处。“教师利用小组活动有几个好处：同学之间有大量的交流，在讨论中互相学习。学生在小组比在大组有更多的说话机会，害羞的学生可以大胆地在这个安全的环境中发言。学生知道任何人都可能被抽起来回答本小组的问题，并被他组的人质疑，因此都很认真地完成任务。最重要的是，这个过程调动了学生的积极性，迫使他们注意思考相关的问题，促进学习。在做了、听了他们自己的回答后，学生们更有兴趣讨论自己的观点，获得他人的评判。如果老师对学生的回答表现出很有兴趣，并提出建设性意见，学生就能了解到老师喜欢他们，关心他们的学习，而不仅仅是测验他们的阅读能力。”（Good & Brophy，2002：457）可以看出，小组合作学习对于学习的积极促进作用是多方面的。

小组合作学习的教学方式在国外的师资培训中已经得到了应用和肯定。“‘合作学习’是美国高校普遍采用的教学方式，也是大学进行教师培训的重要内容，特别是在指导教师管理人数众多的大班方面发挥了积极的作用。”（张捷鸿，常庆丰，2012：335）

语言教学是培养学习者的交流能力的，要想让学习者有交流的能力，教学者首先就要提高自己的交流（交际）能力。语言教学的课堂是双向互动的，不同于传统的知识传授的课堂教学的单向性。案例分析（case study）具有一定的互动性，但是其互动性还不够强，学生之间的互动少，而分组的方式可以更好地培养师资被培训者的交流能力。合作的方式有多种，小组合作的方式被认为是最有效的。

之所以采取小组学习的方式，是因为面临学习者人数多的情况[1]。但分组也有许多的优势，例如，小组合作的方式增加了学习活动的层次，增加了多重交互（师生、生生、小组之间等）的多样性，同时尤为重要的是增加了实施各种合作的机会。

对自己的教学情况的评估，对什么是好的教学的认知，只靠教学者自己是难以完成的，要由他人帮助来完成，可以从与他人的合作中去完成。自我定位恰恰要在与他人的比较中完成，好的教学也是如此。要打破个体孤绝的教学状态。教师的个体的自我发展，是要在与他人的合作中实现。有学者就指出，“从群体动力的角度来看，合作教学的理论核心可以用很简单的语言来表述：‘当所有的人聚集在一起为了一个共同的目标而工作时，靠的是相互团结的力量。相互依靠为个人提供了动力，使他们：（a）互勉，愿意做任何促进小组成功的事；（b）互助，努力使小组成功；（c）互爱，因为人都喜欢别人帮助自己达到目的，而合作最能增加组员之间的接触。’”（王坦等，2004：52）可见，在小组合作学习中学习者之间的互动是很多的，这些互动

[1] 除了一对一教学的情况以外，所有的其他教学都要面临学生人数多于教师的情况，在学校教育的班级制分班安排中就更是如此。

给学习者带来了许多方面的积极作用。

对语言教学而言，有学者认为合作学习是“基本原则”。“合作学习是语言教学的基本原则。由于语言所固有的社会属性，这就决定了语言必须通过合作交流才能真正学会。合作就意味着对话与互动，由教师—学生的语言知识单向传递变为师生、生生间的多向交换。学习者正是通过这种对话互动来建构意义和生成话语的。可以说，离开了合作，就没有真正的意义交流；而离开了意义交流，语言就只是一种空壳。因此……让学生在活动中交互启发，在信息传递中交互影响，在交际中学会交际。”（程可拉，2006：190）小组合作学习对促进学习者之间的意义交流，培养他们的交际能力具有重要的作用，因此教学者要学会掌握和利用这种教学方式。

小组合作学习的教学方式与传统的教学方式有着多方面的、很大的不同。有国外的学者对此进行了总结，见下表4-1。

表4-1　传统教学与小组合作学习的不同之处

传统教学	双人组活动或多人组活动
教师发起互动	学生自己发起互动
通常由教师指定一名学生回答	其他学生一起回答
教师判断答案的可接受性（通常以语法或语音是否准确为依据）	学生以更自然的方式判断句子的可接受性，即其他学生是否像在现实生活中一样“收到信息”
重点几乎总是在准确性上	重点主要在流利性上，尽管要根据活动性质的不同也包括准确性
其他学生什么都不做，只是听	学生更愿意听对方说，因为他们很有可能要回答
所有学生都按照教师规定的同一速度学习	因为学生都在交谈，所以具有多样性，他们更易于以自己的速度进行
公开在其他同伴面前说给学生造成压力	在很少几个同伴面前说，而且声音较小，就不大容易受他人干扰
教师的大多数时间花在了指导学生、选择发言的学生及判断其个人表现上	教师有更多的时间同时听更多的学生说。学生可以在比较轻松自然的环境中说，教师也能给更多学生提供个别帮助

续表

传统教学	双人组活动或多人组活动
学生几乎没有机会自由表达自己的思想或提出自己的观点	学生有机会表现自己的个性

（Seligson，2007：46-47）

进行教学方式的变革需要找到可以替代传统的教学方式的新型的教学方式，小组合作学习与传统教学方式存在诸多方面的差异，是一个不错的选择。

通过小组合作学习还可以贯彻落实“以学习者为中心”的人才培养的教育理念。“合作学习强调合作性的情景，但同时也鼓励学习者充分发挥自身的自主性。在合作学习的框架下，学习者可以在一定程度上自主决定合作的方式和内容，独立应对合作学习中的各种情况。自主解决合作过程中的问题。”（王锐，2011：76-77）合作不是集体性的学习，不是学习共同的内容，而是要为完成共同的目标任务呈现出各自不同的特点，以此为合作性活动做出自己的贡献。个人的努力是合作的基础，以为合作做出自己的贡献为目标，个人的努力可以更有成效。合作不是依赖他人，放弃个人的责任和努力，而是互相依赖和信赖。每个成员都要努力，可以发挥自己的所长，获得成就感。

小组合作学习实际上可以改变传统的教学方式中师牛之间争夺主体性地位的矛盾。“合作学习从学生主体的认识特点出发，巧妙地运用了生生之间的互动，把‘导’与‘演’进行了分离与分工，把大量的课堂时间留给了学生，使他们有机会进行相互切磋，共同提高。由此一来，在传统课堂上许多原先由教师完成的工作现在就可以由学生小组来完成，教师真正成了学生学习过程的促进者，而不再作为与学生并存的主体而使二者对立起来。”（刘玉静，高艳，2001：56-57）这样就可以实现“以学生为主体”的教学原则。

任务型教学的分组学习，可以适用于复合式的教学，具有教学的灵活性，可以适应学习者之间存在差异的情况，尤其是在海外的汉语国际教育中容易遇到这样的情况之间存在。

小组活动可以解决语言教学中面临的常规问题：同一班级中的学习者水平参差的问题，即有的学习者“吃不饱”和有的学习者“吃不了”的问题。

小组活动可以帮助学习者从只注意如何“讲”（表述）转变到注意“听”，创造听的机会，培养听的习惯，也就是给别人“讲”的机会，“精讲多听”。“听”就要考虑听到了什么，“听”在以往的语言教学中只有考试时才重要，现在在平时小组活动的接触过程中就变得重要起来，也会带来考核方式、测试方式的变化。“从表面上看，合作教学似乎只是改变了课堂内的社会群体结构，但在实际上，课堂上的任务结构、奖励结构和权威结构也都发生了很大的变化，这是值得注意的。[1]”（王坦等，2004：55）

4.1.2 小组合作学习在师资培训教学实践中的应用情况

小组合作学习的方式，已经在汉语国际教育师资培训中得到了应用。在有些开展汉语国际教育师资培训的院校，小组合作学习的教学方式已经取得了成效。有学者在论及培养师资的文化教学能力的课程时，介绍了小组合作学习实施的情况，“本课程倡导协作学习，学生的课堂和课外讨论、文化考察、制作考察报告、展示报告均分小组进行，各小组组员定期轮换，角色分工也轮换。对学生而言，这样的安排既可以达到互相启发、互相激励、取长补短、共同进步的目的，又培养了他们的团队意识和合作精神。事实证明，小组的协作学习模式效果超出预期，值得推广。”（朱瑞平，2008：184-185）可以看出，小组合作学习对师资培养的成效是巨大的和多方面的。

小组合作学习可以利用汉语国际教育专业硕士研究生背景差异大的情况，不但避免了学习者水平参差不齐的不利因素，而且使这种差异发挥出了积极的作用。“本课堂采取的方式是混合专业背景编组、定期更换小组成员、随机组

---

❶ 具体而言：“在以上三种课堂结构中，合作教学首先将任务结构中的教学方式方法从传统意义上师生之间的单向交流或双向交流，拓展为各教学动态因素之间的多向交流；其次，合作教学还将分组教学作为教学的基本组织形式确定下来；分组的观念一改以往能力分组中所强调的同质性，而是主张将小组成员按学业成绩、能力水平、个性特征、性别比例、家庭社会背景等因素合理搭配，形成一个微型的合作性异质学习团体。在奖励结构中，合作教学把以往表面上面向全体学生，实际上却鼓励人际竞争的奖励形式改变为面向小组全体成员的合作性奖励。在权威结构中，合作教学强调的是学生自我控制活动为主，教师指导协助为辅，用约翰逊的话来讲，就是‘从旁指导’（a guide on the side）。”（王坦等,2004:55）”

合小组成员、指定组长、轮流指派组长，给每一个学生平等成长的机会，给每一个学生向其他学生学习的机会，为所有学生提供平等互享的机会。”（王宏丽，2008：61）可见，小组合作学习还可以提供给每个被培训者平等的机会，可以使他们树立起平等的意识，更好地适应海外汉语教学的要求。

有学者介绍了汉语国际教育专业硕士师资培训中运用小组合作学习的具体操作过程。“在任课教师的指导下，首先，各小组依次由代表展示及报告课件制作成果，各成员对自己完成任务的情况做出自评；然后，各小组互相评价课件制作特色及不足、任务分工及设计的合理性、各组内部成员的合作性、展示成功与否；最后，指导教师对各协作小组的表现分别进行评价，对此次协作式研究性学习活动进行总结性评价。”（王宏丽，2008：62）这个教学流程，带有典型的任务型教学方式的特色，所以我们认为小组合作学习是任务型教学方式的一种具体的实施方式。

小组合作学习在汉语国际教育师资培养中的实施，取得了可喜的成果。“贯穿我们的培养过程中的一条主线，就是采用协作式的学习方式，学生分组参与教学活动、运用资源、完成各种学习任务。在完成任务的过程中，培养对象的沟通、合作能力得到了提高，大量分组展示及自我展示的任务锻炼了其交流表达的能力及自信的特质。”（王宏丽，2008：59）任务型教学方式所促成的自信和交流表达能力是教师的基本素养。

还有学者介绍了小组合作学习在师资培训中所发挥的心理建设方面的良好作用。“他们在任务式的学习过程中体验了平等、快乐、尊重他人、公平等交际原则，养成了中华文化的良好素养及健康积极的心理状态。”（王宏丽，2008：60）

汉语国际教育专业硕士也招收外国留学生，他们与中国学生之间存在着很大的差异，小组合作学习的教学方式可以解决这些问题。“我们把外国学生按照母语背景（母语相同或相近）分成小组，中国学生按照所感兴趣的语言编入外国学生小组中，形成中外学生混编的小组，可以在课内外进行互助学习。如，中国学生可以帮助外国学生纠正发音等，并注意搜集外国学生的偏误，外国学生则可以帮助中国学生学习第二外语；中外学生在课外共同自学、研究、讨论，并且可以在兴趣的引导下，共同完成教学研究项目，如创新教学方法、探讨适应不同国家汉语教学的游戏方法、建设汉语教学多媒体素材库，引导学生针对某个国家或区域的汉语教学编写相应的教材等，形成自觉学习、勤于思考、勇于创新的优良学风。”（徐丽华，孙春颖，2012：253）学生之间的差异性大，更有助于在小组合作学习中进行互补，可以对此加以积极的利用。

4.1.3 小组合作学习师资培训方式的作用与效能

任务型教学方式和小组合作的学习方式，既可以面向有经验的被培训者，使之发挥其经验的作用，在帮助他人的过程中深化、更新自己的认识；又可以面向无教学经验者，培养其教学能力。所以，其适应面是很宽的。

4.1.3.1 小组合作学习有助于学习者之间互助、互惠关系的建立

在小组合作学习中既有他人的帮助，又有互相的帮助。语言教学的实质就是对学习者的帮助，而不是取代。但是我们应当注意到，被帮助者也不全然是被动的，他们可以获得如何帮助他人的经验，这样他们就可以在未来转换身份去帮助他人。如果没有被帮助的体验，他们在帮助他人时也要面临很多心理上和行为上的障碍，在经验上也会有所欠缺。所以，学习者之间的互助有“传帮带”的作用，其实任何学习的实质都是如此，但在小组合作学习里发生的这一切，可以直接、高效地完成任务和发挥作用。

小组成员之间的互惠的关系，不仅来自于合作的需求，也是合作能够顺利进行的坚实的基础。互惠关系是平等的，是可以持久发展的。

小组内部的互动中存在着竞争，但教学者要把学习者引导到学会如何在竞争中合作的目标上去，因为合作是学习和教学成功的必然途径。师生之间必须合作，生生之间也是如此。小组合作学习的方式可以使被培训者在学习阶段树立合作的精神，锻炼合作的能力，获得合作的经验。另外，合作精神的建立部分地也要依靠外部的竞争压力而形成内部团结。

在小组成绩的分配方面完全可以要求学习者自主进行，首先要减低成绩的重要性，依据每个学生的贡献大小来分配，就会没有争议。对利益进行合理分配的意识，在学习者对共同利益通过合作引导而获得的亲身体验中建立起来。

小组合作学习对于建立汉语国际教育专业硕士中外学生之间的互助合作，也有着积极的作用。“现在大多数院校既招收国内生源，也招收国外生源。……在最初的试验中，我们主张混合编班。主要理由有两个：第一，两种人拿的是相同的学位，其含金量应该一样，不能因为对方是留学生就降低要求。第二，当我们对留学生另眼看待的时候，他们也许就会自己放纵自己。混合编班可以逼迫外国学生拼死努力，以追赶中国同学；同时，他们也可以在与中国学生的共同学习（尤其是小组协作学习）中快速提高各方面的水平，尤其是汉语水平。”（朱瑞平，2012：292–293）当然，对于中外学生也不是处处都同样对待，在教学实践中也应该有针对性地设立课程，满足他们不同的学习需求。“经过一年的试验，我们认为中外学生分班上课或混合编班各有利弊。现在我们的做法是，大部分课程中外学生一勺烩，但同时分别给中国学生和外国学生每学期增加几个各自必需的‘特色菜’。”（朱瑞平，2012：293）

在小组合作学习中，被培训者之间的互助也体现在可以互相帮助纠错上面。对此，有学者经过调查的情况是，“同伴纠错和自我纠错数量相当，而同伴纠错的正确率明显高于自我纠错。这可能是因为学生们在小组纠错时，对于纠正他人的错误要比纠正自己的错误谨慎。访谈结果也证明了这一点。显然，在小组纠错中，同伴纠错起到了重要的作用。”（马冬梅，2002：134）通过同伴纠错使被培训者可以获得正确的学习结果。

在小组合作学习中，学生面对同伴的纠错会更容易接受，从而使纠错达到令人满意的效果。“当说话的学生对自己所使用的语言形式没有把握时，无论这个语言形式本身正确与否，无论其同伴的纠正意见正确与否，他都有可能接受。”（马冬梅，2002：135）小组合作学习也给每个被培训者在同伴的帮助和指导下自身教学专业化发展的机会，同时也可以培养他们合作的意识和习惯。

分小组开展学习活动，可以使被培训者提高交流、互动的能力，通过学习者之间的互补，共同提高。在活动中，学习者还可以提高选择能力、审视能力和判断能力等多种能力，同时也是对小组合作学习方式应用的一种经验积累。“小组学习的可取之处在于能够更多地增加所有学生参与教学互动的机会，集体学习还可以互相促进、取长补短，不同专业背景的学生相互启发，拓展思考问题的空间，学习积极性更高更浓，学习效果更优。”（王健昆，2008：146）被培训者甚至可以通过探索和操作积累，创造出自己的成果，这种共同努力的成果可以使每个学习者共同受益。

4.1.3.2 小组合作学习促进被培训者更加积极地学习

小组合作促使也迫使学习者为了完成小组的学习目标和任务而更加积极努力地学习。“在改革后的课堂教学中，学生必须以小组为单位进行发言，整个小组发言的主题是什么，每个成员如何围绕这个主题进行选题和发言，发言的顺序如何，怎样体现小组发言的整体性和连贯性，这些都是值得去探讨和思索的。在探讨思索的过程中，小组的协同合作精神就体现出来了。”（廖继莉，2012：174）小组合作学习中分配给每个被培训者的任务也可以使他们的学习目标更加明确，使他们的学习有了努力的方向。

小组中的各种合作活动也对被培训者的学习提出了具体的要求，促使他们积极地去完成。“教学模式创新之后，每个学生必须上台发言，这样一来，他们课后就会针对汉外语言对比的某一方面去积极地查找文献资料，教学归纳总结做成PPT演示文稿，然后在规定时间内进行发言，并回答下面同学的提问，这样在一定程度上就能提高学生的积极性和主动性，不仅培养了他们查找文献、归纳总结和口头发表的能力，还在无形中提高了他们的教学实践能力。”（廖继莉，2012：174）这样一来，汉语国际教育专业硕士的教学实践能力也在小组合作学习的过程中得到了锻炼和提高。

在小组合作学习中，别的小组成员的成功会增加其他组员的信心，别的小组成员的失败会增加其他组员自己的经验，并且这种心理的影响具有推衍和传播的效应。

有学者提到了小组活动对于减少学习者学习焦虑的作用。“在小组活动中，学生自由地、平等地相互交流信息，没有课堂上独自回答时害怕出错的焦虑，这种自由、平等的氛围更容易激发学生的语言交流。特别是对于那些内向的学生，在这种压力和焦虑感较低的氛围中，能更积极主动地与别人交流。（Brown，2001：174）在课堂观察中发现，很多在传统课堂上比较沉默的学生在小组活动时变得非常积极主动。”（王瑞烽，2007：83）学生行为方式的改变要通过和结合言语交际的实践。在小组中学生的压力要小于面对整个课堂的压力，而且学生也有了更为充足的表达时间。当然，课堂教学时间有限是一个先设的、无可回避的客观条件，教师必然要在教学设计时对此加以考虑。

4.1.3.3 小组合作学习发展被培训者的社会技能

小组合作学习具有提升被培训者建立良好社会关系的能力。"合作学习强调小组建设、良好的人际关系和社会支持的建立。在互动过程中，学生之间以及师生之间的情感交流，对增强小组凝聚力和友谊非常重要。但情感的交流需要安全的人际氛围，只有在学生感觉到周围的人都关注自己的感受、接纳自己而不会批判责备自己、更不会伤害自己时，才愿意把内心最真实的想法拿出来分享。没有人愿意把自己暴露在不安全的人际环境中。"（伍新春，管琳，2010：225）小组合作过程中培养了被培训者的善意、公平，对于他们在今后顺利开展教学工作有着重要的作用。

小组合作学习可以提升被培训者互助合作的意识和能力。帮助别人获得其所没有掌握的学习内容的同时，帮助者也学习到自己所没有掌握的。在互相帮助中，共同提高，均有所收获。不仅仅是为了完成任务，有多方面的收获和提高是最主要的，教师应该随时在学生进行小组活动中提醒他们注意这一点。"特定领域较强的学生可以帮助其他人做得更好，而不是全都由自己做。教师在帮助学生理解综合能力时扮演着重要的角色，他要鼓励学生帮助别人发展更广泛的能力。"（Jacobs，Power & Loh，2005：88）帮助同班的被培训者，自己也同样可以获得学习的进步。"不论采用何种安排，值得注意的是，频繁的报告表明，辅导者和学生都同样得到学习进步（Ellson，1976；Devin-Sheehan，Feldman & Allen，1976；Sharan，1980）。"（加涅等，1999：333）

小组合作学习中被培训者的团结互助，可以使他们的社会交往技能得到共同提高。"合作学习能帮助学生记住事实和公式，更有知识的学生可以帮助学习不太好的学生，让他们取得好成绩……但真正让人激动的是合作学习帮助小组面对新的、所有人都没接触过的概念时显现出的作用。合作学习能使小组的每个成员都达到比小组中最强的同伴更高的水平。"（Jacobs，Power & Loh，2005：97-98）实际上每个小组成员都会因此有所收获和提高。这样的结果还带来了另一个好处：群体的凝聚力也得到了增强。"群体凝聚力指其他对其成员的吸引水平，使成员愿意留在该群体中而不离开它的力量。社会凝聚力理论（social cohesiveness theory）认为，合作学习对于团队绩效的影响在很大程度上是以群体凝聚力为媒介的，组员们合作以及努力的动机来自于小组内部强有力的凝聚力。”（伍新春，管琳，2010：49）

4.1.3.4 小组合作学习促进师师之间的合作

在汉语国际教育专业硕士师资培养的过程中，利用小组合作学习的教学方式培训师资，实际上开展的是促进“师师合作”的活动。“在我国，20世纪90年代中期，一些学者从课堂互动分析的角度入手，提出了师师互动是教学系统中不可或缺的人力资源的观念，认为‘与学生一样，教师之间在知识结构、智慧水平、思维方式、认知风格等方面也存在着重大差异，即使是教授同一课题的教师在教学内容处理、教学方法选择、教学整体设计等方面的差异也是明显的。这种差异是一种宝贵的教学资源。通过教师与教师之间就所教授内容的互动，教师们可以相互启发、相互补充，实现在思维、科研智慧上碰撞，从而产生新的思想，使原有的观念更加完善和科学，产生“l+1>2”的效果’。呼吁教育过程中要重视教师与教师之间的相互作用，并将之纳入教学系统的前导性因素来进行统合考虑，提倡教师进行教学前的合作设计、合作备课和课后的合作评议等，这些观念对于开发和利用课堂内的人力资源都具有十分重要的意义。”（王坦等，2004：7）通过小组合作学习促进的教师之间的合作，实际上可以改变被培训者的教学观念，从重视竞争转变为重视学习过程中的合作，这样这些教师们在开展教学时会带来教学方式的变革。

合作学习并不仅仅局限于学生之间的合作，是把教师之间的合作放在教师实施学生之间合作的教学方式之前，要通过教师之间的合作的成果促进学生之间的合作。教师之间的合作成果共享，可以保证学生之间的合作学习开展得更加高效。“传统教学虽然也时有教师集体备课的活动或形式，但却没有将之纳入教学的流程之中加以统合。合作学习则不同，它将师师互动作为教学的前导性因素纳入教学系统，扩大了教学系统的外延，并将之视为教学过程不可或缺的环节，这是一种创新。合作学习认为，与学生一样，教师之间在知识结构、智慧水平、思维方式、认知风格等方面也存有重大差异，即使是教授同一课题的教师，在教学内容处理、教学方法选择、教学整体设计等方面的差异也是明显的。这种差异就是一种宝贵的教学资源。通过教师与教师之间就所教授内容的互动，教师们之间可以相互启发、相互补充，实现思维、智慧上的碰撞，从而产生新的思想，使原有的观念更加科学和完善，从而达成教学的目标。”（王坦等，2004：70–71）教师之间的差异互补和互助，可以丰富教学和提升教学，比教师一个人的“单打独斗”的教学方式要高得多。

教师之间的合作教学可以充分利用教师个体的资源。“合作教学认为，师师互动是整个教学活动中不可缺少的重要部分，这种互动不应有时空的限制，它应当服务于教学目标的需要，随时随地都可以进行各种类型的师师互动。不容乐观的是，在现有的教学实践中，更为多见的是教师各自为战，独自备课施教，教师与教师之间很少有建设性的合作与互动，这在很大程度上影响了教学质量的提高，极大地浪费了集体的智慧，增加了教师工作的个体劳动强度。我们认为，在教师过重负担‘久减不下’的今天，如能将师师互动合作的机制纳入教学体系中加以运用，无疑意义重大。”（王坦，2007：89）教师合作教学的作用应当引起我们的重视，特别是在培训汉语国际教育师资之时，我们也要充分利用好被培训师资的个人资源，形成齐心协力完成培训任务的合作局面。

教师合作不仅仅是减少重复劳动的问题，更可以集思广益生成更高水准的教学成果。“美国著名教育家嘎斯基在论及师师互动时指出：‘这种共同活动，不仅能减轻教师每个人的工作量，而且还能提高工作结果的质量。教师们会成为彼此观念上的神奇源泉。’（Hazelip，1993）目前，我国有一些学校在倡导‘说课’‘评课’活动，将教师与教师之间课后的互评作为反馈与改良教学、提高教师素质的重要手段与途径，这些做法是值得推广的。不过，这类活动方式比较单一，多在课后进行，且比较零散，没有纳入教学的体系中，远不能像合作教学这样系统有效，有待于进一步完善。”（王坦，2007：89）教师之间的合作对教师发展的激励作用是巨大的，教师之间的互动改变了教师教学的路径和样态。

有学者指出，教师之间的合作最主要的就是“合作授课”。“合作授课是以师师互动为主要特征的一种教学活动，提倡两名或多名教师同时在课堂上进行协作，共同授课，共同处理课堂事务，其最显著的特点是教师同事之间可以实现相互帮助与支持。它通常表现为以下六种形式：一个教师教，另一个教师观察；一个教师教，另一个教师拟订方案；平行授课；分站式授课；交替式授课；协同教学。”（王坦，2007：125）合作授课有六种衍生的具体方式，使教师们在开展教学实习和实际的教学时，可以根据教学的具体情况灵活选择运用。

在教师的合作教学中还有一种“协同教学”的概念。有学者介绍说，“协同教学（team teaching）是指由两个或两个以上的教师及教学助理人员，以一种专业的关系组成教学团队，彼此分工合作，共同策划和执行某一单元、某一领域或主题教学活动的一种教学形式……就其最简单、最具普遍性与共通性的特征而言，协同教学意指两个或两个以上的教学有关人员，一起共同合作完成教学有关的事务的历程。在这个共同特征的基础上，协同教学的主要内涵包括：协同教学的基本精神在于合作；协同教学的合作成员包括了两个或两个以上的教学有关人员；协同教学的合作事项为教学的有关事务，其范围包括部分或整个课程教学计划与实施的历程，例如拟定计划、统整内容、教学实施和进行评鉴等。”（王坦，2007：125–126）现在协同教学已经发展到了广泛的教学应用领域，这种趋势和特点应当引起我们师资培训工作者的关注。“最初，协同教学是指同一年级或同一学科领域的教师共同承担备课、教学、训练、检查和反馈的职责。而现在，协同教学已拓展到不同年级和不同学科的教师之间的合作，形成了跨年级的纵向协同教学和跨学科的横向协同教学。”（王坦，2007：126）

有学者总结了“师师合作”开展教学的优势。“师师互动是教学系统中不可或缺的人力资源。师师合作教学有许多优势：一是有利于发挥教师整体功能，使教学走出高耗低效的困境；二是有利于教师之间的优势互补，提高整体教学水平与革新能力，以适应发展学生综合素质的需要；三是有利于减轻乃至消除竞争带来的负面影响，为创新型人才的成长和涌现提供民主、和谐的环境。”（王坦，2007：129）对于这种合作的优势作用，我们在汉语国际教育专业硕士师资培训的过程中应当注意借鉴和参考。

在汉语国际教育专业硕士师资培养的过程中，利用合作学习中教师之间互动性强的优势，可以使培训师资的工作达到更为高效和有效的教学目标，使所培养的师资具有更优良的胜任海外汉语教学工作的能力。

4.1.3.5 对小组合作学习师资培训方式的评价和反馈

被培训的汉语国际教育专业硕士研究生对小组合作学习这种教学方式给予了积极的评价。“由该批硕士生共同完成的班级宣传册中这样描述：‘大量的合作机会让我们从彼此的身上汲取用于面对困难，坚持不懈，努力奋斗的力量，培养团结合作，追求完美，追求创新的精神。相互支持和鼓励，用一种积极的心态面对学习、生活以及未来的挑战，这是我们学习的最终目标。’”（王宏丽，2008：59）可以看出，小组合作学习的教学方式达到了全面培养师资的目标。

小组合作学习是一种教学方式的创新，我们不必担心被培训者的接受和适应能力，他们对此的认同和适应程度很高。“课程结束之后，有同学写下了对这门课教学模式创新的看法：‘准备资料的过程是充实知识的过程，我们学到了很多课堂上没有涉及的理论；上台发言的过程是最锻炼人的过程，我看到同学们从开始的紧张到后来的淡定从容，深刻地体会到老师的用心。每个人发言完后，老师还都给我们一个有针对性的评价，从老师的评价中，我们很容易发现自己存在的问题，这对督促我们不断进步是有很大帮助的。’”（廖继莉，2012：176）

这种小组合作学习的教学方式在海外教学实习的被培训者中也显示出其有助于教学的作用，得到了正面的评价。“因为从合作学习模式中受益匪浅，所以笔者在海外实习的过程中，也曾经尝试过使用这种合作学习的方式，得到了美国老师的认可和帮助。”（赵颖，2008：318）

4.1.4 小组合作学习在师资培训教学中的操作方式

4.1.4.1 建立合作小组时应注意的问题

建立合作学习小组是开展合作性师资培训工作的基础和第一步，有学者对在外语学习者之间开展建立学习小组的做法进行了论述，对我们的工作有启发作用。“组织一些班级和小组的共建活动。其中一种活动是这样的：学生们先记住每个小组成员或班级成员的姓名，以及一些其他的信息，比如别人的爱好。然后对他们进行测试，看他们的记忆力怎么样。为了准备这个测试，学生们要尽量多地使用小组成员和班级成员的名字。”（Jacobs，Power & Loh，2005：161）在实施汉语教学中的小组合作学习时，还可以让学生们作自我介绍，其他同学记下来，然后让他们准备测试，准备好了以后进行测试。这样可以使活动带有竞争性、趣味性、目的性。教师要提前提出要求，明确地让每个学生了解。对于汉语国际教育师资培训来说，可以让被培训者自己参照这样的教学设计自己或合作进行小组建立活动的设计，并且可以把这一工作作为小组合作学习的任务让他们完成。

在小组合作学习的时候，每个小组成员都要轮流发言，如何组织和安排轮流发言，是小组合作学习能够顺利开展的前提条件。首先，要选拔发言的掌控者，通常的做法是选举小组的组长，对小组长要赋权，但其权力的实现是建立在与小组成员协商的基础之上，小组组长也可以轮流由组员担任。其次，也要对小组的其他成员进行合作技巧的培训。“强调与他人的合作技巧。例如，每个小组的学生轮流拿着一支铅笔，只有拿着笔的人才能说话。”（Jacobs，Power & Loh，2005：162）还可以通过找到小组中学生们中的最大的一支笔的形式，起到类似话筒的提示作用。在利用小组合作学习方式进行师资培训的过程中，或者在被培训者利用小组合作学习的方式开展汉语教学的过程中，通过合作技巧的培训使被培训者意识到和体验到合作技巧培养的方式和重要性。

有学者还详细介绍了对小组合作学习中学生发言的掌控方法，虽然是就汉语教学而言的，但是对于被培训的师资也有启发作用，可以供他们在进行合作学习教学设计时参考。“学生发言的具体要求和方法如下：（1）全班65人以自由组合的方式分为13个组，每组5人。（2）每个小组就语音、词汇和语义、语法、语用四个方面的汉外对比去查找文献，归纳整理内容来进行9个课时的发言，且必须做成PPT演示文稿，每次3个小组进行。（3）每人规定发言时间为5分钟，每组为25分钟，提问时间为5分钟，一共30分钟。（4）评价方式是将学生的表现分为仪态、语言表达、发言内容和小组配合四项，其中仪态占10分，语言表达占20分，发言内容占50分，小组配合占20分，总分为100分。该得分作为平时成绩，占汉外语言对比课业总成绩的50%。（5）教师对每个学生的发言情况都要进行评点，包括发言的内容，

PPT演示文稿的制作，小组的配合情况，发言现场的掌控，等等，并以书面形式反馈给每个学生。”（廖继莉，2012：175）

在小组合作学习中，与发言类似的合作活动还有许多，如果想要有序地开展，就必须建立小组活动的规范。“如果一个小组仅仅有良好的人际关系，而没有明确的小组规范，也会给学生的学习动机带来负面影响。这种小组规范通常不是由教师制定的，而是由小组成员或整个班级集体讨论决定的。教师在指导学生制定规则时需要提醒他们，这些规则既要包括大家必须遵守的条款，也要包括违反规则后的处罚措施。”（丁安琪，2010：28）建立小组活动规范也可以成为合作学习的任务由被培训者合作完成。

与语言教学的课堂互动是一样或一致的，在师资培训开展小组活动时的核心，是小组合作学习最主要的，同样是要建立被培训者之间的互动。“每个小组成员都有机会提问题、控制讨论的进程并参与整个意见交换过程。他们能自主地选择何时加入讨论，而且在共同分享信息、讨论信息、取得共识的过程中开展了协作学习。这种学生与学生的互动是一个‘开放式任务解决方法’（‘open task approach’）（Barnes，1976）的例子，它培养了学生与同伴进行思想交流的习惯，在做出决定的过程中促使学生积极参与讨论。”（Farrell，2005：67）这样做也可以保证合作学习小组成员之间地位平等和机会均等，使小组成员都能够积极参与小组的合作学习活动。

被培训者进行生生之间的互动可以十分多样化，可以要求他们轮流对小组的合作学习活动进行观察和记录，等等。小组构成的形式也是十分多样化的。“双人组活动通常比多人组活动容易组织、管理和控制，因此最好让学生先习惯双人组活动，然后再过渡到多人组活动。一旦他们习惯了这两种方式，开始时进行的双人组活动往往可以过渡到多人组活动，如比较多人结果。”（Seligson，2007：48）这里介绍的是小组合作学习活动开展初期的做法，等小组成员对小组合作学习活动的开展方式熟悉了之后，还可以充分发挥他们的创造性，让他们自己组织，灵活运用各种小组合作形式。

4.1.4.2 对于小组合作中出现问题的解决

在不同的学习者之间开展的小组合作学习活动，有时候必然会产生小组合作中的冲突。“当然，冲突在任何团队中都是不可避免的，因为每一个成员不会对同伴所说、所做的每一件事都表示赞同。团队中的差异需要我们用一种积极的方法去对待，正像卡日登（Cazden，1988）指出的，这种冲突能促使团队成员去重新思考他们最初的观点。他把这种冲突性的对话称之为'催化剂'（Cazden，1988）。"（Farrell，2005：70）

"以和为贵"的思想传统可能会使我们忧心小组中的冲突，但是也有外国学者认为小组中的冲突未必都是坏事。"一些亚洲教师担心，如果我们在课堂鼓励学生采取一种批判性的态度，就可能打开冲突之门。害怕冲突是亚洲人心理的重要组成部分。尽管热爱和谐的亚洲人非常害怕，但是冲突在本质上对个体无害，它也未必会导致关系破裂。"（Ng，2005：165）教师对此不必过分担心，当然同时也要引起重视，采取措施解决出现的问题。

有学者提醒我们，合作才是主要的学习目标。"为了更有效地学习，团队成员应该注重的是合作而不是竞争，并且形成这样的观念：每个成员都应该推动大家在团队学习中的共同发展，而不是以团队为代价换取个人的发展。"（Farrell，2005：70-71）确保被培训者向着合作的目标努力，是培训者时刻要考虑到的。

培训者要注意避免小组合作学习活动中，有些组员主宰小组活动，而另外一些组员表现消极，有学者提出了这方面的问题。"但是分组的影响，是既有正面的又有负面的。举例来说吧，一些学生可以形成一个小团体，正是因为他们主宰了全班的讨论……小组学习期间，学生的主动学习减少了。更有甚者，当小组学习任务设计得很糟糕时，学生通常是把更多的时间花在了履行表面的程序上，而不是思考任务的意义。"（Good & Brophy，2002：42）

有学者也提到了在小组集体完成作业的过程中出现的问题。"小组集体作业原本的目的有二：一是让学生在小组讨论中，提高用汉语表达观点的能力，进行类似学术讨论式的口语表达练习；二是让学生在小组讨论过程中，取长补短，协调观点。从教学反馈来看，这个目标可能并没能得到很好地实现，原因有如下一些：（1）有学生不住学校宿舍，非常不方便。（2）花时间太多，负担大。（3）小组成员分头准备，没有讨论。（4）有部分学生不参与小组作业。（5）有时意见分歧，很难一致。"（徐晶凝，2012：98）分组的目的是为了“合”——合作，对于不合作者应有约束、惩戒措施，以便能保证合作的顺利进行。合作学习、任务型教学有许多相关的保障措施可供借鉴。有些不能合作的问题是受到了一些客观条件的限制，可以通过在课上完成来解决。

开展合作式的教学，其中机会均等的问题非常重要，避免教学只对一部分学生（水平高、能力强者，或是相反）有利，教学中如何解决这样的问题需要引起注意，要促进全体学生的发展，保持平衡。“与互助协作同等重要的是个体学生独立自主能力和意识的培养。发展这种能力不仅仅是我们对学生提出的要求，它同时也是学生们自己的内在需求和成长需要。根据Ryan和Deci的自我决定理论（Self-determination theory）（2000），个体的内在心理需求之一就是要感受到自主性以及拥有一定程度上的自治权，这也是发展学生内在激励系统的必要条件。”（李娜，2008：225）实质上，在这背后是一个照顾精英还是面向大众的抉择问题。应当在小组合作学习过程中促进每个学生的个性化发展，并且使所有的学生能够共同成长。

4.1.4.3 提高被培训者在小组中的自我评价能力

有学者认为在小组中组织被培训者自评有着积极的作用。“小组自评的目的在于提高小组在达成共同目标中的有效性。这种自评能够：（1）使学习小组成员维持良好的工作关系；（2）便利于合作技能的学习；（3）使组员对自己的参与情况有所了解；（4）保证学生在元认知水平上，同样也在认知水平上进行思维；（5）为强化小组成员的积极行为和小组的成功提供手段。”（刘玉静，高艳，2001：18）

要想使小组自评能够顺利展开，教学者需要创造一些条件促进小组自评的完成，这些条件包括留出时间、提出要求、进行指导等。“小组自评成功的一些关键因素是教师要给小组留出足够的时间让其进行自评，提供一个自评的结构(如‘列举出你的小组做得好的三件事和一件值得改进的事’)，强调积极的反馈，使自评尽量具体而不是抽象，维持学生对自评的参与，提醒学生运用他们的合作技能来进行自评等。”（刘玉静，高艳，2001：19）

4.1.4.4 在小组合作学习中发挥教师的作用

尽管小组合作学习的师资培训方式提倡由被培训者来“唱主角”，但是教师在小组合作学习中也仍然保有很大的发挥作用的空间。

在小组合作学习的教学方式中，教师对于应当起的监督和引导作用不能放松。“如果让好的行为在无声无息中溜走，它可能再难以回到合作中；如果对不好的行为睁一只眼闭一只眼，它可能还会再一次阻碍小组合作，给小组关系蒙上阴影。反思，就是要通过成员的观察、内省、讨论和相互提醒，让每个成员都对有效合作行为有更深刻的认识和更敏感的体察。”（伍新春，管琳，2010：25–26）教师要积极引导，同时也要引导积极。

在被培训者小组合作学习活动中，教师的角色地位和发挥作用的方式要进行调整。“教师不再把自己视为工作者，而是合作者。因为如果教师把自己看做是工作者的话，那么他就不会把学生看做是人，而是工作的对象，予以机械刺激。在合作学习中，教师与学生之间原有的‘权威—服从’关系逐渐变成了‘指导—参与’的关系。”（刘玉静，高艳，2001：57）教师和学生之间的关系也经过调整得到改善，由教学关系变为合作关系。

4.1.4.5 落实个人责任使小组成员形成积极互赖

在利用小组合作学习的教学方式进行汉语国际教育专业硕士师资培训时，培训者要注意落实小组成员的个人责任。“个人责任[1]实现了小组成员间的积极相互依赖而不是依靠或等待，个人责任也保证了小组合作的整个过程渗透着每个组员的辛勤劳动，让每个人在合作中都有所付出。”（伍新春，管琳，2010：315）个人责任的落实使小组活动的开展有了切实的保障。

合作学习教学方式中的许多具体的做法[2]都可以实现小组成员个人责任的落实。“拼图法、小组调查法和结构法都非常重视采用特异性任务来确保组员的个人责任。特异性任务就是每个组员的任务都是独特的，和其他组员所做的工作不同，组员之间不能相互替代，只能在个体遇到困难时相互给予支持和帮助。”（伍新春，管琳，2010：316）小组成员积极相互依赖并不影

❶ 也有学者称之为“个体责任”：“个体责任是指每个学生都必须承担一定的学习任务，并同时掌握所分配的任务。个体责任通常是通过对每个学生表现的评估来体现的，评估的结果反馈给个人和小组，由此可以使每个学生对小组的成功负有不可推卸的责任。”(刘玉静,高艳,2001:17)

❷ 本书没有详细介绍合作学习的各种具体的做法，因为这不是本书的着重点，这方面的内容可以参看专门研究合作学习的有关论著。

响小组成员个体学习的完成，反而使个体的能力得以更为充分地发挥。

4.1.4.6 合作学习中的成绩评定问题

也许有人会觉得在合作学习中小组成员个体的成绩评定会成为难题，但是新型的评价方式可以化解这一难题。在合作学习的过程中，由于小组成员是在一起合作学习的，所以有机会进行相互了解和熟悉，这就为他们之间的相互评价创造了良好的条件。“在合作学习中，形成性评价无疑起到了巨大的反馈—调节作用，同时还能有效激发学生的学习动机。因为在合作学习中，不仅教师提供反馈信息，同伴也是反馈信息的来源，这使得反馈信息更详细、全面。详细的反馈意见往往能使个体的调节行为更明确。当个体感知到自己有明显的进步时，其自信心、学习的内部动机都会随之增强。教师、同伴对这些好的变化给予及时的、真诚的反馈和肯定，学生的学习动机又会进一步被激发。”（伍新春，管琳，2010：331）可以看出，新型的形成性评价的作用可以在小组合作学习中有机会得以发挥，也可以说，合作学习为形成性评价的施展提供了绝佳的平台。

在小组合作学习的评价方式上可以有两种选择：针对小组成员个体的表现进行评价和针对小组整体的表现进行评价。但是也有学者提出可以把两种评价方式结合起来。“个体表现—整体评价就是每个组员单独完成一份成果或一次测验，教师再随机地抽取某一个人，以该成员的得分作为整个小组的得分；或者把所有组员的得分求平均分，以平均分作为所有成员的得分……这种评价方法要求小组要保证每个成员都完全掌握学习内容并经得起考验，任何一个薄弱环节都可能导致小组失败。因此，该评价有助于增强学生相互帮助的意识和行为。”（伍新春，管琳，2010：341）这种“两结合”的评价方式，避免了“只见树木不见森林”或“只见森林不见树木”两种偏颇，使对小组活动的评价更为客观和准确。

也许有人会担心，根据小组合作的情况进行学生成绩的评定是否会带来对于小组成员个人评价不公平的问题。但是参与小组合作学习活动的学生反馈表明，这种担心是没有必要的。“研究结果表明，在学生参与合作学习之前，他们认为小组共享一个分数是不公平的。但是，一旦他们加入了一个组织得很好的合作学习小组，他们都倾向于认为小组共享分数是最公平的。这说明，小组合作方式的成熟是影响学生公平感的重要因素。"（伍新春，管琳，2010：341）出乎意料的是，学生反而会觉得小组成员共享小组成绩是"最公平"的。

有学者也指出，教师评价对学生的激励作用的充分发挥，不能停留在只对小组整体进行评价阶段，教师的评价一定要针对小组成员个人。"协作学习需要一定的激励机制以促进学生之间以及师生之间的积极的关系。评价作为激励机制的一个重要组成部分，在协作学习中所发挥的作用是不可忽视的。特别是教师的评价，教师对于个体的反馈比对小组整体的反馈更能激励学生。"（王宏丽，2008：63）

采用合作学习的方式需要许多特殊的条件，其普适性还需要进一步探讨，其局限性也需要发现。至少我们应该认识到，小组合作学习教学方式的适用性不会是"放之四海而皆准"的。

4.2 通过讨论的方式培养汉语国际教育师资[1]

4.2.1 讨论式教学方式的优势之处

有学者总结了经过教学实践发现的讨论式教学方式的教学优势。"'讨论式教学'是经过教师预先设计与组织满足学生独立思考的基础上，通过学生之间、师生之间的多边交流，互相启发探讨的教学方法。我们在教学实践中发现，'讨论式教学'具有下列优势：①能使课堂气氛轻松、活跃；②能极大地激发学生的学习兴趣，使其积极主动地参与教学过程；③能帮助学生更好地掌握所学的知识；④通过讨论还可以使学生从学习语言到运用语言，实现从输入到输出、从知识到能力的飞跃，从根本上提高汉语表达能力和在交际中的应变能力。"（李柏令，2010：170）

过去传统的教学方式是把教学对应和贴近考试，甚至就是为了应试而服务的，这样做是本末倒置的。令人遗憾的是，在不需要大规模考试的情况下，仍然还使用大规模测试所不得已采用的测试方式，不能不引起我们的反思。重新采用被忽视的讨论式教学方式，对于改变传统的应试教育导致的灌

[1] 在本书论及的培养汉语国际教育师资的任务型教学方式的具体方式有许多共通之处，因此在详细论述了小组合作学习之后，限于本书的篇幅，对于其他具体的任务型教学方式就只就其有特色的部分加以论述，相同的部分就略而不表了。

输式教学的弊端是有积极的作用的，在这方面讨论式的教学方式有扭转灌输式的教学方式的优势。

讨论要有一个基础，既有专业的基础，也要有交际常识的基础，包括操作规程的常识。汉语国际教育专业硕士已经进入到研究生的学习阶段，他们所具备的基础已经使他们可以进行比较具有专业化内容的讨论。所以，讨论式教学方式在师资培训上有其优势之处。

4.2.2 讨论式教学方式在汉语国际教育师资培训中的作用

在汉语教学的师资培训中，有的院校已经开展了通过讨论式的方式进行教学的活动。“我们将暑期实习的指导方式定位在‘集体讨论’上，则是受Morton & Gray（2010）对‘课程计划会议’（lesson planning conferences，LPCs）研究的影响。根据两位学者的研究，LPCs提供了充分的机会，使学生教师（相当于我们说的‘学生’）能够表达与个人实践知识有关的意义，并借此发展自己的实践知识。不仅如此，在参与LPCs的过程中，学生教师还可以从教学实践的角度再次接触到一些理论概念，有机会把自己的默示知识具体化并用之于教学实践中（马秀丽，2011）。”（刘颂浩，2013：73）在被培训者进行的“课程计划会议”中，被培训者可以通过讨论分享每个人对教学的认识和思考，以此深化对教学的认识，积累更多的教学经验。

有国外的学者介绍了在讨论式的教学方式中教师可以采用的一些好方法。“教学效果好的教师往往让学生参加讨论。当他们确实要讲解时，他们把讲解与利用幻灯或向学生展示图、地图或其他可视教具结合起来。他们往往提问引发学生讨论而不是背诵，并常常让学生互相评论彼此的观点。学生常常以两人一组或小组的形式活动，而教师来回走动，并参与讨论。他们常常要求学生以积极的学习者的身份扮演角色或在课堂上讲解。这些教师坚持让学生参与活动，帮助他们理解和要求他们运用正在学习的知识。”（Good & Brophy，2002：555-556）教师的辅助和指导是十分重要的，在学生讨论的过程中仍然可以并且需要发挥其重要的作用。

在学生讨论的过程中，教师并非只是一个旁观者，教师也可以参与学生的讨论。“教师应当常进行讨论，但事实上大多数教师并非如此。讨论要求教师转换角色，从信息的提供者和权威转换为设定讨论主题，促使学生参与，必要时加以控制的引导者，除自己提问外，教师可以鼓励学生提问或解释他们自己的观点，也可以只保持沉默，等待学生主动讨论等。”（Good & Brophy，2002：507）当然，教师参与学生的讨论是为了引发、激励和促进学生们更好地开展讨论。

讨论的方式可以多样化，并且可以相互结合起来。有学者就提出，“教师课堂讲授与师生、生生课堂及课外的讨论相结合。对于有关专题或一些小问题，我们经常采取课堂讨论或课后讨论、课堂报告讨论结果的方式，引导学生在阅读和思考的基础上通过相互的讨论加深对问题理解的深度与广度。讨论方式不仅能活跃课堂气氛，更能激发学生思考。”（朱瑞平，2008：183）特别是针对汉语国际教育专业硕士这样的高层次教学人才的培养，更需要通过讨论激发和引导他们养成深入思考的习惯。

讨论式教学方式的具体操作方法是可以根据具体的讨论主题和其他情况灵活运用的。“课堂讨论是贯穿于整个教学过程之中的，比较灵活多样，既有全班范围的集体讨论，也有小组内部的讨论。讨论可穿插在讲授中间，根据需要随时展开，时间或长或短，由教师根据课堂情况灵活掌握。鼓励学生用英语参与讨论和发言，但并不强制，当学生有精辟的观点却无法用英语准确表达时，也允许他们使用母语。因为，这毕竟不是纯粹的语言课，语言形式也只是为内容服务的。”（李娜，2012：89）

4.2.3 讨论式教学方式的不同开展方法

讨论式的教学方式可以在全班的范围展开。“全班讨论适用于难度较低，参与性较高的题目，一般是就教材内容而引起的讨论。当一个讨论任务被提出时，由于是根据教材而提出的讨论，难度较低，大多数学生都可以发表自己的看法。全班讨论能激发学生的学习热情，活跃课堂气氛。”（李柏令主编，2010：171）全班的讨论要有自己的特点，教师在讨论内容的难度和学生参与度方面都要有所设计。

另外，还可以进行小组讨论，小组讨论的内容难度与全班讨论有所不同。“小组讨论适用于一些难度相对较大，不能简单表达清楚的话题。小组讨论有助于促使口语不好或成绩较差的学生发表见解，当把学生分为几个小组后，即使是口语不好的学生也敢于和身边的同学小声地说出自己的想法。而且小组讨论可以延长每个学生参与讨论的时间，使更多的学生获得发言的机会。"（李柏令，2010：171）小组讨论使每个学习者的参与机会大大增加了。虽然引文介绍的是语言教学的情况，但是对于汉语国际教育专业硕士师资培训而言，仍然有着可以借鉴的积极作用。如果在师资培训的过程中逐一试用讨论式教学方式的各种开展方法，可以使被培训者有直观的感受和亲身的体验，他们将来在海外开展汉语教学实习时就可以模仿采用。

在选取讨论的主题时，应当注意使其具有"可讨论性"，这是确保讨论可以顺利开展的基础。"用于讨论的问题应该隐含多种讨论结果。如果讨论的内容不容易使学生产生不同的见解，或者讨论结果较为明显或过于单一，当第一个学生发表意见后，其他同学都会失去发言的兴趣，学生对这样的讨论就会失去积极性。"（李柏令，2010：171）讨论主题的选定，也可以通过发挥学习者的积极性，由他们通过分组或全体讨论来确定。教师可以提供给学习者讨论的参考主题和范围，启发他们，并且帮助他们最终确定讨论的主题。

4.2.4 讨论式教学方式开展的过程中教师的作用

在应用讨论式教学方式进行汉语国际教育师资培训的开始阶段，教师要注意防止冷场的情况出现。"讨论开始时，有时因为对讨论话题不熟悉、学生准备不充分、同学之间比较陌生等各种原因，很可能出现冷场的局面。为避免这种情况，教师在给出讨论题目的同时，可以给学生提供一些与讨论相关的参考词语。讨论开始后，教师也可以就论题发表自己的见解，或请准备充分的学生先发言。这样，学生们在开口前有了一定的准备材料和准备时间，在一定程度上可以缓解紧张情绪，从而保证讨论的顺利进行。"（李柏令，2010：173）通过进行一些准备或"热身性"的活动，可以避免冷场情况的发生。

教师在讨论式教学方式进展的过程中，也不能无所作为，因为可能会出现讨论离题的情况，需教师进行干预和引导。"讨论展开时，可能会出现讨论内容偏离指定的主题，或出现漫无边际的争执的情况。这时，教师一方面要保护学生的讨论热情，一方面要及时地加以干预，但是尽量不要过于强硬地终止他们的讨论，而是要用引导的方式将讨论引回到正题中。”（李柏令，2010：173）教师对讨论离题的干预和引导要采取比较艺术的处理方法。

为了减少对被培训者讨论积极性的打击，教师应当注意多鼓励被培训者参与讨论、积极发言、认真思考、注意倾听，而不能过多地批评被培训者。“讨论的过程中，教师对学生的参与必须采取‘多鼓励，少批评’的方法，要以亲切热情的态度对参与讨论的学生给予各种方式的鼓励，使学生真实地表达自己的想法。学生所表达的观点，除非是原则问题，一般都应该让学生畅所欲言，并让他们知道，他们每个人的观点都受到重视，特别是对于那些基础较差、回答不出问题或担心自己的见解不够成熟而不敢开口的学生每件事更应多予鼓励。对学生不断鼓励会使他们克服畏惧心理，增强自信心，更加积极地参与到课堂教学中来。”（李柏令，2010：172–173）被培训者在教师的鼓励下建立起了在讨论活动中的自信心，才能够保证讨论式教学方式的顺利开展。

在被培训者讨论进行的过程中，教师还要注意平衡被培训者的发言情况，避免出现不同被培训者的发言畸多畸少的情况。“讨论过程中，有时我们会发现，某些基础好的学生控制时间太多，而其他同学没有发言的机会。在这种情况下，教师可以适当的介入，在了解学生情况的基础上，教师可以适当地运用点将法，指定某些同学来发言、讨论，从而增加他们参与交际的机会。而对那些表现欲望很强的学生，教师要先肯定他们的长处，然后建议把课堂的时间留给更多的同学，课后再跟他们详细讨论。”（李柏令，2010：173）教师在处理此问题时要十分慎重地采用不同的、有针对性的策略，避免打击被培训者的积极性。

教师在被培训者的讨论结束之后进行总结也是十分重要的，这种总结有着多方面的作用。有学者就指出，“不管是分组讨论还是集体讨论，在整个讨论结束后，教师都应该有几分钟的总结和评论。此时教师一方面引导学生回顾讨论过程，对讨论中的众多观点加以归纳，指出该次讨论的成功之处，肯定和表扬有一定创见的发言者；另一方面也要总结讨论的不足之处，如频繁出现的词汇、语法错误等，并就所出现的问题提出一些解决方法和建议，让学生能够从讨论中有较大的收获。”（李柏令，2010：173）教师的这种总结，无论是针对被培训者的优点还是针对不足之处，都对提升他们的认识有很大的促进作用。

4.3 通过案例教学的方式培养汉语国际教育师资

4.3.1 案例教学的界定和特点

4.3.1.1 案例教学的界定

有学者提出了案例的定义，“所谓案例（case），是指以故事描述的手法，刻画真实人物在复杂的真实情境中所面临的困境及必须采取的行动或决定[1]。案例是对真实事件的描写，其中所包括的内容，能引起大家思考和争论的兴趣。”（钟志贤，2006：234）该学者对于案例还说：“但大多数理解把案例定义为故事、事件、记录或实践的描述。这些描述既不是虚构的情境，也不是抽象概括的理论的陈述。所有的案例都是对某一个故事或事件的描述，并不是所有的故事和事件都可以成为案例。因此教育中的案例，都应是真实的实践或事件的描述。同时，这些事件包含一个或多个教学问题，也可能包含问题的解决办法。”（钟志贤，2006：234）

对于案例教学，有学者也提出了详细的定义。“案例教学是一种利用案例为教学工具的教育/教学方法，也是理论与实践之间的桥梁，即教师利用案例作为讲课的题材，以案例教材的具体事实与经验作为讨论的依据，由师生的互动来探讨案例事件的行为与缘由，发掘潜在性的问题，讨论过程中强调学生的主动积极参与学习过程，教学者仅扮演引导者的角色，引导学习者去探讨案例中复杂深层的意义即争议性的问题，协助学习者进行问题回答、倾听、响应挑战、鼓励学生发言、问题解决的引导、假设状况，最后并能归纳与总结，教师扮演多重角色[2]。”（钟志贤，2006：236）可以看出，案例教学

---

❶ 邹育理：《从美国的法律教育谈案例教学法》，载《现代法学》，2000（4）。——原注

❷ 郑金洲：《案例教学指南》，12页，上海，华东师大出版社，2000。——原注

与实践有着紧密的联系，在案例教学中要发挥学习者的作用，要通过讨论等方式来进行。

4.3.1.2 案例教学的特点

有学者指出了案例教学的特点，“案例教学不仅是一种教学方法，也是一种自我学习的方法。案例教学是教师与学生互动的教学过程。教师通过案例教学，有利于提高学生的学习兴趣和教学效果，有利于师生学会自主学习，提高分析问题和解决问题的能力。”（钟志贤，2006：236）我们认为，案例教学主要强化的是学生的参与，教师在案例教学中并不起主导的作用，对于案例的讨论主要也要在学生之间展开，因为自主学习的能力主要应针对学生来进行培养。

在师资培训中所可以应用的案例也有自己的特点。有学者就指出，“在师范教育中，案例的基本要素包括：丰富的情境描述、反映真实事件的故事情节（包含两难的情境、待解决的问题、危机的处理），以及足够的相关信息以供学生思考及讨论。”（钟志贤，2006：234）

有学者还提出了好的教学案例的标准。“好的或优秀的教学案例必须反映真实教育/教学情境。一方面让学生加深对原理和概念的理解，另一方面促使学生思考解决其中存在的问题。”（钟志贤，2006：240）并且还提出了好的或优秀的案例必须具备的一些具体的特点，如故事性、有趣性、时间性、真实性和问题性等。（钟志贤，2006：240-241）

教学案例的形式是多种多样的，有学者指出，“教学案例可以是书面形式的案例，口头布置的作业，也可以是录音、录像或影片片段、多媒体案例，等等。”（钟志贤，2006：247）

同样，教学案例的来源也是多种多样的。“教学案例可以来源于案例学习的课本、教师自己编写的案例、学生（在职教师）所提供的案例，或者在网上搜集相关的案例。如果没有现成可用的案例，可对案例素材进行加工整理，编写成以第一人称撰写亲身经历的个案报告；或是以系统化的资料搜集所获得的资料，经过分析整理后，以第三人称撰写的个案研究。”（钟志贤，2006：247-248）

4.3.2 案例教学对于汉语国际教育师资培训的作用

在汉语国际教育专业硕士的师资培训中采用案例教学的方式，已经得到了学者们的肯定。有学者就指出，“在已有的课程中，采用理论介绍、案例教学、互动训练的教学方法都存在，目前有一种向案例教学靠拢的转变，应该说这是一种好的趋势，因为这是一种最普及的跨文化交际训练方式之一，使学生能在针对某一种情况的讨论中学到解决实际问题的技巧，符合应用性原则，与汉语国际教育硕士的培养目标是相一致的。”（王学松，2011：132）案例教学注重应用性的特点，与汉语国际教育专业硕士的培养目标是相契合的。

有学者也肯定了案例教学的良好作用。“一般来说，案例是指对现实生活中某个事件的真实记录和客观的叙述。汉语国际教育的教学案例应是教学中、交际中的真实问题。采用这种教学法的主要优点是团队学习、讨论、互动、开发潜能、分享经验和解决问题。它是学习与实践相结合的一种方法。它的目的是提高学生分析问题与解决问题的能力。”（王若江，2011：42）

“国际汉语教育中，汉语教师应用案例分析是为了更有针对性地解决问题，但是从现有的汉语教学案例来看，相当一部分案例是课堂教学过程的描述，而不是对一个问题的解决方式的呈现，这种案例很少能说明隐性知识在决策过程中的作用，也就是说，现在出现的相当一部分汉语教学案例并没有展示教学过程中的全部实际情况。虚拟现场从某种意义上来说带有课程排练的性质。为使汉语教学的情景能全程呈现，以往人们较多采用微课、课堂实录等技术手段，但是这样的手段缺乏真实教学环境的互动，它的单向传播，是不能体现教学的丰富性、生成性和多变性的，所以有学者认为这只是一种‘说课’而已。”（张建民，2013：287）

被培训的汉语国际教育师资在案例教学中，不仅是要领会教学策略和学习教学方法，还要借鉴他人的经验用于自己的亲身教学实践，在实践中进一步选择、体验、运用这些教学策略和方法。尽管在实际的教学案例中能够采用的可能是很少的部分，亲自能够涉及的也很少，但在准备阶段和讨论阶段吸收、观摩、评价他人的教学策略和方法时，所接触和获得的则广泛得多。

4.3.3 案例教学在汉语国际教育师资培训中的实施

有学者论及了案例教学的进行过程。"案例教学过程是教师、学生和案例情境三者之间的互动过程，主要涉及教师的教学与学生的学习两大方面。三者在教学活动中都扮演着重要的角色，教师是教学活动的引导者和协助者，而学生是主动者和主导者，案例是教学/学习的情境。"（钟志贤，2006：239）在案例教学实施的过程中，显然学生是起着主导性的作用，所以教师并不应当在案例教学中扮演重要的角色，而是应当扮演次要的辅助者的角色。因而该学者也认为："案例教学的课堂完全体现了以学生为主体的教学思想。在教师的引导下，全班学生对案例进行讨论，只有学生积极的投入，学生有效的参与，在听说想三个方面进行努力，才能取得良好的效果。"（钟志贤，2006：23-44）

当然，教师并不是无所作为，教师为案例教学的顺利开展要做的工作有很多。

教师在案例讨论中要发挥重要的作用，有学者提出教师要对讨论进行有技巧的引导。"教师引导讨论的能力是技巧性很强的艺术。Lang（1986）将引导讨论的技巧分为11种类型：激活讨论、获得信息、澄清观点、确认观点、转移注意力到相关的论点、强化辩论、解决争议、改变讨论方向、提出假设的建议、激发抽象思考、结论[1]。"（钟志贤，2006：241）这些既是引导技巧，也可以看作是教师在引导案例讨论的过程中所要做的工作。

在案例教学的过程中要注意发挥好教师和学生两方面的积极性。有学者就认为，"事实上，成功的案例教学是教师和学生所共享，让学生和教师个人的权力和控制权获得满足，教师必须在学生主导与教师控制之间取得平衡。再者，实施案例教学法时，教师会面临时间紧迫的问题，由于讨论时间的限制，教师必须把握分析、综合、理解和建立结论的教学时机。"（钟志贤，2006：241）

在案例的收集方面教师也要做相当多的工作。"案例不是信手拈来的，需要特别编写。案例要典型，要简洁，要提出有难度的问题，而问题又应该

---

❶ 王千任：《案例教学法》，http://www.nknu.edu.tw/ ~ edu/item/10/14/2002.——原注

和一定的理论相关，还要有足够的供学生阅读的材料。案例不需要老师分析，而是引导学生进行讨论，发表观点、解决问题。”（王若江，2011：42）指导教师在如何丰富、把握案例内容方面要发挥重要的作用。

案例的收集与分析也可以由汉语国际教育专业硕士研究生来完成，由他们来探寻案例对象、自行开发案例。这样做，就会有较多的案例来源，特别是在海外进行汉语国际教育的案例，他们可以从师兄师姐或者同学那里寻找，这样也锻炼了研究生自己行动的能力。

对于案例教学的开展方式，我们认为可以建立“案例+活动”的开展方式，把对案例的分析与各种实践性的活动结合起来。有学者就认为在案例教学中运用小组合作学习的方式对案例教学的开展有积极的促进作用。“有效的小组学习，发挥团队合作的优势，对学生理解案例、意义建构起积极的促进作用。”（钟志贤，2006：241）

4.3.4 在案例教学中要避免出现的一些问题

在案例教学中调动学习者的积极性是十分重要的，否则案例教学就难以实施。“案例教学法需要学生主动积极的参与和反思，必须付出相当的努力，具备坚毅的学习态度及自我调整的技能。因此，如果学生缺乏一定的学习技巧和学习态度，案例教学法就难以发挥预期的效果。”（钟志贤，2006：242）

案例教学的内容也要注意避免肤浅和游离于教学目标的情况发生。“案例教学中常常会出现局限于交际日常生活中琐屑事情，如一些语言、风俗差异等方面的表象问题。而跨文化理论告诉我们，‘在语言、习俗等方面适应另一种文化并不是最困难的，真正的困难在于价值观念方面的分歧’（胡文仲，1999：197）。”（王学松，2011：132）

在案例教学实施的过程中，由于要进行一些问题解决的任务，所以容易导致学习者产生心理压力。“‘案例教学法’强调问题解决，在解决问题过程中会经历不确定和没有‘标准答案’的学习经验，会令其感到畏惧及焦虑，无法将案例与教材内容结合。案例的不确定性与没有标准答案的特点，会对学生产生负面的压力，导致学生学习上的反弹。”（钟志贤，2006：

242）但是教师在这种情况下可以发挥其积极的引导作用，这样做就会解决学生的训练问题，最后带来的结果就会是，“学生注重学习的过程，即便无法获得‘正确’的答案，以不放弃的心，持续努力，最后能享受到案例教学的乐趣。”（钟志贤，2006：242）当然，这种结果还是一种较低的目标，案例教学可以给学习者带来更多的收获，只要教师能够充分发挥好其作用。

4.4 以问题为基础的汉语国际教育师资培养方式

4.4.1 培养汉语国际教育师资解决问题能力的重要性

4.4.1.1 解决问题能力的界定

解决问题也有学者称之为“问题求解”。“所谓问题求解（problem solving），是指人们为处理问题情境而产生的一系列认知加工活动。问题求解，也叫解决问题或问题解决，泛指有机体获得对问题情境的适当反应的过程。在加涅的学习分类中，指人类学习的最高形式。其中原有的知识经验和当前的问题情境的组成部分必须重新改组、转换，其结果是获得新的规则。”（钟志贤，2006：146）还有国外的学者提出了他们的定义，“Jonassen（2000）认为，所谓问题求解，是指任何目标导向的认知操作程序。问题求解是一个认知过程，是指问题求解者在没有现成方法的情况下，寻找可行的解决方法，从而达到既定目标或预期结果的有效过程。”（钟志贤，2006：146）我国学者也从认知心理的角度提出对解决问题能力的看法：“现代信息加工心理学认为，问题解决是一种以目标定向的搜索问题空间（problem space）的认知过程。其中，原有的知识经验和当前问题的组成成分必须经过重新改组、转换或联合，才能达到既定的目标。”（程可拉，2006：113）

对于解决问题的能力，也有学者已经提出了一些看法。“学生解决问题的能力，也就是学生呈现、修改和完善问题解决方案的能力，这成为教学目标之所在。将问题设为学习的中心强调的是学生的‘做’，而非掌握一些零碎的知识或技能。”（Norton & Wiburg，2002：126）还有学者认为：“问题求解能力取决于三个方面[1]：（1）认识和把握问题的本质：结构性（良构性/劣构性）；复杂度；抽象性/情境性（领域特征）；（2）问题求解者对问题的表征：情境（社会的、历史的、文化的）；暗示/线索；形态、形式/特征；（3）问题求解者的个体差异性：领域知识（熟悉度、困惑性、经验）；结构性知识；程序性知识；系统性/概念性知识；领域特定的推理能力；认知风格；一般问题求解策略；自信度；动机/坚韧性。”（钟志贤，2006：149）可以看出，解决问题能力所涉及的方面是比较广泛的。

4.4.1.2 解决问题能力在汉语国际教育专业硕士培养中的作用

解决问题的能力在学习者的学习过程中有着十分重要的作用。通过开展基于问题的学习，可以使学习者在今后的现实生活中解决他们遇到的真实问题。“像其他的合作技术一样，基于问题学习中的学生在一个群体里学习，就像基于目标的方案一样，这些其他的工作是为了解决‘真实’的问题。但与其他方法不同的是，学习者可以寻找各种资源、技术及其他方法来帮助他们找到可能的解决方法。”（德里斯科尔，2008：340）以问题为基础开展学习活动，可以提高学习者的解决问题的能力。“基于问题的学习的重点在于提供解决问题的过程，学生可将其系统地用来识别问题的性质，分派要完成的任务，随着资料与资源的收集与咨询而对问题进行推理，找到解决问题的办法然后评价解法的充分性。一旦问题有了结论，学生还要对自己的推理、对其资源收集策略、对其社交技能等进行反思。”（德里斯科尔，2008：341）

在汉语国际教育专业硕士的师资培训中采用以问题解决为导向的培养方式，目的是培养他们在教学实践中解决教学实际问题的能力，教学内容不再是以系统的专业知识的学习为主，那是大学阶段要解决的问题。如果这样做有可能会降低研究生的培养水平，教学知识的提高也不应在骨干的教学能力培养课程中解决。

以解决问题能力培养为主的汉语国际教育专业硕士研究生教学，要在教学方式上变革才能贯彻落实“培养方案”中提及的“高水平的、独立的解决问题

[1] Jonassen, D. (2000), Toward a Design Theory of Problem Solving, ETR & D, 48(4), p. 66.——原注

的能力”。解决问题教学能力的培养是在解决了他们急需培养的基本教学能力，解决了有无的问题之后的进一步深化、发展，在有一定的专业基础的前提下的培养，应当可以认为是提高所培养的研究生的核心竞争力（胜任力）。

这种以问题为基础的教学方式，可以复制到被培训者自己的教学之中。有学者就指出，“教师设置的问题真实性水平越高，问题与真实生活的联系就越紧密。学习者的反应就会越积极主动。‘我们勇敢面对一个挑战的环境’（Stepien，1997）。”（Norton & Wiburg，2002：127）通过任务型教学方式可以使被培训者获得利用问题解决开展教学的能力，对提高他们的教学水平是十分有益的。

实际上，也可以认为这种基于问题解决的教学方式就是“基于问题的教学模式”。对于后者有学者认为，“所谓基于问题的教学模式是指基于问题的学习（problem based learning，PBL）模式。它是把教学/学习置于复杂的、有意义的问题情境中，通过让学生以小组合作的形式共同解决复杂的、实际的（realworld）或真实的（authentic）问题，来学习隐含于问题背后的科学知识，发展解决问题能力的一种教学/学习模式。”（钟志贤，2006：149）

以问题为基础的教学方式在培养学习者的合作能力方面可以发挥重要的作用。“在基于问题式学习中，学习有个清楚的目标。在公共的相互合作学习中，过程中的错误会得到及时的识别和澄清。基于问题式学习使得学生可以控制学习新内容的过程，以及他们呈现自己学习结果的方式（Glaser，1986）。”（Norton & Wiburg，2002：129）

4.4.2 以问题为基础的师资培训教学方式的实施

4.4.2.1 以问题为基础的师资培训教学方式的实施步骤

有国外学者研究了问题解决的过程，将这一的过程分为了六个步骤。“问题求解的过程一般包括六大步骤（Jonassen，2002）[1]：（1）定义问题；（2）问题的解决方案；（3）确定目标，建立可行性备选方案的评价标准；（4）确定行动过程；（5）执行计划，确定行动计划的有效性；（6）确定探究

---

[1] 钟志贤等译：《面向问题求解的设计理论（上）》，载《远程教育杂志》，2004（6）。——原注

的结果是否符合解决方案的标准。”（钟志贤，2006：148）

还有国外学者把解决问题的学习步骤分为四步，并详细进行了介绍。这四个步骤及其详细的内容是，“以问题为中心的学习设计的第一步就是要帮助学生认识和理解问题。就是不仅要能够提出可以激发学生学习动机的问题，让学生认识到问题与他们自身的关联性，而且还要把学生的注意力引向他们不知道但却是值得花时间和精力要解决的问题。教师在此过程中还要能够自如地运用技术。”（Norton & Wiburg，2002：129）“以问题为中心的学习设计的第二步是要为学生提供精心策划的有创造性的学习过程，其中包括学生解决问题需要的知识内容和技能。技术也被整合在此过程中，录像、百科全书、数据库和因特网都是信息资料的来源。计算机模拟和多媒体或超媒体都成为学生建构知识结构时的互动方式。”（Norton & Wiburg，2002：129）“以问题为中心的学习设计的第三步是为学生提供足够的时间和资源，使学生把他们的理解整合为一个有机连贯的总体。在这一阶段，教师需要充当同伴专家的角色，帮助学生准备展示问题解决方案所需要的材料，教师在此成为具有洞察力的专家同事，而非知识的把持者。”（Norton & Wiburg，2002：130）“以问题为中心的学习设计的第四步是设计活动，用来促进学生分享各自努力结果的能力。在这个阶段，教师所设计的活动要能使学生获得对他们解决方案的各种反馈，看到问题解决的其他方案，遇到能够促使他们修改并完善他们方案的新信息。”（Norton & Wiburg，2002：130）

4.4.2.2 以问题为基础的教学方式与其他教学方式的结合

解决问题的教学方式也可以运用于其他的教学方式之中。例如，在抛锚式教学方式中就可以运用解决问题的教学方式。“实现抛锚式教学的方式之一就是运用基于问题或以问题为中心的学习。”（Norton & Wiburg，2002：126）

以问题为基础的教学方式也可以运用于小组合作学习的教学方式中。“良好的基于问题式学习具有一定的规模和复杂性，使得小组学习成为一种可能和必要。如果教师向全班提出一个问题，那么合作小组就要对问题的不同方面进行探究。另一方面，学生也要能够加入到竞争性小组中，集体攻关提出解决问题的方案，最终赢得班上评定问题解决方案的专家的投票。”（Norton & Wiburg，2002：128–129）

4.4.2.3 以问题为基础的教学方式培训师资的作用

教师在以问题为基础的教学中起着重要的作用。“教师要引导学生逐步走过PBL的各个环节，监视小组活动，以确保所有的学生都参与到活动中，要鼓励学生外化他们的思维过程，并鼓励他们相互评论。教师要起到示范专家思维过程的支架（scaffolding）作用和教练（coach）作用。”（钟志贤，2006：168）培训者在教学的过程中，起着帮助被培训者解决问题的辅助和引导作用，通过被培训者自己来解决问题并加以判断，他们的评价能力也得到了提高。

教师在以问题为基础的教学方式中，首先要具备建立问题情境的能力。有学者就指出，“问题情境是课程的组织核心。当学生处于可以从多种角度看待事物的问题情境时，问题是学生学习的最初动机和挑战。它没有明确的结构，没有简单、固定和唯一的正确答案，却能吸引并维持学生的兴趣，激起学生探索/寻求解决方法的欲望。”（钟志贤，2006：150）教师在学生解决问题的过程中要发挥其重要的作用。“教师是学生解决问题过程中的工作伙伴，对问题求解表现出浓厚兴趣和满腔热情；是学生解决问题过程中的指导者，积极创造一种开放性的探究学习环境。”（钟志贤，2006：150）

在进行以问题为基础的教学设计中，对问题的设计是十分关键的，因为“问题是挑战性、真实性、困惑性的学习任务，是一种特定的学习任务，是高阶思维能力教学的抓手或着力点。”（钟志贤，2006：158）有学者认为：“所谓问题设计，是指围绕学科基本概念而进行的学习任务设计，它通常是通过问题的形式来重新组织课程内容，给学习者创设一种真实的、复杂的、基于挑战性和吸引力的学习任务。”（钟志贤，2006：158）可见，具备问题设计的能力对于开展以问题为基础的教学而言是核心能力，因此我们在培养汉语国际教育专业硕士师资时，对此应当加以重视。

4.5 以项目学习为基础的汉语国际教育师资培养方式

4.5.1 以项目学习为基础的教学方式的界定

4.5.1.1 以项目学习为基础的教学方式的定义

在利用任务型教学方式进行汉语教学和师资培训时，对任务的理解应当有开阔的思路，不应局限于通常我们容易见到的任务，实际上任务的形式是十分多样化的，有许多衍化形式和关联形式，如项目就是这样的一种另外形式的任务，有学者提出了项目的定义。“项目（project）就是以制作作品，并将作品推销给客户为目的，借助多种资源，并需在一定时间内解决多个相互关联问题的学习任务。”（钟志贤，2006：108）从这个定义，我们很容易就可以看出项目与任务之间的关联。

有学者提出的“基于项目的教学模式”实际上与我们这里提出的“以项目学习为基础的教学方式”实质上是一样的，只是名称有所不同。对于“基于项目的教学模式”有学者进行了这样的界定：“基于项目的教学模式是指基于项目的学习（project based learning，PBL）模式。它是以学习/研究某种或多种学科的概念和原理为中心，以制作作品并将作品推销给客户为目的，在真实世界中借助多种资源开展探究活动，并在一定时间内解决一系列相互关联问题的一种教学/学习模式。”（钟志贤，2006：108）

4.5.1.2 以项目学习为基础的教学方式的内容和学习结果

有学者认为项目学习的内容是这样的：“PBL模式的主要学习内容是在现实生活和真实情境中表现出来的各种复杂的、非预测性的、多学科知识交叉的问题。这种内容的定位体现了当今教育教学改革发展的价值指向，因为它使得师生集中精力，对学科知识的核心概念和观点进行深度学习/研究。”（钟志贤，2006：108）可以看出，项目学习的教学方式对于培训汉语国际教育师资具有适用性。

以项目学习为基础的教学方式可以获得丰富的学习成果。有学者就认为，“PBL模式强调促进学生之间的合作学习，同时也支持学生的个别化学习。PBL模式中的情境作用定位主要表现在：（1）促进个人与个人之间以及

个人与社会团体之间的合作；(3) 鼓励学生使用并掌握技术工具。"（钟志贤，2006：109）

4.5.2 以项目学习为基础的教学方式在师资培训中的应用

在汉语国际教育师资培训的过程中，可以以专题教学研究项目的方式开展培训（包括理论与实践）活动。许多教学实习实际上就是项目，只是有大小之分，其性质是一样的。其实，任何教学活动、教学环节都可以看作是教学项目，只是大小不同。

在开展以项目学习为基础的教学方式时，可以按照分专题、按项目、领任务，然后进行被培训者的自主学习或合作学习。在完成项目学习的过程中被培训者的自我主体学习地位得到了保障，教师的教学在其中只是起辅助的作用。有学者提出了项目学习六个步骤的实施办法。"PBL模式强调的是以学生为中心，强调小组合作学习，要求学生对现实生活中的真实性问题进行探究。通常，其流程/操作程序分为选定项目、制定计划、活动探究、作品制作、成功交流和活动评价六个步骤……"（钟志贤，2006：109）可以看出，其实这些步骤都可以由学生主导来完成，教师只是进行辅助作用，但是教师的把关也是非常重要的。

项目的选定在项目学习的实施中是基础，并且是非常重要的前提。项目不是项目学习简单化的基础，而是非常重要的基础。但是，这一工作可以由学生来完成，教师进行指导和监督。有学者就建议，"项目的选择由学生来进行很重要，教师在此过程中仅作为指导者，也就是说教师不能把某个项目强加给学生，教师所起的作用是对学生选定的主题进行评价，即选定的主题是否具有研究价值？以及学生是否有能力对该项目进行研究？根据评价的情况，如果有必要的话，可对学生选定的项目进行适当的调整或建议学生对项目进行重新选择。"（钟志贤，2006：110）

项目完成之后的成果交流实际上也是项目学习的重要组成部分。有学者建议，"学生作品制作出来之后，各个学习小组要相互进行交流，交流学习过程中的经验和体会，并且分享作品制作的成功和喜悦。成果交流的形式可

以多种多样，如展览会、报告会、辩论会、小型比赛等。”（钟志贤，2006：111）

至于项目学习的内容，可以将教学中的一些难点问题列为项目供被培训者进行选择，结合教学案例的示范，帮助他们进行探究，寻求答案从而完成项目学习。

对于海外汉语教学的特点也可以进行分专题的研究和项目学习，在此过程中被培训者可以合作、交流、共享成果，以便他们未来的教学实习能够顺利开展。

分析教学录像也可以列为学习项目，集体备课也是项目学习的良好契机，通过集体备课、轮流试讲、写出报告的过程，可以提高被培训者的教学准备能力（包括备课、写教案等）。

备课项目学习的开展方式，可以先由被培训者集体合力备同一门课程，集思广益，再分别备不同的课程，在备课小组的组内进行互助，组间开展竞争。以教师的评价引领，并且最终导向由被培训者进行评价，锻炼他们的评价能力（自我评价、评价他人）。评价能力也是教学能力极为重要的一个方面。

另外，汉语国际教育专业硕士研究生的学习过程中目前仍然是要完成毕业论文的，可以结合他们的毕业论文的研究和写作，利用项目学习中的教学报告（也可以是备课教案，或其他项目学习的报告），结合他们的教学实习发展成为实习报告，最终形成完成毕业论文的基础，这样就成为了“一条龙”的报告和论文的完成体系，也可以提高汉语国际教育专业硕士的培养质量。

被培训者掌握了以项目学习为基础的教学方式，就可以应用于他们的教学中，用他们在项目学习中获得的体验和经验去引导他们的学生去探究项目，获得学习的收获。项目不但十分多样，而且可以是无限广阔的，因为这世界是无限宽广的，有充分的空间去发展、开拓，因此以项目学习为基础的教学方式在师资培训中具有重要的价值。

各种教学方式实际上互有关联，可以根据教学的需要灵活组合，综合运用。因此，我们可以把项目学习为基础的教学方式与其他的教学方式组合、融合，更好地获得教学的成果。这样，任务型教学方式就可以形成一种开放式、框架式的教学方式，可以在其中进行多种方式的学习，如探究式的学习、合作式的学习等。这对丰富我们的师资培训和丰富被培训者的教学方式都有着不可估量的积极作用。

第五章

通过任务型教学方式培养汉语国际教育师资的能力

汉语教师教学能力的发展具有一种全面发展的特性，所以有学者提出了一种“三兼”的主张：“所谓‘三兼’，即汉语与文化兼通、国内与国外兼顾、理论与实践兼修。”（杨晓黎，2014：195）语言教学所涉及的方面也是非常多的，对教学者的培训不能面面俱到，培训课程要直指他们最迫切的需求。培训课程必然要有所侧重，要考虑到培训课程中各方面所占的比重，所具有的不同的重要性。教学所具有的综合性的特点，涉及面很广，因此不要求培训课程的专深，在时间有限的情况下，要有所选择。知识固然重要，但教学能力的培训不够面面俱到，知识基础的建立不是在硕士研究生阶段，专业知识的基础也应该建立在大学本科生学习阶段，有缺陷的就应该自己去补，专业硕士研究生学习阶段的主要任务是建构专业能力。

可是，能力的培养历来都是一个难题，对汉语国际教育专业硕士的培养也不例外。有学者就提出，“汉语国际教育专业的培养目标目前已经达到共识，是以培养能力为主，不论是三项能力（语言教学能力、跨文化交际能力、项目管理能力❶；汉语教学能力、中华文化传播能力和跨文化交际能力❷），还是更为细化的多项能力。但是，如何进行能力培养，一直是个老大难问题。”（司红霞，2012：300）

---

❶ 2010年12月15日华东师范大学汉语国际教育研讨会上张建民教授报告《汉语国际教育专业的培养目标和方法》——原注

❷ 《全日制汉语国际教育硕士专业学位研究生指导性培养方案》。——原注

教学能力的培养，既要有理论，更要通过实践，但此实践不是盲目地让被培训者自己去摸索，这样效率太低，而是要有指导、有计划、有组织、系统安排地进行。教学实习是一项很大的富有挑战性的任务，是真正的教学实践。可以通过集体备课（小组活动完成）、课程主任指导、有组织地观摩、互相听课、讨论等一系列的多重实习环节，来保证实习性教学任务的完成。对此，有学者指出，“如何培养‘能力’，这也是个老大难的问题。我们认为，‘能力’不是日常的课堂教学所能培养出来的，它需要长时间地潜移默化，也需要一次次地自己动手去解决难题的磨练。我们设想，如果我们的教学也像运动员的训练那样，给学员准备出‘模拟现场’，收到的成效也许会更大一些。”（陈绂，2011：19）

在汉语国际教育专业硕士的培养中，教学胜任力的培养是最主要的。有学者区分了“能力”和“胜任力”这两个概念。“有必要区分‘能力（ability）’与‘胜任力（competency）’……‘competency’针对的是职业工作绩效，主要用完成任务本身的绩效来判断工作成就。影响工作绩效的因素除了能力外，还有各种环境条件和不可测的事件，所以能力是胜任力的先决条件，胜任力更复杂，更强调个体的潜在特征。（徐建平，2004）”（王宏丽，2008：53）我们认为，能力所涉及的范围更为广泛，而且在汉语国际教育专业硕士的师资培训工作中，胜任力与能力培养其实是一致的。

与能力的培养有着紧密联系的是，知识的重要性也不应否认。“学习汉语本体知识的目的在于掌握一些汉语本体知识，以便具有一定的解释汉语中的问题的能力，在教学中能‘以其昭昭，使人昭昭’。作为教师，如对汉语最基本的知识不了解，那只可能是‘以其昏昏，使人昭昭’，达不到教学目的。”（丁崇明，2011：146）

5.1 通过任务型教学方式培养师资的教学实践能力

有学者提出教学能力的形成和教学技能的培训都要经过大量的教学实践才可以完成。“汉语教学能力的形成，更要靠大量的至少是足够量的教学技能训练才能真正得以形成。各种相关知识的掌握只是教学能力形成的必要条件而不是唯一的条件。教学技能训练，如课堂教学演示、教学观摩、教学实习、教学案例分析和讨论、课堂教学观察与评估等实际教学技能训练，对教学能力的形成更为至关重要。真正的教学能力是在大量的教学实践中逐步形成的。”（李泉，2011b：66）有学者也强调了教学实践在能力培养中的重要性，“教学能力是知识和技能的综合体现。在人类接受教育的过程中，知识可以通过学习获得，而技能却无法在知识学习中自然掌握。技能训练需要特别的方式，这就是实践，实践是连接知识与技能的桥梁。”（林秀琴，2012：203）还有学者同样提出了这样的看法，同时又强调了教学能力培养的计划性。“能力的培养不是开设几门课程所能解决的，这要靠理论和实践的结合以及培养计划的整体设计，也就是说，在整个学习过程中，要有意识地加进去各种能力的培养——如布置一些需要与陌生人进行交往的任务要求学生们独立完成；文化考察的计划确定之后，由学生轮流组织；平时增加一些班级或小组的活动由学生轮流主持……”（陈绂，2008：104）这也就是说，教学实践的能力培养的问题，要通过教学实践的途径来解决，任务型教学方式的实践性特点正符合这样的要求。

5.1.1 汉语国际教育师资实践性知识的培训

5.1.1.1 教师实践性知识的定义和重要性

有学者对“实践性知识”进行了界定。“教师实践性知识（practical knowledge）指教师在教学实践中使用或表现出来的对于教学的认识，它融合了教师个人的观念、价值、技能、策略、情感等因素，包括教师的观念、教师的自我知识、关于学生的知识、情境知识、策略性知识和批判反思知识等6个方面的内容（参见陈向明，2003）。”（江新，张海威，2011：304）教师的实践性知识实际上是与教师的教学能力直接相关的。

教师的实践性知识是与“理论性知识”相对的概念。“陈向明（2003）根据教师知识实际存在方式的不同，把教师知识分为理论性知识与实践性知识，认为‘理论性知识通常可以通过阅读和听讲座获得’，包括‘学科内容、学科教学法、课程、教育学、心理学和一般文化等原理性知识’，实践性知识‘是教师真正信奉的、并在其教育教学实践中实际使用和(或)表现出来的对教育教学的认识’。”（江新，郝丽霞，2010：395）教师的实践性知识是与教学实践直接相关的，但是又与理论性知识密切相关。有学者提出，"教师培训者要认识到，'实践性知识既来自教师自己个人经验的积累、领悟（直接经验），同行之间的交流、合作（间接经验），也来自对"理论性知识"的理解、运用和扩展'（陈向明，2003：107）。"（江新，郝丽霞，2010：402）

在师资培训中可能会出现所培训的内容并不适合教学之所需的情况，这是因为没有重视教师"实践性知识"的培训。"教师培训项目常常向教师灌输较为高级的、最新的教学理念和教学方法，但是却没有考虑到教师实际教学中可能遇到的阻碍和困难，忽略了实际教学环境的培训，使得理论和实际相脱节，教师也许只能提高理论认识，而无法改变教学行为。"（江新，张海威，2011：308）

在教师教学活动开展的过程中"实践性知识"起着重要的作用，所以不能忽视对其的培训。"随着教师教育领域研究的不断深入，研究者开始认识到，教师实践性知识在教师教学活动中起关键作用。它依赖于教师过去的经验，存在于教师当前的教学生活中，并预测着教师未来的教学活动。教师实践性知识是教师专业发展的主要知识基础。"（江新，郝丽霞，2010：394）

5.1.1.2 教师实践性知识的特点

有学者对教师实践性知识的特点进行了归纳总结。"实践性知识具有五个特征（参见杨翠蓉等，2005：1）：情境性，即它在特定的教学环境中产生；2）具体性，即它是具体教学情境的具体回应；3）综合性，即在教学过程中各种知识相互作用，知识不是根据类型而是根据问题来组织的；4）经验性，即它受个体工作、生活经验的影响；5）情感性，即它不是纯客观的，每一位教师实际所拥有的知识都具有价值、情感、审美等特征。"（江新，郝丽霞，2010：395）

教师的实践性知识还具有内隐性的特点。"有些实践性知识属于内隐知识，不能通过语言、文字或符号进行逻辑的说明，只能在行动中展现、被觉察、被意会（参见陈向明。2003）。"（江新，郝丽霞，2010：395）教师的实践性知识并不是显性地存在着，以往的师资培训中往往忽视了对实践性知识的培训。"传统的教师培训课程主要向教师输入外在的教学理论和技能，而教师的内在知识却没有得到应有的关注。有关教师实践性知识的研究提示我们，教师实践性知识在教师教学活动中起关键作用，‘开发教师的实践性知识也许比灌输学科知识、教育理论以及模仿教学技艺更重要’（陈向明，2003：111）。”（江新、郝丽霞，2010：402）可以看出，教师的实践性知识之所以被忽视也是因为它具有内在性的特点。

5.1.1.3 教师对实践性知识的掌握和培训

教师对实践性知识的掌握不同于对其他知识的掌握，因为实践性知识有自己的独特性，因而对其的掌握也有着独特的途径。“实践性知识有些是可言传的，有些是可意识到但无法言传的，有些是无意识的、内隐的。因此，有些实践性知识是不可教的，但并非不可学。对于无法言说的部分需要通过情境来体验和感悟。发展教师实践性知识有两种有效的方式：师傅带徒弟和反思。”（张圆，2008：133）教师教学实践性知识的掌握可以有外在的途径，也可以通过内在的通道，教师对自身内在的实践性知识的开发和掌握是首要的途径。“应当认可、理解教师具有自己独特的实践性知识，‘教师不只是知识生产线终端的被动消费者，他们也是知识的生产者，每时每刻都在生产着自己的实践性知识’（陈向明，2003：111）。”（江新，郝丽霞，2010：402）

对汉语国际教育师资进行的培训也是开展实践性教学知识培训的契机。“在师资培养课堂上，学习活动本身也是一种实践，教师和学生也在经历教学的直接经验。教师在培养师资的教学活动中演绎对教育教学的理解。如果教师教育者的信奉理论和使用理论是分离的，比如，一方面强调以学生为中心的信奉理论，另一方面自己在课堂上体现出的使用理论是一个知识的传授者，学生就会对理论和实践的分离感到疑惑，就会认为理论性知识难于运用，学术理论将会在教学情境中遭到束之高阁的命运。因此，师资培养课堂本身应该成为一个体现教育理念的样板，教师教育者要起到‘表率’作用。”（张圆，2008：133）我们认为，任务型教学方式就是这种可以被被培训的汉语教学师资所模仿的教学方式，可以比较便捷和直接地转化为他们的实践性知识。

如果师资培训者采用任务型教学方式将会带来示范效应，实际上也相当于选取了发展教师实践性教学知识的有效途径之一的"师傅带徒弟"的方式。"师傅带徒弟之所以有效是因为师傅的'工作'情境可以传达无法言说的部分，复杂性、情境性可以从中体现出来。……新手教师和参加实习的学生不能只是模仿'师傅'的方法，最重要的是学习'师傅'即优秀教师的思考方式。"（张圆，2008：134）师资培训者的经验和示范，在汉语国际教育专业硕士师资掌握实践性教学知识的过程中可以起到重要的作用，任务型教学方式提供了展示、交流和深入理解师资培训者实践性教学知识的平台。

要想顺利地开展教师实践性知识的培训，首先就要提高认识，转变观念，对实践性知识在教师发展和教学实践中的重要性有正确的认知和理解。"过去教师的实践性知识没有被用于专业建设是因为没有被认可，'虽然在教育教学活动中被广泛有效地利用，但没有被视为"有价值的知识"'（陈向明，2003），有些教师自己也没有认识到所积累的实践知识的重要性。"（张圆，2008：134）尤其是，师资培训者如果都不能认识到实践性知识在教学中的重要作用，如何能够对被培训者进行有效的培训呢？

实践性教学知识的掌握，也可以通过师资对自我的开发来实现。有学者提出了许多具体的教师自我开发的办法。"应该鼓励教师开发自己的实践性知识：学习质的研究方法等，比如叙事探究、讲述自己的故事、探索自己的生活和成长经历、记录和研究自己的教学案例等；学习进行行动研究，解决教学中的实际问题;学习通过反思日志/合作反思把隐性知识显性化。"（张圆，2008：134）

在汉语国际教育专业硕士师资的培养过程中，通过任务型的教学方式也可以将被培训者的实践性知识开发出来并得以大家分享，取得共同的进步。"实践性知识的研究、开发和利用现有管理体制的支持和观念的改变。需要打破教师的个人主义文化，打破蛋箱学校[1]的方式，建立教师的学习者共同体，需要有开放安全的学术环境。这样教师就不只是讲述自己的封面故事（符合学术环境和体制的故事）（Connelly & Candinin，1999），而是能够敞开

[1] "蛋箱学校(egg crate school)指的是教师被关在不同的教室内，将时间花在独自完成自己的工作和教学上，始终没有机会看到另外一位教师的教学，更不要奢谈分享问题与解决策略。(Lortie, 1975,14)" (张圆, 2008:134)

内心世界，通过反思挖掘个人实践性的宝藏，把实践性知识显性化，便于分享和传承。”（张圆，2008：134–135）

在师资实践性教学知识培训的过程中要注意理论学习与教学实践性知识的学习相结合。“传统的课程教学是以知识传递为主，目前以培养能力为目标，一些课程又转向单纯的操练，结果也有可能使硕士生知其然而不知其所以然，我们认为新的培养模式应该在确定能力目标的基础上把知识、理论和模拟训练结合起来，……”（朱志平，2014：191）由于语言教学的特殊性，对语言教学理论知识的学习往往容易在师资培训的过程中受到忽视，这样就会给被培训者的教学带来极为不利的影响。“在当前的对外汉语课堂教学中我们经常可以看到两种极端。一种是在课上大讲汉语知识，而把语言技能训练放到从属的位置，且全然不顾学生是否理解，以及理解和会说之间的关系；另一种是轻视汉语本体知识，认为只要掌握了语言技能操练的技巧，凭着自己母语的语感便能应付教学，凭着‘中国人习惯这么说’即可搪塞学生。”（张和生，鲁俐，2006）

对于如何处理理论学习与教学实践性知识掌握之间的关系，有学者提出了教学实践与课程学习结合的主张。“教学实践已不同程度地融入学科课程学习当中，通过与课程相关的实践打好将来综合实习的基础，并能够为将来把学科知识自由运用到教学实习中提供有效的迁移途径，最后将各门课程的实践经验综合运用到实际场景的教学实习中，这是另一层综合。”（曹顺庆等，2008：234）实际上，在课程学习的过程中同样可以掌握实践性教学知识，关键是在课程进行中采用什么样的教学方式，任务型教学方式就可以带来大量的接触教学实践性知识的机会。

教师实践性教学知识的掌握最直接的渠道就是教学实践，但是我们也不要对教学实践的理解过于狭窄。有学者认为实践形式是多样化的。“可否考虑把实践教学内容扩大一些，包括教育实习、教育考察、模拟教学、教育调查、课例分析、班级与课堂管理实务等实践形式。实习形式可以采用合作模式，即高年级指导低年级、汉语国际教育专业硕士指导留学生。”（汤亚平，2014：234）

5.1.2 汉语国际教育师资具体教学能力的培训

5.1.2.1 汉语国际教育师资提问能力的培养

虽然在任务型教学方式中提倡由学习者在“做中学”，但是在教学的某些关键环节中，教师的提问仍然十分重要。例如，在最后的学生展示任务完成的成果阶段或聚焦语言形式的阶段，有时需要教师通过提问深化或巩固学生的学习成果。所以，提问能力的培养在运用任务型教学方式培训师资时，仍然是必不可少的。

教学中的提问对于教学活动的顺利实施有着重要的作用。“提问不仅是为了检查学生的理解程度，也是为了激发学生思考内容，并使之与以前所学知识联系起来，然后探究其实际应用。”（Good & Brophy，2002：483）提问的有效性十分重要，至于如何提出有效的问题，有国外的学者提出了看法。“格拉伊赛尔提出，有效问题具有如下特点：①清楚；②有目的；③简短；④自然，适合班级水平；⑤有序；⑥发人深省。”（Good & Brophy，2002：487）这些有效问题的特点可以供汉语国际教育师资在教学时参考。

不同类型的问题适合培训学习者不同的技能，因此提问要有针对性并且区分对象和问题类型。“某些类型的问题适合于激发学生对某一问题的讨论感兴趣，而另外一些类型的问题则必须促使学生对这一问题进行批判性和创造性的思考或检查学生的理解是否达到预期的水平。”（Good & Brophy，2002：485）被培训者要注意使问题能否与所要培养的学习者能力相匹配。

在问题的设计和使用方面，教师要注意避免出现简单答案（如，答案是“是”或“不是”）的问题。“我们发现，在是或不是的问题，或其他要求在两个选择答案之间做出简单选择的问题中存在另外两个危险：第一，这类问题鼓励学生猜测。因为，即使学生不知道正确答案，也会有50%的概率猜对。如果教师此类问题问得太多，学生很容易揣摩教师并找到正确答案的提示，而不是集中于问题本身；第二，选择性问题的分析含量低。因为具有猜测性质，学生对这类问题的回答并不能说明他们是否真正理解了学习内容。”（Good & Brophy，2002：485）简单答案问题的教学效用性是很低的。

在提问时还可以利用变换问题形式的追问技巧，帮助学习者回答一时不能回答或不能完整回答的问题。“如果学生回答正确但不完整，在这种情况下，如果教师继续问‘还有其他的吗？’‘还有其他原因吗？’等之类的问题，引导学生作出更好的回答的可能性就比转而问一些新的、更具体的问题引导学生作出更好回答的可能性小。”（Good & Brophy，2002：486）

提问时问题含义明确十分重要，如果问题的含义模糊不清，学生难以理解和回答，则提问的有效性就会受到不利的影响。有学者就指出，“问题应该明确指出要求学生回答的观点。模糊不清的问题可以有很多的答案，这些问题由于模糊不清而使学生感到迷惑。”（Good & Brophy，2002：487）

在汉语教学中，提问考虑到学习者的词汇量是非常重要的，新教师往往不能控制提问的词汇量，对学生回答要求的词汇量的控制也不够敏感。“教师应考虑到学生的词汇量。如果引用新词，教师应解释清楚其含义并让学生在适当的应用场合运用它们。”（Good & Brophy，2002：488）在进行汉语教学时，提问面向全班学生，然后在学生没有人主动回答的情况下指定学生回答也是十分重要的技巧。“向全班学生提问的操作步骤是：首先提出问题，然后给予学生时间思考，最后抽学生回答。这样使班上的每一位学生积极思考答案。”（Good & Brophy，2002：490）

但是，有时候教师先行选择或指定回答者，然后再向全班学生提出问题也是有必要的，当然这种提问策略用于特殊的情况。“格拉伊赛尔注意到，在教师提出问题之前，他们可能点名叫学生回答问题的特殊情况还有以下三种：①把注意力不集中的学生拉回到课堂；②向刚回答完问题的学生继续提问；③教师要提问的学生胆怯，如果事先不提醒，他们可能会被‘吓住’。”（Good & Brophy，2002：490）由此，我们在培训师资时应当使他们不要僵化地理解和采用提问的策略，要根据具体的教学情况灵活运用，这需要在实践中积累经验，而任务型教学方式是帮助被培训师资掌握各种提问策略巧妙运用的有效方式。

5.1.2.2 汉语国际教育师资讲解能力的培养

可以说，讲解是教师的基本功。在任务型教学方式中并不是任何时候都不需要讲解了，在教学的许多环节仍然需要教师进行讲解。例如，在布置任务的时候，明白简洁地介绍任务是非常重要的，如果学习者不理解完成任务的要求，那么任务型教学方式的效用也就可想而知了。再如，在学习者完成任务的过程中，遇有疑难需要教师帮助释疑的时候，教师的讲解就十分重要了。对于讲解在教学中的运用时机，有学者进行了总结。“许多研究者建议以下几种情况适合运用讲解的方法：1.目的是提供信息。2.所讲解的信息不在现存的材料中。3.材料以特定的方式组织。4.激发学生对此方面的兴趣。5.必须在学生自己研究主题前进行介绍或提供完成任务的指导。6.信息新颖，或把来自不同材料的信息融为一体。7.对信息加以概括或综合。8.课程材料必须适合时代的发展，精心设计而成。9.教师需要为讨论作好准备，提供可供学生选择的观点或澄清问题。10.教师需要提供补充的解释材料，以免学生独立学习时有困难。”（Good & Brophy，2002：475）

讲解在教学过程中有着多方面的作用，有国外的学者提出，“讲解和其他形式的信息呈现有助于引起学生对主题的兴趣，有助于教师就学习内容提出预先的组织方法和学习规则帮助学生认识该主题的意义并运用合适的学习策略，有助于教师集中并有效传授要点，有助于向学生提供课本里没有的信息。有效的讲解应充满热情，言语清楚，组织恰当。”（Good & Brophy，2002：506）

与通常人们的理解不一样，教师要做到讲解能够起到有效的作用并不容易，有学者概括出了有效讲解的6个特点。“有效的讲解有以下特点：①以良好的组织和复习开始，复习包括一般的原则、提纲或构成学习框架的问题；②简短讲述目的，提醒学生注意新的或重要的概念；③提供新的信息时，考虑到学生对这方面已知的知识，按照学生易于跟上的循序渐进的步骤进行；④循序渐进地激发学生主动学习的欲望，确保他们在进行下一步之前掌握所学的知识；⑤结束时，复习重点，强调普遍的完整的概念；⑥讲解后，提出问题或布置作业，要求学生以自己的话解释材料，并利用或延伸到新的情景中。有效讲解有两个重要特征，即信息讲解要明白易懂并具有热情。”（Good & Brophy，2002：476）在教学的各个环节进行讲解时，要达到的要求显然也是比较高的，对此不能轻视。

要想使讲解达到教学的目的，就要提前对讲解进行组织。美国著名的教育心理学家奥苏贝尔提出了“预先组织者”的概念。“在怎样组织讲解方面，奥苏贝尔（Ausubel）提出的预先组织者这一概念非常有用。预先组织者让学生知道上课前他们要学习的内容。”（Good & Brophy，2002：477）教师对讲解的内容提前组织，可以使学习者更好地理解讲解的内容。“预先组织者就使学生对教师或课本提供的信息具有一个框架结构。如果没有，材料就会显得支离破碎，就如同一些毫不相干的句子。对内容实质的清楚解释有助于学生注意重点，有效地组织他们的思维观点。因此，讲解前，教师应保证学生知道自己希望从讲课中学到什么，以及为什么了解这些信息，这一点很重要。讲解后，他们应该总结要点或提出问题让学生总结。清楚的课前讲解和强有力的课后总结概括使学生记住基本事实和概念的可能性更大。”（Good & Brophy，2002：477-478）应当注意使汉语国际教育专业硕士掌握各种讲解的技巧和运用的时机，任务型教学方式可以给他们提供机会去体验和实践。

5.1.2.3 汉语国际教育师资课堂教学中示范能力的培养

教师在教学中的示范具有直接的或者潜移默化的影响学生学习的作用。“我们说‘示范’，并不只是指让学生注意具体的例子或应用所学的知识。我们还指，教师应当作出榜样，表现出自己对这些例子或应用的看法，以便让学生能够了解，受过教育的人是如何应用在学校里学习的信息和概念来理解日常生活中发生的事情的，是如何对这些事情作出反应的，以及是如何理解发生在其他地方的时事的。”（Good & Brophy，2002：328）教师的示范可以引导学生积极地学习和思考，“通过教师示范，学生应该逐渐明白，理解（或在思考后预测）发生在他们周围的事情是如何既刺激，又令人满足的。”（Good & Brophy，2002：329）

教师本身应当成为学生学习的可模仿的典范。“回答学生的问题，是教师示范对学习的好奇心和兴趣的重要时机，尤其是回答课本中没有提到的问题时。学生的提问表明他们对主题感兴趣，教师的回答方式要体现出他们自己对这些问题的重视。”（Good & Brophy，2002：330）

教师除了要培养出示范的能力之外，还要有能力激发和引导学生进行示范，特别是利用任务型教学方式开展汉语教学时，在学生们完成任务之前，可以先进行示范，这种示范既可以由教师或教师与学生配合来做，也可以通过学生来进行示范，还可以把以前学生完成任务的情况通过录像或作业等途径展示给学生们，作为他们完成任务的示范。

5.1.2.4 汉语国际教育师资布置家庭作业能力的培养

家庭作业在教学中有着重要的作用，在汉语教学中也是如此，特别是在任务型教学方式的实施过程中需要依靠家庭作业来作出对完成任务的支持的情况很多。有国外的学者总结了布置家庭作业的原因或“十大目的”。“艾普汀（Eptein）确定了10个布置家庭作业的原因，她称之为家庭作业的十大目的（10Ps）：练习（practice）。提高速度，掌握并保持技能。准备（preparation）。保证作好下一堂课的准备，完成课堂活动和作业。参与（participation）。提高每个学生参与学习活动的积极性，体会学习的乐趣。个人进步（personal development）。树立学生的责任感，培养毅力和支配时间的能力，培养自信心和成就感，开放并认可学生在课堂上不能学到的知识和技能，扩大并丰富活动。同学间的交流（peer interaction）。鼓励学生共同协力完成作业和学习计划，激励他们互相学习。家长—子女关系（parent-child relations）。以学习的重要性为出发点建立家长了解并参与学生的课堂活动；同时，让家长了解自己子女学习的课程以及进展情况。与社会的联系（public relation）。向社会证明学校是一个严肃认真的学习场所，包括家庭作业、同时，可以把与社会进行有效交流规定为有关学生—社区关系的家庭作业。执行政策（policy）。执行区或学校教育领导管理者制定的政策规定，完成规定的每天或每周的作业量。惩罚（punishment）。纠正行为中或效率方面存在的问题。”（Good & Brophy，2002：504）这十大目的也可以被认为是十大作用，总之，作业在教学中的应用有着多方面的目的和作用，在学生的学习中有其充分的必要性。

在任务型教学方式的应用过程中，家庭作业起到重要的作用，完成任务的许多工作都要在课外来完成，这就要依靠家庭作业的形式把任务布置给学生们去完成，课堂上通常是布置任务（家庭作业）和在任务完成之后的展示、检查、评价和总结，完成任务的主要工作要由学生们在课下进行。与以往要求学生独立完成家庭作业不同，在任务型教学方式中提倡学生们可以多方请教，在小组合作学习的教学方式中学生们更需要通过合作来完成家庭作业。

家庭作业不仅有着帮助、引导或要求学生完成学习目标的作用，而且还有着帮助学生更好地实现与家长建立良好关系的作用。“对达到促进家长—子女之间的关系这一目的特别有用的是，布置的家庭作业要求学生把作业给家长过目或向家长介绍自己在学校完成的书面作业或其他作业情况，然后了解家长的反应，或要求学生与家长交谈，了解自己父母的经历或他们对社会研究论题的看法和意见。这些家庭作业让学生和家长或其他家庭成员参与到与学习课程有关的交谈活动中，因而扩大了学生的学习面，促进了他们的学习。”（Good & Brophy，2002：505）实际上，我们还可以更加解放思想，培训师资设计要求学生与家长共同完成的家庭作业，使他们可以更加充分地利用学生与家长的关系，并且开发和利用家长的资源。

除了在家庭中布置的作业以外，在任务型教学方式中还应注意建立学生与社区之间的联系，有许多任务的完成要依靠社区，这样也可以促进学生融入社区，也可以更好地利用社区的各种支持任务完成的资源。

5.1.2.5 汉语国际教育师资激发学习兴趣能力的培养

任务型教学方式在激发和满足学习者的学习兴趣方面具有优势，由于完成任务的过程中学生是主动地进行的，他们在完成任务的许多环节有着自己的自主权，完成任务的结果也是开放的，并没有“标准答案”，所以学生们在很多时候都可以放手按照自己的兴趣和意愿去学习，可以说，任务型教学方式是对学习者潜力的巨大解放，而以学习者为中心的宗旨也确保会把学生的兴趣放在首位。

任务型教学方式可以认为是对人的最大的解放，不仅包括学习者，也包括教师，他们都不必再被束缚在照本宣科和死记硬背上了。“兴趣存在于人身上，而非存在于主题或活动之中，在特定的环境中，人与人之间的互动、任务和更大的环境氛围可以激发学习动机。”（Good & Brophy，2002：334）完成任务和突破教室及考试的小天地，可以带给学习者更多的学习兴趣。

教师激发学生学习兴趣的方式有很多，有国外的学者就提出，“教师可以通过下列方式鼓励学生产生这种兴趣：①提出问题，如果学生成功完成活动，他们能够回答这些问题；②在适当的时候向学生表明，他们的现有知识不足以让他们能够达到某个重要目标，与新信息不一致，或目前还很散乱，但可以以某些有效理论为中心加以组织。更多时候，教师还可以向学生提出有趣的问题，这些问题在活动中得到解决，让学生进入积极的处理信息和解决问题的状态。"（Good & Brophy，2002：334-335）

我们的教学对象通常处在较低的年龄阶段，他们有着很强的求知欲和好奇心，我们开展汉语教学应当对此充分地加以利用。有学者就提出了激发学生好奇心的策略。"瑞伍（Reeve）提出了五个激发学生好奇心的策略。它们是：①制造悬念；②让学生猜测，教师提供反馈；③充分利用学生的原有知识，激发他们的求知欲；④引起争议；⑤制造矛盾。"（Good & Brophy，2002：335）激发学生的学习兴趣应当是任务型教学方式的"长项"，汉语国际教育专业硕士应当注意利用好任务型教学方式的这一"长项"，在自己的学习和以后的教学实习中注意激发学习者的学习兴趣。

5.1.2.6 汉语国际教育师资编写教材能力的培养

汉语教学界的有识之士已经注意到教材编写能力在汉语国际教育专业硕士师资培训中应当列为重点，并且发出了呼吁。"要教会我们的孩子们编教材。在我所到的七个国家，十几个孔子学院，没有一家用我们国内编的教材。都是任教者凭着自己的知识、对所在国和教学对象的了解，在过去比较好的教材的基础上临时再编。"（许嘉璐，2008a：7）可以看出，教材编写能力是能否顺利在海外开展汉语教学的生命线，否则教学就会陷入"巧妇难为无米之炊"的境地。

编写教材能力的培养，难度很大，应当在教学的过程中采取先小组、后个人的教学训练顺序，先利用小组合作学习的优势化解困难和降低难度。在小组中的组员对教材编写的参与情况也可作为总成绩的一部分，各个小组之间可以进行同一编教课题的竞争，根据教师提供的编写大纲和一篇样课，对选题抽签后分头进行编写教材的练习活动。

对汉语国际教育专业硕士的教材分析能力、评估能力，尤其是在编写实践中的动手能力要经过专门的训练。可以以评估现有的教材作为基础，进一步还可进行对同学所编写教材的评估，最后对自己所编写的教材进行评估，提高被培训者教材编写和评估的能力。被培训者掌握了教材编写和评估的能力，这对于他们将来在海外教学实习时选择和编写教材是十分有利的。对于被培训者所编写的教材进行评价，可参考被培训者们的评估结果，但最后的决定权在教师，或者与学生协商后确定。

对教材的设计和评估也要与教学设计能力的培养联系起来，因为教学设计（教案）有时候必然要与教学材料相结合，但是也并非时时处处如此。在汉语教学领域正在形成一种新的教材观，也就是不依托教材开展教学的新理念被提出来了。“对这个问题我到现在还有一个困惑：‘教学一定要有教材，要发给学生’是不是唯一的选择啊？原来我是深信不疑的。这几十年的教书生涯，其中很大一部分精力是为教材奋斗。”（许嘉璐，2008a：7）实际上，任务型教学方式就并不依托现成的教材，教材在完成任务的过程中只是一种参考的资料，并不是唯一的学习内容的来源。所以，对教材的认识应当拓宽，教学材料的分布是十分广泛的，并不局限于教科书。

5.1.2.7 汉语国际教育师资创建良好学习环境能力的培养

学习环境实际上不仅是学校的物理环境，也包括学习者和教学者等所构成的心理环境，而且后者更为重要。

带有不同的知识观和学习观的教学者对学习环境的认识是不一样的。“教育者所选择的学习环境受到他们所具有的知识观的时刻影响（Wilson，1995）。例如，如果教师认为知识由大量等待传递的内容组成，教学只是传递的产品，教师就会选择能够促进内容传递的学习环境。如果教师认为知识是社会建构的产物，是一个集体的看问题和做事情的方式的结果，教学就要求学生参与到社会性的日常活动中。”（Norton & Wiburg，2002：293）这种不同的认识也会影响教学者对学习环境的不同建构方式和结果。

在任务型教学方式开展的过程中，需要教学者建立一个适合学习者合作的学习环境。“应当选择和组合各种工具创设‘一个学习者可以互相合作和支持的地方，在那里他们使用许多工具和信息资源参与问题解决活动，实现学习目标’（Wilson，1995），而不是创设一个学习只能单独孤立地进行、不重视知识的实际运用的场所。”（Norton & Wiburg，2002：293）那种适合学习者独自学习的环境显然不适合教学小组合作学习。因此，教师对学习环境建立的价值取向就十分重要了，决定着教学效果的优劣，甚至决定着教学的成败。

任务型教学方式贯彻的是“以学习者为中心”的教学理念，因此建立能够促进学习者活动而非教师主导的学习环境就显得十分重要。“只有把学习环境当作一个‘通过学生中心的活动促进学生参与的综合体系，包括有指导地陈述、操作和探究相互关联的学习主题’（Hannafin，1994），才能设计出好的学习环境。”（Norton & Wiburg，2002：293）教师如果没有任务型教学的理念和建立相应的学习环境的意识，创建良好学习环境的任务也就难以完成。

相比较而言，传统的学习环境并不令人感到满意。有在第一线的教师指出，“约翰·高顿（John Gatto，1992）在被授予1991年纽约州年度优秀教师时，表达了他对传统学习环境设计下暗含的隐性课程的担忧。他告诉听众传统的教学结构导致了充斥等级观念、冷漠、缺乏自信、情感依赖、智力依赖和混乱的课堂环境。”（Norton & Wiburg，2002：302-303）如何改变这种不利于学习者学习的环境，有国外的学者提出了建议，“基于科默，高勒门和其他研究者的观点，我们为教师创设积极的高效的发展性的课堂环境提出了如下建议：（a）设计对学生有意义的学习活动；（b）强调任务完成的过程而不是结果；（c）使用合作学习策略；（d）与真实世界问题联系起来，进行情境化学习；（e）设计问题专项的方法；（f）强调尊重每一个个体；（g）开展民主的教学过程；（h）进行尽可能真诚的交流。”（Norton & Wiburg，2002：305）这实际上是提出了创建良好的学习环境的目标或要求。

良好的学习环境对学习者学习的促进作用是不言而喻的，那么对于我们培养汉语国际教育专业硕士师资来说，培养他们创建良好学习环境的能力就显得十分重要了，而通过任务型教学方式可以完成这一任务，做法就是把创建良好学习环境作为一项任务由被培训者去设计和建构。

5.1.2.8 汉语国际教育师资教学反思能力的培养

我国有学者提出了对教学反思的界定。“反思是教师对其教学行为和专业发展过程的一种内省式的自我研究，教师以自己的教学活动以及对具体课堂教学的态度和观念为思考对象，对自己在教学过程中所作出的行为、决策以及由此产生的教学效果进行审视、分析和评估，从而促进自身的职业发展。”（徐锦芬，2007：212）教学反思具有促进教师职业发展的作用，也有学者认为应当将教学反思与教师的行动研究联系起来。“反思（reflection）是一种内省的过程，在这个过程中教师以一种自我批评的眼光来审视自己的教学行为和教学理念。通过这个过程教师可能会发现一些问题，或一些值得深究的议题，或希望对某些方面做一些改变，或尝试一些新的方法。从中教师可能确定一个研究题目，开展‘行动研究’（action research）。事实上反思是教师发展的一个先决条件，而研究是教师发展一个理想的途径。”（孙德坤，2008：82）

反思能力对于学习者个体或者小组合作学习时的学习者群体都有着积极的作用。“有了反思，学习者就形成了一种重要的态度，这种态度提示他们意识到什么样的结构创造意义以及是怎样创造的。有了这种意识，小组就有能力创造和探索新的结构或新的解释情境。换言之，当学习者开始认识到一套特殊的假设或世界观如何塑造他们的知识时，他们就能自由地探究从另一套假设或世界观中会得出什么样的知识。”（德里斯科尔，2008：337）反思可以使学习者具有自主学习的能力和方向。

有国外学者论及了教师进行反思的必要性。“教师有必要进行反思（比如说分析课堂教学过程，与同行讨论课程和教学），有必要对所教内容的前后联系和重要的教学目标方面进行敏锐的判断。因而，意识到自我发展的老师，对课堂教学和学生学习的研究见多识广的老师，常常反思自己的教学的老师，将会是最积极主动的决策者。”（Good & Brophy，2002：31）

教学反思对教学者获得实践性教学知识是有着很大的帮助作用的，所以在汉语国际教育专业硕士师资培养的过程中是不容忽视的。“最新的一些观点，特别是从社会文化学角度出发的学者，认为语言教学包含自身独有的知识，将这些知识言语化、理论化的过程，会促进对这些知识的理解（Edge，2008；Johnson & Golombek，2011；Silberstein，2008）。教师教育中重视反思能力，原因在于此。”（刘颂浩，2013：69）

汉语国际教育专业硕士在海外进行教学实习时，在许多情况下要独自面对教学中的特殊情况，没有已准备好的答案，也没有指导教师在身旁进行指导，这样，他们自己要想改进和提高教学水平，他们自我反思能力的培养就显得非常重要了。

被培训者获得了自我观照和自我观察的能力，就可以自己进行分析、反思，改进教学，不完全需要依靠他人的指导。实习教师获得的这种教学反思的能力，可以使其在今后的教学中获益。

培养汉语国际教育专业硕士的教学反思能力，可以通过任务型的教学方式，因为在任务型教学方式本身就带有进行反思的环节。“任务后的活动并不是让学生简单、重复表演，而是要让学生独立、完整地完成任务，提高语言的准确度、复杂度和流利度。通过再次完成任务，学生可以反思自己的不足和错误之处，也会在自己的内在语言系统中建立更加清晰的语言形式与语言功能之间的关系。Skehan（1996：149）提出任务后阶段的目的是‘反思与巩固’（reflection and consolidation）。”（龚亚夫，罗少茜，2006：243）完成任务在任务型教学方式中显然不是最终的目的，通过对任务完成的反思而有所收获和提高，才是任务型教学的真正目的。通过这种反思也可以使学习者获得学习的技能，以便在离开学校之后仍然有能力进行学习。任务型教学方式所培养的反思能力，同样可以使汉语国际教育专业硕士具备通过自我反思改进和提升教学的能力。

5.1.3 信息技术与师资教学能力培训的结合

培养学习者在这个学习时代更好地生存和发展，是当今教育的不可推卸的责任。“培养学生在信息时代生活的能力是一项重要目标，面对这一挑战，我们应考虑以下几点：课程设计从关注知识和技能转向在真实情境中的问题解决和批判性思维的培养；教师的角色从知识和技能的传递者转变为学习环境的指导者和管理者；学习者从被动的信息接受者转变为主动的建构知识和意义的具有个性的人；教育机构从作为知识神圣看护者的封闭系统转变为建立在开放的、全球和局域网络基础上的真实学习的促进者（Ames et al.，1995)。”（Norton & Wiburg，2002：191）信息素养的培训要求我们对教学的方方面面都要适应信息时代学习要求的变革。我们的汉语国际教育专业硕士师资培训活动也不能自我封闭，脱离学习时代的要求，尤其是脱离学习者对开展基于信息技术进行教学能力的培养的需求。

把信息技术整合进教学已经成为教育教学的发展趋势，汉语教学也不例外。“我们要通过整合的方法教给学生使用信息的技能，就是说要把这些技能的教学整合到学科教学中。要做到这一点，教师所设计的教学活动就必须要考虑学生真正的需要，这是和传统教学最主要的差别。传统教学往往是孤立的、脱离课堂活动的教学。”（Norton & Wiburg，2002：192）在师资培训时也不能忽视信息技术的作用。

在师资培训中所运用的信息技术，也可以被培训者迁移到他们的教学实践中去。“整合性的教学通过学生自己的学习经验和生活情境学习技能，他们为了真正的需要，运用真实的信息去解决问题。由于这些技能是可以迁移的，所以他们可以被广泛地应用到其他情境和学科中去。（Eisenberg & Spitzer，1991）”（Norton & Wiburg，2002：192）培训者在教学过程中运用信息技术，就可以使被培训者获得运用信息技术的直观体验，填补他们的经验空白，因为他们此时的学习关注点是信息技术在教学中的应用，这与他们以往在学习时接触到的信息技术有所不同，因为以往他们关注的是信息技术所呈现的教学内容，此时他们是把信息技术作为教学手段来关注的。

在教学中的信息管理技能，是教学技能的一部分，与被培训者原有的信息技能是明显不同的。“整合的方法从关注工具到关注当前的任务，‘没有练习，单纯教给学生查找、组织、综合等技能是毫无意义的，练习也应包括信息管理的技能’（Bureau of State Library，Pennsylvania Department of Education，1988）”（Norton & Wiburg，2002：192）以往他们掌握和观照信息技术是为了学习，而现在是处于师资培训的阶段，他们掌握和观照信息技术是为了教学，目标和出发点都已经不一样了。

有学者主张，“学生要有机会体验信息使用的全过程，包括从搜索、分类到加工、创造的一系列活动。虽然有些活动可以把这些过程全部包括进去，例如写研究报告、角色扮演、超媒体链接等，但目前有一种方法可以更好地把这些过程统一起来，这就是网络探究。”[1]（Norton & Wiburg，2002：214）实际上，“网络探究”已经成为在任务型教学方式中完成任务必不可少的手段，因为网络除了信息搜集的功能外，还有便捷和大容量的信息交换功能，便于学习者完成小组合作学习中的任务。

5.2 汉语国际教育师资多方面适应能力的培养

5.2.1 汉语国际教育师资课堂教学适应能力的培养

汉语国际教育专业硕士的最理想的教学实习通常都是要在海外进行，这样，他们的教学适应能力就成为了一个突显出来的问题，因为在海外开展汉语教学要面临着许多与国内教学完全迥异的情况。“据笔者所知，在海外的许多外语教学课堂情况中没有‘起立’‘复习回顾旧内容’‘归纳总结’‘布置作业’（一般没有作业）等环节……基本上只有讲练新内容一个步骤，也不必依据‘展示、理解、操练、运用’的程序，这是因为语言学习根本是没有程序的，或者有程序但不是这一套程序。”（蒋小棣，2009：45）如何有效应对这些新情况，对于这些汉语国际教育专业硕士来说是一个严峻的挑战。许嘉璐先生就特别指出，“在国外，我们没有‘国家主权’，也没有‘教学主权’，一切都要按照人家的法律法规、学校的规定进行。下星期就要上课了，突然来一个变化，必须执行，怎么办？过节时原准备来40人，一传出去，来了120人，怎么办？上课，下面坐着5个孩子，突然一个孩子被家长拉走了，那4个孩子不安心了，怎么办？正在上课，一个孩子突然肚子疼了，全班大乱，怎么办？怎么应急？找谁？怎么送孩子上医院？等等。这种适应和应变能力至关重要。”（许嘉璐，2008a：6）对于这些问题，尤其是教学中出现的各种突发情况，我们所培养的汉语国际教育专业硕士如果没有能力有效应对，那么，我们的师资培训就等于没有取得应有的成效。因此，应对困难和危机管理能力的培养在汉语国际教育专业硕士的培养过程中也是非

[1] “非严格意义上的网络探究包括在小组活动的基础上进行探究活动的设计，在角色扮演中激发学生的动机，给出一个极富刺激性的任务或一些真实听众，学生要探究和解决的任务是跨学科的。总而言之，不管真实或非正式的网络探究活动，都包含了比较、分类、推论、分析、抽象、建构的思维活动。”(Norton & Wiburg,2002:215)

常重要的。

汉语教学界的有识之士意识到在汉语国际教育专业硕士师资培训中潜存的危机，明确提出了所培训的师资应当具有教学适应性和灵活性的问题。“教育是民族文化延续的重要手段，任何一个民族的教育都会由于受到本民族文化传统的影响而具有自身的特色，不了解这一点，汉语国际教师的教学就有可能面临着失败。因此，对‘内源’学生的培养，对不同民族教育体制的适应性与课堂教学技能的灵活性是关键。”（朱志平，2012：312）

因此，我们不能只注重教给被培训者教学知识和教学技能，如果他们不具备对各种不同情况的适应能力，不具备对所学的教学知识和教学技能在各种条件下的应用能力，他们也不能胜任在海外开展汉语教学的工作。“作为新教师（new teacher），从大学课堂的理想世界来到每天的实际教学世界，从职前教学向在职教学的转换可能使其受到创伤。初为人师者可能经历一些问题，因为他们只进行过一般的培训，而并没有准备好干具体的工作。”（Good & Brophy，2002：621-622）所以这些教学适应能力的培养也应当引起我们的重视，重点加以培养。

课堂教学中有非常多的问题，需要学生和教师去面对，要掌握应对之策，如学生不听课、违反课堂纪律，言语甚至身体上对教师的攻击等，要在培训时就让被培训者有所准备，以免做出不适当的应对，或束手无策。

应当让被培训者经历各种可能出现的复杂情况，而不是让他们在理想的情况下，或者在不断试错的情况下自己摸索。如果他们已经赴海外开展汉语教学之后，当教学问题出现时，再寻找对策来挽回而非事先预防，就会有些来不及了，有时是根本没有挽回的机会了。这是教师职前培训的重要任务和职责，而任务型教学方式可以在这方面发挥有效的作用。

5.2.2 汉语国际教育师资新环境适应能力的培养

进入新的教学环境的汉语国际教育师资要面临许多的困难和新问题，关键是有许多问题是无法事先预知的。“有些问题教师不可能事先准备。第一年做教师的教师，不仅要学习成为真正的教师，而且要学会与学生、家长以及其他成人打交道；他们也在承担新责任（交新朋友、支付贷款等）。所以这时候也会面临着焦虑和角色冲突的问题。”（Good & Brophy，2002：622）但是，并不是对所有的新问题都无法进行准备，如果积极搜集各种教学案例，让被培训者积累一些应对经验并具备一定的“举一反三”的能力，是可以解决新的教学环境的适应问题的。例如，有学者提出了新教师面临的对不熟悉的课程进行教学的问题。“古德森辩护说，初为人师者(beginning teacher)面对的一个问题就是，他们一般来说会被要求去教完一门由别人开始的课程。除了学会与学校、新角色和新学生协商外，初为人师者必须同时学会完成一门自己不熟悉的课程，并形成适合特定课程背景的教学风格。布拉夫这样表达了其中潜在的两难处境：‘这两种要求总是自相矛盾：规定用的课程妨碍了建立一个令人满意的角色，令人向往的角色使得完成已构建好课程非常困难。’”（Good & Brophy，2002：622）可是这样的问题是可以通过事先的培训，让被培训者掌握一些应对预案的。

有学者还认为教学技能（应当也包括教学适应能力）的培养应当及早甚至在汉语国际教育专业硕士学习的一开始就进行。“技能培养不应只从教育实习才开始，而应在学生学习的起点即起步，在汉语国际教育硕士培养时间有限的条件下，真正实现把知识应用于课堂的转换。”（林秀琴，2012：203）

有学者提出了教学能力培训课程的教学流程。“围绕教学能力培养这个中心，实践类课程的教学步骤大体如下：（1）理性接受——通过教师讲授理解、接受基本理念和实践内容；（2）实地观察——通过教学观摩认识课堂教学，发现问题；（3）分析思考——通过案例分析与讨论寻找解决问题的方法；（4）亲身体验——通过模拟教学体会教学实际；（5）顶岗实习——进入真正的课堂参与教学。”（林秀琴，2012：204）教学适应能力的培养也同样可以按照这样的进行流程来进行。

教师在教学过程中的灵活应变能力是十分重要的，有学者就提出，“教师上课就像运动员参加比赛一样，临场发挥得好坏至关重要。同是备课花十分功夫，有的教师只上出八分效果甚至更少，有的教师却能上出十二分效果甚至更多，结果大不一样。课堂上的教学活动一个接着一个，教师的处理全在一念之间。一念之差则可能陷入被动，造成失误；一念之间则又可能柳暗花明，转危为安。这里的‘一念’就是临场发挥，就是应变能力。”（杨惠元，1996：44）这种灵活应变的教学能力应当在我们教学能力培养体系中占有“一席之地”。

在教学过程中具备灵活应变的能力，对教师的要求是很高的。“教师的临场发挥和应变能力由教师的心理素质、业务功底、教学经验、备课情况、课堂环境、学生情绪等多种因素决定。其中最主要的是教师，特别是心理素质和自控能力。教师要把临场发挥好、应变能力强作为自己教学追求的目标。每次走进课堂就要全身心地投入，精神饱满、情绪高昂、有强烈的‘教授欲’，把个人的喜怒哀乐、病痛烦恼统统忘掉。不管出现什么情况，都能沉着冷静、从容不迫、充满自信。”（杨惠元，1996：44-45）因此，应当对教学灵活应变的能力展开专门的培训。

实际上在利用任务型教学方式开展师资培训时，同样也会出现许多意想不到的情况，正是由于是由学生主导而开展的任务完成和展示等活动，所以也就给他们带来了培养和锻炼自己灵活应变能力的机会。“需要加强学生的临场应变能力。发言的时候出现过一些意想不到的状况，比如有的学生事先准备好的PPT演示文稿在教室不能播放，或是页面上有些内容无法显示，或是由于选用背景的颜色和字体的颜色搭配不当导致看不清楚，或是选择的发言内容前面有学生已经讲过了，这个时候大部分的学生都傻了眼，不能做到随机应变，导致发言无法进行或是影响了发言的效果。下次要事先提醒学生发言时可能出现的问题，万一出现问题之后该如何继续，确保发言的顺利进行。”（廖继莉，2012：178）随机应变的能力实际上是有很多培养的机会的，关键是要树立培训意识并且把握好培训的机会专门对此进行训练。

教学中的适应能力和灵活应变的能力都要通过实践加以培养。“在课堂教学中灵活运用观察能力、辨别能力、判断、推理、思维想象和创新能力，这些能力是综合能力，来源于教师天生气质、后天的教学理论知识以及教学的实际锻炼，但是最主要还是来源于长期的实际锻炼。”（蒋小棣，2009：43）既然是要在长期的实践锻炼中才可以培养这些能力，那我们就要尽可能多地在汉语国际教育专业硕士培训的过程中提供实践的机会，这种机会并非只有教学实习的阶段才有，在通过任务型教学方式进行教学课程的学习时，也可以对他们进行培训。

使被培训的师资理解和深入认识汉语教学“教无定法”的特点，是对他们进行教学适应能力培训的基础。“教学能力不足的教师总是觉得课堂教学有什么固定的方法，他们试图寻找到这种方法然后可以一劳永逸，而教学能力强的经验教师则认为‘教无定法’。例如，一般认为，课堂教学有组织教学、复习检查、讲练新内容、巩固新内容、布置作业等几个步骤，据说这是根据人们在学习心理——感知、理解、模仿、记忆、巩固和运用——的过程而划分的。其实这个过程的几个步骤是很值得推敲的。比如说，这些步骤是完全必要的吗？能否减少几个步骤？这些步骤的顺序能否颠倒？这些步骤能否满足语言教学、反映真实的语言习得全貌？这些步骤的实施有没有时间、空间、地点、目的、对象、内容等条件限制？”（蒋小棣，2009：43-44）如果汉语国际教育专业硕士在认识上没有改变，要想使他们在学习的过程中接受灵活应变能力的培训并且在教学行动中能够贯彻落实，恐怕是徒劳的。

教学策略的灵活运用是可以通过师资培训者的示范和指导传递给被培训者并且使他们掌握的。“优秀的教师往往能在多样化的情境下使用不同的策略。策略的选择依赖于很多因素，这些因素包括月份日期、具体时间、任务、学生、组群的大小、组群的动态情况、先前的活动、临近的活动和很多其他因素。指导者需要将他们用于解决学生问题的技能传授给被指导教师。示范及传授这些技能将明显地促进被指导教师的成功。”（Ribas。2006：85）

5.2.3 汉语国际教育师资克服困难能力的培养

在海外开展汉语教学，会使进行教学实习的汉语国际教育专业硕士研究生们面临着许多他们意想不到的困难，现实情况与他们期待或想象的可能完全不同。“通常教师会带着不切实际的高期望进入课堂（‘我要在每时每刻都吸引住每个学生，我要每堂课都上得非常成功’），这样一来，当教学效果与期望不一致时，教师就会变得很沮丧,并责备学生,或是开始证明并合理化自己的行为，而不是去寻找新的教学方式。这种情况发生的部分原因在于，他们没有意识到其他教师也有教学困难。”（Good & Brophy，2002：585）尽管我们可以在他们赴任前的强化培训过程中对此加以强调，但是这些年轻的学生大多没有进入社会，他们是第一次进入工作的状态，他们可能缺乏对所要面临的困难的训练准备，他们的心理适应和承受能力都还不太健全和成熟，因此我们对此不能掉以轻心。

汉语国际教育专业硕士研究生克服困难能力的培训是至关重要的，如果他们不能克服教学中的困难，他们的教学实习就不能顺利地开展，甚至都难以完成。

海外汉语教学并不是在任何的情况下都有现代教育技术条件，要在培训时对多种不同情况都强调到位，使被培训者具备心理准备、教学技术操作上的准备和适应当地各种不利甚至落后条件的能力。

显而易见，无论是在汉语国际教育师资课堂教学适应能力的培养方面，还是在汉语国际教育师资新环境适应能力的培养方面，以及汉语国际教育师资克服困难能力的培养上，任务型教学方式的各种具体教学方式，如常见的小组合作学习的方式、讨论的方式、案例教学的方式、以问题为基础的方式、以项目学习为基础的方式等，都可以发挥其积极的促进作用。

5.3 汉语国际教育师资文化教学能力的培养

5.3.1 培养汉语国际教育师资文化教学能力的必要性

5.3.1.1 在汉语国际教育中开展文化教学的必要性

就像精神生活是物质生活丰富之后的必然要求一样，文化教学也是语言教学水平提高之后的进一步要求。就像物质与精神的关系一样，“仓廪足而知礼节”。语言和文化教学的关系也是不可割裂的、不可对立的。当然其间有矛盾甚至竞争的关系，但是处理好了二者之间的关系，就可以形成两利的局面，就可以使之互助。而且处理好两者之间的关系，是语言教学者所必然要面对，所必须要做好的。

尽管我们进行的汉语教学主要是以语言教学为主，但是文化教学的重要性也不容忽视，因为学习者对文化教学的需求，与对中国的兴趣是联系在一起的。“人家直言不讳地说：‘我们学汉语不是目的，了解你们的文化才是真正的目的。’”（许嘉璐，2008a：8）还有学者提出，“我们怎样理解国外对学汉语、了解中国的多样性需求背后的真正动因。从功利的角度看，以经济利益为中心是最直接的动因，但也许只是眼前的，是局部的；而对中国全方位的了解，特别是对中国政治、文化的了解则是长远的和关键的需求。”（朱瑞平，2011：53）中国文化的内容如何在汉语国际教育中传播，是一个不容忽视的重要问题。

5.3.1.2 文化教学能力是汉语国际教育师资必须掌握的

文化课程，从某种角度讲是跨学科的课程，是结合了语言与文化的不同内容的学习。实际上，文化传播是比语言传播更难的课题。文化的大气度、文化有关精神的核心部分，在教学中具备、与语言教学的结合并且能够渗入进去并不容易。文化教学要求学习者能够启发思考，引起学习者兴趣。我们的汉语国际教育专业硕士如果不能把中国文化最为精华的部分展示出来，如果他们的文化教学不能让身处现代社会的外国人理解我们的文化精华，尤其是不能让低龄的学习者理解和接受的话，那么我们的文化教学就势必会面临失败。

语言的教学始终离不开文化教学的问题。许嘉璐先生就指出，“教学虽然是派出教师的主要任务，但是每天、每周所碰到的更多的问题是异质文化之间的沟通。”（许嘉璐，2008a：5）可以看出，文化之间的沟通交流是更为普遍地存在于汉语国际教育专业硕士师资在海外教学时会遇到的情况，因此这也应当成为师资培训中的“题中应有之义”。“在国外进行教学的每个人都面临着异质文化交流的问题，这应该提到我们的教学日程上，不能让我们的老师和同学在踏上彼国土地之后才知道有个异质文化沟通的问题，再去慢慢积累沟通的方法。”（许嘉璐，2008a：6）

5.3.2 汉语国际教育师资应当利用的文化教学内容

仅仅是对文化进行概况式的介绍是不够的，在当今的互联网快速发展的时代，知识的获取极为便捷，因此文化教学应当向高层次的、精深的方向发展。在文化教学中应当做到快速之中不肤浅，不是常识的教导，不是缺乏博大精深的精髓，不是缺少引人思考的内容，不是速成的、掠影式的文化。

要深化文化教学的内容，就要做到提供给学生能够引发思考的文化教学内容，这些文化内容包括：（1）争议性的内容，无固定结论的看法；（2）框架式的，引导学生来选择填充；（3）采取任务型的教学方式引导学生探索的教学内容；（4）探究性的内容；（5）智慧型（智慧技能）的内容；（6）形象化的内容。

传统文化要现代化，不是直接变成现代的样式，而是要关注现代、指向现代。传统文化的现代化要借鉴外来文化，为己所用。进行中国文化教学时，要联系外国文化，在跨出去的同时，也要跨回来。例如，教学涉及长城时，也可以联系到世界上其他地方的长城（如在不列颠北部罗马帝国时代所修筑的长城），引导学生比较其异同等。对文化事实应当这样看待：并非只有文化的唯一性才是最可贵的，文化的特点、特色也是重要的，无需强化文化的排他性，对文化的传播尤其应当注意这一点，不要强化文化的优越性，文化比较只是比较异同，而不是比较其间的优劣。

文化传播实际上也是文化建设的重要组成部分，文化的建设不能只局限于自身，要在对外的交流的过程中建设好。文化建设涉及文化生存的问题，需要有创造性才能实现，才能最终达到文化的新生。

有趣的文化教学内容恰在突破常识，以此来激发学生思考，可以纠正常识性的错误。这些错误常常与文化误解有关（易生误解之处）。

文化教学的内容是选择传统的还是现代或当代的，还引起了一些争议。有学者赞同文化教学主要要教传统的中国文化。“笔者以为，近代以来，西方文化一直是全球主流文化，各国的当代文化无不受到西方文化的重大影响，存在着很大的共通性，由于这种共通性的存在，想让各国学生理解中国的当代文化并不是很难，而真正使一国文化有别于其他国家的文化的，主要还是传统文化，一旦学生想在更深的层次上理解中国文化，教师就必须引领其在中华传统文化中找答案，而目前许多教师的中华传统文化素养还不够深，因此中华传统文化必须成为文化传播能力培训中最重要的内容，不宜减少其比例。”（白宏钟，2014：34-35）也有学者提出要注重传统文化的教学，是因为中国的当代文化缺乏民族性。“很多青少年（比如泰国的中小学学生）喜欢中国当代流行文化；而在许多欧洲国家及澳大利亚、加拿大，大多数年长者和教育程度高的人群则具有不同的文化期待，更加偏爱传统文化，认为中国当代文化过于西化，缺乏民族性，认为中国推广传统文化更有

利于维持世界文化的多样性。”（张春燕，2014：81）

当然，也有学者提出了相反的观点。“汉语教学界在传播中华文化时，往往强调传播中华传统文化，而忽略传播当代中国流行文化，有‘尊古贬今’的倾向。从海外学习者的需求来看，学习者普遍对当今中国了解的需求超过古代中国，对当代中国流行文化了解的需求超过中华传统文化。我们在弘扬中华传统文化的同时，应该兼顾、不排斥当代中国流行文化，让外界感受中华文化博大精深、历久弥新、时尚新潮的丰满魅力。”（吴成年，2014：71）实际上，中国当代文化与传统文化有一脉相承和继承发展的关系，两者之间是不能割裂的。

5.3.3 汉语国际教育师资文化教学能力培养的实施

对于汉语国际教育师资文化教学能力的培训，有学者提出了“三步走”的策略。“对国际汉语教师中华文化传播能力的培养培训基本可以分三步走：严格挑选可造之材，精心实施培养培训，逐步调整和完善培养培训方案和课程体系。”（朱瑞平，2014：19）至于文化教学能力的内容，该学者也指出，“我们认为，作为今天的国际汉语教师，要做好中华文化传播方面的工作，必须具备相应的意识、知识、素养和能力。”（朱瑞平，2014：18）

建立汉语国际教育专业硕士师资的文化教学意识是第一位的。“所谓意识，是指文化传播的意识。与传统的对外汉语教师几乎把对学生的语言技能训练作为唯一的目标不同，今天的各国学习者希望了解中华文化的愿望越来越强烈。作为汉语教师，必须具备文化传播的意识。”（朱瑞平，2014：18）还应当重视对汉语国际教育硕士文化自觉和文化自信的培养。

当然，我们应当在师资培训的过程中注意帮助被培训者认识到文化教学与语言教学的关系，加强与语言教学相关的文化教学示范、体验活动，提高被培训者的教学能力。

在汉语国际教育师资文化教学能力培养的过程中，要注意探索性的文化教学与文化教学探索相结合，这样可以调动被培训者的兴趣、能力、自主性和创造力。

在师资培训的过程中，所涉及的知识文化也应当是行动中的知识文化，不是静态的而是动态的，在辩难中、质疑中形成这样的文化知识才能够使学生印象深刻，而且也锻炼了学生的能力。

在培训汉语国际教育师资时，因为文化教学涉及文化知识和文化常识的内容太多，所以文化教学能力的培训对文化教学内容不应主要选择普及性的，应当着眼于教学能力的提高，而且提高的重点是对文化的领悟能力，普及与提高相结合，要根据教学对象的不同调整内容的教学比例，有些内容可以少讲和不讲。

还有学者提出了针对中华才艺课教学的重要观点。“中华才艺课不是教学导向的，更不是万能的。只有中华才艺课没有相应的教学法技能课，无法建立起各项技能与教学活动的连接，效果会大打折扣。”（徐彩华，史芬茹，2014：322）如果汉语国际教育专业硕士只掌握了中华才艺，而没有与对这些才艺的教学技能挂钩，或者说没有掌握传授这些中华才艺的教学技能，那么中华才艺的学习仍然难以发挥其作用。所以才艺的掌握与才艺的教学应当结合起来，而任务型教学方式可以完成这个教学任务。

5.4 汉语国际教育师资跨文化交际能力的培养

跨文化交际实际上应该是一种双向交流，立足点是中华文化，但能跨出去必须要了解对方的文化，做到知己知彼。更多地是要关注在物质形态的文化、在语言工具形态文化背后的一种精神气质。这种精神文化是超越世俗利益，超越于事物表象的，可以使人从大处着眼看待世界，也有助于提升个人的品质修养。

5.4.1 培养汉语国际教育师资跨文化交际能力的必要性

汉语国际教育师资到海外任教要面临复杂多样的跨文化交际问题包括生活上和教学上的跨文化交际问题（后者又分为两方面：教学内容和教学方式方面的跨文化交际问题），而被培训的汉语国际教育专业硕士有很多连社会经验和工作经历都没有，就要面对如此复杂的跨文化交际局面和挑战，因此应当重视对他们跨文化交际能力的培养。

在海外开展汉语国际教育师资可以认为他们是要面临“三跨”：跨语

言、跨文化、跨国界。在境内和海外开展汉语教学的语言、社会和文化环境都有很大的差异，尤其是文化环境的差异影响最大。文化环境的差异具有最为核心本质又隐秘的不同，处理不好，“杀伤力”极大。语言偏误可以被对方或他人理解为只是语言水平有限的问题，文化差异造成的误解可能会带来对文化品格和个人品德上的误解，会加剧、强化对教学者个人的误解，由此带来偏见、成见、定见，使语言教学受到影响，文化的传播也难以完成。因此在汉语国际教育专业硕士的培训之中，教学能力的培训也应当包含跨文化交际能力的培训。

跨文化交际的内容在语言教学中有着重要的作用。有学者论述了跨文化交际问题在海外汉语教学中的重要性。“对于国际汉语教学而言，教师作为个体完全浸润在异文化的场景中，所感受到的异文化的压力也在陡然增加，因此国际汉语教师课堂上的文化处理和文化观念就显得尤为重要，在某种程度上，甚至关系到教学的成败。有人甚至将汉语教学的跨文化问题理解为‘最经常发生的、最具挑战性的、最令人焦虑不安的“难点”’。”（田艳，2007：311）

跨文化交际的问题还涉及学习者的心理、情感等方面，与对目的语文化的情感和接受的态度及程度有关，涉及学习者能否坚持、持续、有成效地学习的问题。学习语言要面临很多困难，学习者可以靠意志方面的努力克服这个困难，但情感层面因素的作用也不容忽视，如果学习者从情感上不接受目的语或目的语文化，再强的意志也只能支撑着学习者勉强学习。“以学习者为中心”的教学理念恐怕也很难贯彻落实。

学习者的误解当然不能全部归之于跨文化交际的问题，也不能全部归之于语言的问题，两方面的问题都要看到，更要分清。

汉语学习者经常会说出没有语法问题的语句，但是和母语使用者之间仍有交流障碍。例如，语句的表达缺乏礼貌的问题。尽管母语使用者可以意识到交际对方是非母语使用者，但如果在工作场合发生此问题，也许会带来更大的麻烦和更严重的后果，因而语言教学中对学习者的跨文化交际能力培养和教学师资的跨文化教学能力培养都是十分重要的。

5.4.2 有关跨文化交际能力的师资培训内容

有国外的学者提出了跨文化交际能力所包括的内容，“Byram（1997：34）认为跨文化交际能力包括以下四个方面：解释和联系的技能（skills of interpreting and relating），发现和/或交际的技能（skills of discovering and/or interact），关于自身、他人以及关于社会与人际交往的知识（knowledge of self and other; of interaction: individual and societal），审视自身和评价他人的态度（attitudes of relativising self and valuing other）。”（田艳，2007：312）有中国学者进一步提出，“跨文化交际能力并不仅仅是获得目的语的文化知识和交际技能，深入了解目的语文化，更重要的是实现两种语言和文化价值系统之间的互动作用。”（田艳，2007：312）

至于具体到汉语国际教育师资的跨文化交际能力，有学者认为，“国际汉语教师的跨文化能力有三层含义：1.理解和尊重文化多样性和差异性，能主动从不同文化视角进行观察与上课的世界观；2.有效进行跨文化教学的能力；3.有效而得体地进行跨文化交际的能力。”（杨蓉蓉，2014：24）

还有学者提出，“对于汉语国际教育硕士而言，跨文化交际能力意味着首先要具有多元文化意识，能够尊重不同文化，了解中外文化的异同；其次，要了解跨文化交际的基本原则和策略，熟练掌握跨文化沟通技巧；第三，要对中外文化基础知识有较为充分的了解和认识。总体而言，就是要充分了解和掌握由于文化差异所造成的汉语和学习者母语之间在语义、语用方面的差异，在语言交际活动中得体应对上述差异，运用任教国语言进行交际和教学活动。”（翟宜疆，2012：223-224）就第三方面而论，与跨文化交际有关的知识的学习和积累似乎不应该是硕士阶段的学习任务，至少不应该是重点，汉语国际教育专业硕士应当着重培养汉语教学和中国文化传播的职业能力。跨文化交际中所表现出来的文化差异，也并不仅仅局限于在语言交际的层面，包括的范围和领域十分广泛。

跨文化交际中的误解也会表现在许多方面。（1）知识（常识）缺欠所引起的跨文化交际问题，这种问题还比较容易解决，有人称之为“旅游者”层面的问题，如卍字符误解的问题、把长城的敌台误解为烽火台的问题等；

(2) 更进一步是交际中的中华文化特有形式的问题，如“上哪儿去呀?”是问候语而不是盘问隐私的问题等；(3) 最根本的还是跨文化意识的建立问题[1]，建立与培养跨文化交际的意识，要打破学习者以往的交际习惯因而会是痛苦而困难的，而且难以在短时间内全面掌握，也难以深入。与这些问题类似的跨文化交际问题的处理能力，也是汉语国际教育师资培训中应有的内容。

汉语教学的跨文化性，并不完全等同于中国文化的特殊性，差异明显的文化特性易于辨识和理解，重要的是易混而实际上又有差别的文化特性部分。这些文化差异的问题通常缺乏外在的形式性标记，使学习者手足无措，有时甚至根本意识不到有差异，因而在学习和交际的过程中出现文化方面的偏误。这同样会带来交际障碍，虽然可能不表现在语言结构形式层面，但会表现在语言使用层面上。因此在师资培训的过程中应当强化这些方面跨文化交际内容的掌握。

汉语国际教育硕士课程计划中的跨文化交际课程所涉及的内容，是语言交际中发生的、第二语言学习中的、使用目的语时所遇到的跨文化交际内容，而不是仅仅着眼于文化比较和文化交流（至少表层的内容不是），否则就会脱离学习者的需求、脱离他们将来要面对的教学实践。

5.4.3 汉语国际教育师资跨文化交际能力培训的实施

有国外学者提出了跨文化交际能力的培养目标。“Kealey 和 Protheroe (1996) 认为：跨文化交际的培养目标是增加认知能力，即意识到文化的多样性；强调情感能力，即交际和适应性；改变行为方式，实现与来自异文化背景的人进行有效交际。”（田艳，2007：312）

有学者认为在汉语国际教育师资跨文化交际能力的培训中，对教学中的跨文化教学的能力应当更加重视。“对国际汉语教师跨文化交际能力的培养应更加集中于课堂语境下，不仅要培养跨文化交际能力，更要培养跨文化教

[1] 我们认为许多跨文化交际的问题不是不存在，而是没有意识到，或被认为是不重要而忽略掉了。如果根本意识不到跨文化交际问题的存在，没有敏感度、认知度，完全有可能就会认为问题不存在，跨文化交际的问题不像语言形式问题那样有显性的标志，如果根本认为问题不存在，谈何对问题的解决呢?

学能力，要提高国际汉语教师的综合素质，培养和发展系统的跨文化能力。”（杨蓉蓉，2014：26）的确，汉语国际教育师资主要是去海外开展汉语教学的，但是特殊的教学和生活环境将跨文化交际问题也突显出来，不能不引起重视，所以对跨文化交际能力的培训应当全面，这并不是说要面面俱到，但是不能有大的“死角”。这种全面的跨文化交际能力的培训可以通过任务型教学方式的多种渠道来完成，各种类型和领域的跨文化交际问题可以作为任务分别布置给不同的学习小组去完成，然后组合起来相互交流，就可以加大对跨文化交际问题的学习覆盖面，扫除重大的“死角”。

采取适当的跨文化问题的教学处理方式也是汉语国际教育甚至跨文化教学能力的重要组成部分。“不过值得注意的是，在语言教学中导入中国文化知识，要‘隐性导入’，并详略得当，不能喧宾夺主、牵强附会，以至于冲淡了语言教学。”（田艳，2007：299）处理好语言教学与文化教学的关系也是至关重要的。

汉语国际教育师资的跨文化交际能力的培养可以有多种形式。“除了课程学习外，跨文化能力的培养是一种转化学习，它需要超越课堂学习的经历、经验来引导这种转化，例如通过教学实践、中外学生文化活动、志愿者经历分享等项目和活动来实现。”（杨蓉蓉，2014：27）“这些活动形式可以包括社区服务，语言伙伴，俱乐部，或者体育活动等。”（杨蓉蓉，2014：27）实际上，这些不同的方式都是通过实践的培养途径。带有强烈的实践性特色的任务型教学方式在汉语国际教育师资跨文化交际能力的培训中可以起到有效的作用。例如，可以布置这样的任务项目：设计课程中的文化教学，要求可以面对不同的教学对象（不同的文化背景、语言水平等）设计一个学期的教学内容和一次课程或一个专题内容的详细教案。其中包括整体的教学设计和一个专题的具体实施及教学示范，也包括学生的讨论和教师的讲评。通过用于“使用或行动”性的教学，形成学习者在“使用或行动”中学习。

跨文化交际中还存在着文化依附的问题，这个问题的出现是因为有矛盾的内在结构问题，对此矛盾的解决，教学者首先要意识到问题的存在，认识到问题的严重性、重要性，然后才能在教学中注意解决。首先，教学者自己应当注意不要造成跨文化交际的误解，在教学、生活等方面都要“入乡随俗”，如握手、打招呼、排队等简单的习惯，真正做到入乡随俗并不容易；其次，自己的教学不使学习者产生误解，而且要帮助学习者建立跨文化交际的意识；第三，在教学内容层面，要教给学习者有关跨文化差异的内容，许多教材中都没有建立这样的认识和内容，尽管已经有“结构—功能—文化”的教学思路和教材编写的思路在提倡，但落实时认识不清、意识不到，或仅仅停留在文化的表层，就无法真正贯彻跨文化交际的原则。

培养汉语国际教育师资的跨文化交际能力应当注意培养他们的多元文化观念。许嘉璐先生提出了新的重新看待世界文化的多元文化观，“这次访问三国，有的学者直言不讳地跟我说：‘过去我们信奉的是欧洲中心论——世界的中心在欧洲。’下面的话他没再说：欧洲中心论的一个重要观点，就是欧洲之外的广大世界都是蒙昧的、野蛮的、不文明的、需要他们来开化的——现在看来是错的。他还说，未来，中国也是世界的中心。我说，文化是没有中心的，是多元的。在对‘欧洲中心论’的否定中，就有了正确了解欧洲之外世界的需求，而中国首当其冲。”（许嘉璐，2008a：9）这种多元文化观使学习者有了了解中国文化的愿望和理解中国文化基础，因此应当引起我们的汉语教学师资和培训者的重视。

使世界上的人们更好地理解中华文化是汉语国际教育的目标之一，也是从事汉语国际教育工作的每个人肩负的责任和历史使命。许嘉璐先生指出，“中华文化本来就具有世界性的意义。人类的文化本来就是多元的，中华文化应该是其中重要的一员。当蒙在中国头上的落后、蒙昧的阴影逐步除去的时候，我们有责任把中华文化的真实面貌奉献给世界人民。”（许嘉璐，2008a：10）中华文化的传播是中华民族伟大复兴事业的一个重要的组成部分，既服务于这项伟大的事业，也促进、推动和有助于民族复兴目标的顺利实现，其意义是重大和深远的。

第六章

余　论

汉语国际教育专业硕士师资培训最核心的问题是如何对他们进行定位。有国外的学者把教师分为四种类型。“我们把教师划归为四类：第一类是‘不能应对’型（can's cope）；第二类是‘贿赂学生’型（bribes the student）；第三类的‘铁腕手段’型（run a tight ship）；第四类是‘与学生合作’型（has cooperative student）。”（Good & Brophy，2002：167）不言而喻，他们所认可的教师类型是第四种。从这里我们也可以看出对教师的角色和作用的认识的新潮流，也是师资培养的新趋势。在培养汉语国际教育专业硕士时，我们也应该考虑要培养什么类型的教师。

我们认为“与学生合作”应当成为师资培训工作的主要方向，也就是说，我们要培养具备与学生进行合作的意识和能力的师资，对师资培训提出的这种新要求要求在培训的指导思想和教学方式上都要有所变化。在教学方式方面，任务型教学方式具备培养师资合作意识和方法的特长。

任务型教学方式在汉语国际教育专业硕士培养工作中的应用，也会使教师培训本身从注重结果（硕士学位）转变到注重过程（标志之一是对教学方式的关注）。以事业目标为导向，学习和培养的方向明确了，可以使学习者把教学当作自己的事业，有助于教师责任心的建立。

在师资培训过程中运用任务型教学方式，也使得培训过程成为打破被培训者旧的学习和教学理念、建立新理念的过程。因为汉语国际教育与被培训者以往的学习理念相差很大，其在成长过程中，无论是基础教育阶段还是高等教育阶段，长时间接触外教的机会毕竟比较少，他们在思想上树立起自己就是一个“外教”的意识需要进行培养。师资培训不仅仅是培训其教学方法和教学技能，首先要培训和改变的是他们对于教学的理念。

理念的改变并不是容易做的事情，甚至可以说是极为艰难的事情。因为“理念是从一个人所受的全部语言教育当中，从这个人和语言学习有关的全部经历当中感悟出来的。因此，理念既可以比较系统，有比较深厚的理论基础；也可以比较零散，建立在各种传闻（anecdotal evidence）的基础之上。”（刘颂浩，2007：9）定型了的理念因其联系着被培训者的全部以往的受教育经历和社会经历，因此改变尤难。

6.1 在汉语国际教育师资培养中处理好理论与实践的关系

在汉语国际教育师资培养的过程中教学理论和语言知识的学习固然是重要的，但是掌握了很多的教学理论，是否就是一个合格的教师了？答案必然是否定的。“传统师资培养方式不是以教师在实践情境中面对的具体问题为中心，而是以理论知识学习为主，然后加上实践技能的训练，基本形式是授课，课程的实践性体现得不充分。‘实习教师把教师教育者的方法称为理论，把现场经验称为实践，造成理论和实践的分离’（Korthagen，1993），所以有必要从新的视角看待理论与实践的关系。”（张圆，2008：129-130）汉语国际教育专业硕士的培养，是要面向和服务于汉语国际教育的教学实践的，如果他们的理论学习脱离了教学实践，其价值和作用何在？

有学者就认为理论学习应当与实践相结合。“同样需要明确的是，掌握专业理论知识的根本目的是为了增强和提高培养对象的汉语教学能力，教学能力和技能的掌握才是专业学位人才培养的根本目的，而教学能力的形成离不开教学实践。因此，我们仍然需要秉持理论联系实际、理论与实践相结合的基本教育原则。”（李泉，2011b：66）这里明显不是主张在师资培训中脱离教学理论的学习，理论素养是教学的基础，但不能直接表现为和等同于教学能力。理论不落实等于空的口号，毫无用处，教学理论的学习不是为了完成考试的需要，也不是为了炫耀学问，而应当是为了使用的需要、为了实践的需要，应当是为了使被培训者具备教学能力而服务的。

师资培训应当以教学能力的培训为重点。有学者就提出了这样的看法，

"传统的师资培养课程重视学科知识和教学技能的培养，而学科知识和教学技能无法应对实际教学的多重情境、复杂情境和即时性。在师资培养过程中，应该重视价值观和信念，培养反思能力，培养对问题情境的观察能力以及思考和解决实际问题的能力。"（张圆，2008：130）在研究生培养方面我们历来有重理论的传统，认为唯有理论才是高深的、高水平的学术，唯理论、唯学术的标准使汉语国际教育学科的发展脱离了教学实际，也带来研究不够深入（深入教学实际）、不够透彻（实际教学中的问题解释不清、解决不了，或干脆视而不见，回避了之），对教学实践有意义的研究成果少，指导性差的问题。

不重视教学能力的培养，也使所培养的师资教学实践水平的提高空间有限。汉语国际教育学科不要为其他理论学科的偏见所干扰，应当埋头干实事，做出有目共睹的成绩，是学科生存最有说服力的证明，也才是学科发展的根本。

所有的理论探讨，最终都要指向和服务于社会实践和实际应用。虽然理论最终都要联系实际，但是这种联系有直接和间接之分。而对于汉语国际教育的人才培养来说，应当要求培养目标和训练内容都与直接服务于汉语教学实践挂钩，间接的应当剔除，或至少是放在第二位，因为大多用不上，培养的内容更多地要服务于他们直接要面对的教学实践，要首先满足他们的需求，解决他们在海外汉语教学第一线所面临的问题。

提到学科，人们总认为是划分性的，但有些学科是综合性的。当然这些综合性的学科，因为是后起之秀，也因此更接近教学实践的特殊性，实践本身就是综合性的，其实学科的综合性是其特性所在，或者其综合的是各个学科的特性，这只是由于在学科发展的初期借助于其他学科之处甚多的缘故。但借鉴并不是照搬，仍然有其特性，是改造了之后的借鉴，不是其他学科的拼装、组合，而是在综合其他学科形成自己的特点的过程中，只是尚未突显自身的特点。

在重操作的实践性学科、课程中提倡实践，并不是要排斥知识、否定知识的重要性，实际上任何学科都是操作性的（至少是对现实世界的一种认识），知识不过是达到这种认识的工具，当然各种不同的学科对知识的依赖程度和对知识的运用情况存在差异。在汉语国际教育师资培训中重视知识的获取能力，因为这比知识本身更重要，但这并不是说要摈弃知识，只是要摆脱系统讲解知识的做法。知识可以从多渠道获得，但语言教学是一种行为性的、实践性的学科。知识教学与实践操作有冲突，教学知识也不是传统的系统性知识，而是针对在海外汉语教学的实践性、实用性的知识，这些知识是具体化的，来自于海外汉语教学的实践。

任务型教学方式实际上提倡的是在实践中学习，只有这样被培训者对理论的认知和掌握才不会是盲目的和空洞的，经过在理论和实践之间往返多次的互动，就可以使学习和教学联通和结合起来。

我们在汉语国际教育师资培训中强调采用实践性强的任务型教学方式，也是因为教学知识的培训任务可以通过教学实践的方式来完成。实际上，实践性的操作确实要比知识“复制”需要主讲教师花费心思更多，但在此过程中教与学双方是双向互动的，比单向的讲授实际效果要好，效率也要高。

我们强调实践的重要并不等于就是要忽视对师资培养质量的保证，而是认为我们培训的师资质量是好的，因为对汉语国际教育师资的质量观应有所转变，在应用性学科人才培养上不应追求理论的高深，而是追求实践能力、教学能力的增强。如果所培养的师资教学效果好，所培养的学生的质量就高。教学实践中的成功可以帮助被培训的师资获得职业自信，树立起从事这一职业是有价值的观念。

6.2 采用任务型教学方式带来师资培训的创新和变革

基于汉语国际教育专业面向汉语国际教育实践的特点，应当使被培训者在课程学习阶段就开始不断积累教学经验。因而要进行教学方式的变革，采用突出实践性的教学方式。与教学理论学习有关的课程的教学方式的操作，也可以采取带入式的方式，不用直接讲解这些教学理论，以任务完成的方式让被培训的师资自己去探索，有些操作性的教学内容更是与其讲解不如实践，在实际的教学操作中去学习、去体验。

海外的汉语国际教育不仅教学对象和教学环境与国内比有很大的不同，而且教学方式也有很大的不同，这就要求所培养的汉语国际教育师资有很强的适应能力，培养的方式就要有针对性、连接性。不可避免的是，任务型教学有其局限性、弱点和短处，但是任何一种教学课程都会存在这样或那样的同类问题，那么我们就要扬长避短、因势利导，不能因噎废食。在师资培训必然要适应海外汉语国际教育新形势的大环境下，如果我们培养的师资不具备应有的适应能力，不仅他们的教学活动将会遇到很大的麻烦，而且也会导致我们的这项事业归于失败。

教学改革是传统与创新相结合之路，传统的教学方式并非全然是过时的、不适用的，但传统的教学方式是已有的、是我们所熟悉的，只需要延续，而延续的关键只是在于运用到新的教学环境、教学对象和教学要求时的调整问题。更重要的是教学创新，创新有其优势，可以面对不熟悉的、未知成分多的教学情境，但也因此带来了需要去探索、开拓、尝试之处甚多，甚至风险更大，失败的概率更高，但不创新则无从发展，甚至连眼下教学发展的局面都无法应付，更无法满足以后的发展所提出的更高要求。有了创新两结合才有了基础，没有创新就只能是传统的延续了。而只延续传统是不能解决形势变化发展所提出的新问题、新需求的。

我们之所以仍然认为传统与创新要结合，一方面是因为传统是创新之由来，传统可以对创新有支撑作用，当然是要在这种作用发挥得好的情况下；另一方面，传统与创新是各擅胜场，无法互相替代的，应使其各居其宜、各展其长。传统的教学方式在有些课程上有其优势，而新的教学方式也在有些教学领域可展其所长。着眼于生存、着眼于发展就必须着力探索创新之路。

教学创新包括主要的两个方面：课程本身的创新和教学中对新的现代教育技术的采用。对汉语国际教育硕士海外实习的指导一般无法面对面直接进行，但可以通过和利用网络开展。

汉语国际教育是一种新型的教学事业，必然会带来一些传统的教学观念和原则的调整，可能有人会担心这种调整会带来混乱，但如果真正出现了混乱也不是改变教学原则带来的，而是没有教学原则或者教学原则不适用所带来的，没有达到有原则的层次时，会带来真正的混乱状态。

汉语国际教育事业的兴起和发展，给汉语教学学科的发展和提升带来了契机，对汉语国际教育专业硕士的师资培训工作使目前的教学者从仅仅是教学者，跃升成为了教师培训者（教师教育者），这就会促使他们思考教学问题，并且反思自己的教学实践。任务型教学方式使师资培训不再是封闭的过程，而是循环的过程、开放的过程。被培训者在课堂中学习时就接触到教学实践，并且使得他们由个体学习进入到群体活动。运用任务型教学方式进行汉语国际教育师资培训，可以使被培训者通过对自我的和他人的教学行为的观察、讨论、评判来实现他们的自我提升。在课堂教学的能力之中，也包括对教学行为进行观察时对各种教学情况的敏感性，任务型教学方式就提供了充分的观察、体验、讨论和评判的机会。被培训的师资不仅要设想自己所要采取的教学措施，并且要多设想出教学问题更多的解决方法，要设计两种或多种教学方案。如果采用了任务型教学方式，就可以使被培训者通过与其他人的讨论、评估、分析避免自己教学设计的主观性和片面性，增强对教学问题的判断能力和提出的教学问题解决方案的客观性。避免教学的主观性，增强客观性和科学性也是师资培训中的重要课题和内容。

任务型教学方式还可以使被培训者有意识地在实践中调整、改变教学方法，尝试使用多种教学方法以观察其效果，并最终寻找到最佳的、有针对性的教学方法。

教学方式的创新性变革对教学者和学习者都有新的要求，因而形成了课程和教学改革的难度。如果教学只是完成了对天赋好的学生的培养任务，并不是好的教学，甚至很难说完成了教学的任务。教学真正发挥了作用就要做到“有教无类”，对任何教学对象都能加工好，才能够算是完成了教学的任务和教育的使命。

对新的教学方式不能用旧的眼光来看待，更不能用旧的标准来衡量。要正确看待和认识新的教学方式，首先就要在观念上进行转变，而转变观念又是最深层的，所以存在着矛盾。

教学方式不同于教学方法，教学方法更为具体，教学方式则包含着观念，观念正确教学才能对路子。采用新型的教学方式时，观念转变是最为重要的，观念不变，仅追求一些具体的操作方法，以为这样就可以教好课，是企图走捷径的做法，“邯郸学步”反而会适得其反，新方法在观念仍然陈旧的情况下会变形、走样，达不到原有的应有效果。方法是跟随着观念走的，仅移植一些方法，只是得到了皮毛，会有方枘圆凿的结果，反而不如不改用所谓的时髦的“新方法”。新方法不能照搬、不能只遵从书本上的东西，要从实践中去直接摸索、体会，否则必然会在实际使用新方法时出问题危及教学。仅重视教学方法、追求教学方法的做法弊害很大。教学观念的变化要通过被培训的师资亲身经历的教学实践来实现。

在汉语国际教育师资培训工作中，培训者可以有双重的收获，并达到双重的目的：一是完成课程的教学目标；二是完成课程的生长。教师教育是教学改革与发展最为重要的环节，教师主动、能动地参与，才能够真正地推动教育教学变革。

教学方法的变革并不简单地只是改变一下方法，其背后是教学观念的变革，而观念的变革却因其是最深层的，也因而是最难变革的。改变观念实际上就是要彻底改变自己的最深层的（也就是通盘的、或者说所有的）想法以及做法。首先，不要说是深层的变革，任何小小的改变对每一个人来说都比不改变要带来困难；其次，在意识到需要（或者在不得不变革时）改变之后，在从哪里开始改、向哪个方向发展改变、怎么样进行改变的操作皆属未知的情况下，导致改变的难度在所有的行为方向中是最难的。在不到万不得已、被逼无奈的情况下，人们通常不会意识到有去改变的必要性，人们也不会主动地、积极地投身于从事变革。如果人们没有意识到，没有对变革的必要性的充分认识和体验，就不会有变革的紧迫感和对其必要性的认识，即使观念真正改变了，要从观念的改变落实到实际的行动上又是困难重重的。

6.3 回答对任务型教学方式的一些误解和质疑

对任务型教学方式这种“新生事物”最容易产生的质疑是其适用性。在论及中国中小学的外语教学时，有学者认为在中国开展任务型语言教学会受到许多条件的限制，最为突出的是缺乏目的语环境，因此任务型教学方式不适于在中国的中小学开展。“中小学生英语学习群体中的相当一部分人每天接触英语的时间仅为1–2学时。这一有限的接触量使得任务型教学所体现的‘让学习者通过对语言的感知体验，建构起对目的语系统的认识’的理念，尤其是对于初学者来说，显得非常不切实际。”（魏永红，2004：158）实际上，就连国外的学习者接触汉语的机会也在日益增多，作为外语的汉语的学习条件也在发生着变化，在不断得到改善。这是随着中外交流的日益增多，中国人日益走出国门，日益走向世界而带来的，不仅有了学习汉语的需求而且有了接触汉语的机会和条件。在中国境内开展的对外汉语教学应该没有这样的不利条件，但是却受着国内外语教学缺乏语言环境条件下的教学方式和观念的影响，令人不免感到南辕北辙。

有学者提出了任务型教学方式也许并不能适用于所有学习者的问题。“第一，同一个学习者在学习不同知识与技能时所经历的学习过程可能有差异；第二，不同学习者的学习方式和学习过程存在差异。鉴于这两点，任务型语言学习方式不一定是所有语言学习者最有效的学习途径。”（程晓堂，2004：175）如果这种说法是成立的，那么这两点对于其他的语言教学途径就没有影响吗？其实，任何教学法或教学方式都有适用面的局限，并不能“放之四海而皆准”，而任务型教学方式相较于其他的教学方式在这方面具有优势，因为在任务型语言教学中学习者之间的互动较多，可以利用不同背景的学习者之间的差异进行互补互助性的活动来适应不同学习风格的学习者，还有综合利用各种教学途径和方法也是一个解决这种问题的好办法。

对任务型教学方式适用性的质疑，还包括是否能够适用于不同学习文化的群体。“我们认为，在有些群体的学习文化中，学习者对学习过程的认识以及对师生角色的认识可能与任务型语言教学所提倡的学习过程和师生关系是相抵触的。”（程晓堂，2004：175）学习文化也是可以改变的。拘谨保守者如何达到好的学习效果？这个难题也不是传统的教学方式就能很好解决的，任务型教学所提供的自主性框架，也许为拥有各种各样学习文化的学习者都留有了一定的适应和发挥的空间。同时，学习者观念、认识的改变更为重要。

对任务型教学方式还存在着一些其他的批评。例如，在对教师的要求方面与以往的不同，就受到了指责。“然而，任务型教学并非完美，它受到不少二语习得学者与教师的批评。首先，相较于传统的教学法，任务型教学对课堂管理技巧以及时间的掌握要求较高。缺乏经验的教师以及时间的不足都可能影响任务型教学的成效。在时间压力下，学习者有可能牺牲准确度来换取较高的口语流利度。其次，任务型教学需要教师高度的创造力以及主动性。倘若教师习惯于传统的教学法或没有时间设计规划任务，任务教学法就不太可能实现。”（柯传仁，黄懿慈，朱嘉，2012：147）我们认为这里提出的“批评”有些“无的放矢”。首先，对任何一种教学方式提出完美的要求都是过分和不切实际的。其次，这里提出的两个问题是可以解决的问题，而且并非是任务型教学本身的问题，而是由于对教师培训不足，使他们难以适应任务型的教学方式所造成的，因而没有充分发挥出任务型教学方式的优势和作用，但是这两个问题可以通过培训促进教师自身的发展而解决。

还有对任务型教学方式的误解是将其混同于交际教学法。“强调在课堂上模仿真实的生活场景，进行有意义的交际活动，本是交际型教学法一贯的原则和主张，但目前有些教师在实施任务型教学时常常过分地强调交际的流利性，忽视语言结构的训练，这就有可能使得学生在完成任务时尽量避免使用其不熟悉的语言结构，并由此影响到他们语言能力的提高。从事语言教学的人都知道，在课堂上模仿真实的生活是语言教学的目标，真正实现起来却有着相当大的难度。”（胡孝斌，2011：37）如果简单的语言结构能表达清楚、完成交际任务，为什么要用复杂的语言结构？熟悉的语言结构可以完成交际任务，就不必一定用熟悉的，由此只能推知：学生们如此做，或是设置的任务有问题，或是他们熟悉的语言结构有较高的表达效用。忽视语言结构的训练并不是任务型教学方式所提倡的，正是在这一点上，任务型教学方式纠正了以往交际教学法的偏失。如果在任务型教学方式的运用过程中出现了“忽视语言结构训练”的情况，这是对任务型教学方式的歪曲性使用，并不是任务型教学方式本身所具有的特性。

还有些国外的学者也认为在国内的汉语教学中运用任务型教学方式是“重功能而轻结构”。“在美国从事多年对外汉语教学的学者周质平教授2010年春在北京语言大学汉语速成学院的演讲会上曾强烈呼吁，坚决反对语言课堂上过多地出现所谓的‘表演’练习。他指出，任务型教学法的主要特点是重功能而轻结构，但这也是它致命的缺点，如果不分教学对象，忽视学习阶段的特点而一味地强调和推广任务型教学模式，其直接的后果就是‘准确让位于流利’。”（胡孝斌，2011：37）难道“准确”和“流利”不能同时发展吗？实际上，任务型教学方式并不重视功能，因为重视功能的交际教学法正是任务型教学方式要超越的。周质平先生并不了解国内的对外汉语教学，因为我们并没有“一味地强调和推广任务型教学模式”。而且国内的对外汉语教学同样作为第二语言教学，与国外的二语教学任务型语言教学新理论有相似的应用条件，因而具备运用该教学方式的适用性。

我们赞成在教学方法的问题上不应该自我设限，固步自封，评定教学方式的适应性，关键是要看教学效果。“评判一种教学法是优是劣，最好的标准要看教学效果。在没有完全熟练掌握学习规律和语言规则的情况下，完成‘任务’谈何容易？课堂实施任务表演有时候就真成了调节气氛，就成了热闹。”（胡孝斌，2011：39）但是，调节气氛在课堂教学中不是必要的吗？热闹不好吗？何以能够说学生没有学习经验（“掌握学习规律”）和对外语规则掌握的经验？学生已有的语言经验（哪怕是母语学习的）和学习经历可以作为学习外语的基础，这是建构主义的教学理念，也得到了广泛的认同。这种对任务型教学法的理解实际上是表面化的，甚至是歪曲的。

有学者还提出，“已有学者指出，有些运用任务型教学模式的课堂，看似一片热闹，好像学生都在开口，但其实失去了教师控制的课堂活动，对学习者来说常常是流于形式，对他们的语言提高并没有实质的帮助。”（胡孝斌，2011：42）不知道得出这样的结论的根据是什么，以此来否定任务型语言教学的实施，显然理由是不够充分的。在一个组织不好的课堂上，采用任何的教学方式都会出现这样的现象，而非只是任务型语言教学之过。教师控制严密的传统课堂是否能使学习者获得语言水平的提高，恐怕令人怀疑。采用传统的注重语言知识和语法结构的教学中出现的许多问题，已经到了迫使我们不得不反思其教学的效果和适应教学形势发展变化的能力。某些个别的不成熟、不健康的课堂教学情况，不能成为否定任务型语言教学的理由和借口。以点“代”面，不免以偏概全，如此轻易得出否定性的结论，可能会对教学带来不利的影响。

周质平先生还认为，“交际性教学原则的策略是‘领会—复现—表达’。而有些任务型课堂过分突出交际和表达，就会出现轻领会、轻复现、重表达的倾向。在练习表达时又容易忽视学习者的错误，宁可追求不正确的表达，也不要学习者的不表达。结果是为了追求表达的实现，可能以丧失准确性为代价。”（胡孝斌，2011：43）“轻领会、轻复现、重表达的倾向”有什么不对吗？重视交际能力的培养正是符合汉语教学的原则和任何其他的第二语言教学的原则。

参考文献

[1]白宏钟. 浅议汉语国际教师文化传播能力培训[C]. //北京汉语国际推广中心、北京师范大学汉语文化学院编.国际汉语教育人才培养论丛(第四辑). 北京:北京大学出版社, 2014: 29-35.

[2]布鲁纳. 布鲁纳教育学论著选[M]. 北京:人民教育出版社, 1989.

[3]步延新. 汉语教师志愿者所遇问题及相关对策——以赴泰国汉语教师志愿者为例[C]. //北京汉语国际推广中心、北京师范大学汉语文化学院编.国际汉语教育人才培养论丛(第四辑). 北京:北京大学出版社, 2014: 136-143.

[4]曹顺庆,李宇凤,傅其林. 论汉语国际教育硕士的分层综合实习模式——兼及学生的自主管理[C]. //北京汉语国际推广中心、北京师范大学汉语文化学院编.国际汉语教育人才培养论丛(第一辑). 北京:北京大学出版社, 2008: 229-241.

[5]车溪. 从"知惑"到"解惑"——论学习共同体对汉语国际教育学生教师发展的影响[C]. //姜明宝主编.汉语国际教育人才培养理论研究. 北京:北京语言大学出版社, 2013: 3-17.

[6]陈绂. 对国内对外汉语教学的反思——AP汉语与文化课及美国教学实况给我们的启发[J], 语言文字应用. 2006,(S1): 35-44.

[7]陈绂. 从北美地区中小学汉语教学的特点谈汉语国际教师的培养[C]. //北京汉语国际推广中心、北京师范大学汉语文化学院编.国际汉语教育人才培养论丛(第一辑). 北京:北京大学出版社, 2008: 91-106.

[8]陈 绂. 从志愿者的"问题案例"看汉语国际教师的培养[C]. //北京汉语国际推广中心、北京师范大学汉语文化学院编.国际汉语教育人才培养论丛(第二辑). 北京:北京大学出版社, 2011:10-20.

[9]陈梦云. 激发教师心灵智慧,引导教师专业成长——从国际汉语教师专业独特性管窥教师内力作用[C]. //北京汉语国际推广中心、北京师范大学汉语文化学院编.国际汉语教育人才培养论丛(第四辑). 北京:北京大学出版社, 2014:125-130.

[10]陈向明. 实践性知识:教师专业发展的知识基础[J]. 北京大学教育评论, 2003,(1):

104-112.

[11]陈颖. 浅论汉语沟通能力培养的重要性[C]. //北京汉语国际推广中心、北京师范大学汉语文化学院编.国际汉语教育人才培养论丛(第三辑). 北京:北京大学出版社, 2012: 30-34.

[12]程爱民. 论汉语国际教育硕士的培养模式 [C]. //北京汉语国际推广中心、北京师范大学汉语文化学院编.国际汉语教育人才培养论丛(第一辑). 北京:北京大学出版社, 2008: 36-41.

[13]程爱民、张全真.汉语国际教育专业硕士教学实习模式探索[C]. //北京汉语国际推广中心、北京师范大学汉语文化学院编.国际汉语教育人才培养论丛(第三辑). 北京:北京大学出版社, 2012: 399-405.

[14]程可拉. 任务型外语学习研究[M]. 广州: 广东高等教育出版社, 2006.

[15]程可拉、刘津开. 中学英语任务型教学理念与教学实例[M]. 广州: 华南理工大学出版社, 2003.

[16]程晓堂. 任务型语言教学[M]. 北京: 高等教育出版社,2004.

[17]崔立斌. 谈汉语国际教育专业硕士培养的课程设置[C]. //北京汉语国际推广中心、北京师范大学汉语文化学院编.国际汉语教育人才培养论丛(第二辑). 北京:北京大学出版社, 2011: 99-107.

[18]崔希亮. 汉语国际教育"三教"问题的核心与基础[J], 世界汉语教学. 2010, 24(1): 73-81.

[19]丁安琪. 汉语作为第二语言学习者研究[M]. 北京: 世界图书出版公司北京公司, 2010.

[20]丁崇明. 汉语国际教育专业硕士应掌握的语言知识及其应用能力[C]. //北京汉语国际推广中心、北京师范大学汉语文化学院编.国际汉语教育人才培养论丛(第二辑). 北京:北京大学出版社, 2011: 145-154.

[21]丁仁仑.交际型大学英语创新教学模式研究[M]. 北京:国防工业出版社, 2010.

[22]杜健.汉语国际教育硕士培养管理中存在的问题及对策[C]. //北京汉语国际推广中心、北京师范大学汉语文化学院编.国际汉语教育人才培养论丛(第三辑). 北京:北京大学出版社, 2012: 324-331.

[23]樊泽媛. 跨文化背景下泰国高中来华中长期项目的学生管理策略[C]. //北京汉语国际推广中心、北京师范大学汉语文化学院编.国际汉语教育人才培养论丛(第四辑). 北京:北京大学出版社, 2014: 102-108.

[24]冯丽萍. 以培养目标为导向建立汉语国际教育硕士课程体系[C]. //北京汉语国际推广中心、北京师范大学汉语文化学院编.国际汉语教育人才培养论丛(第一辑). 北京:北京大学出版社, 2008: 77-85.

[25]龚亚夫、罗少茜. 任务型语言教学(修订版)[M]. 北京: 人民教育出版社, 2006.

[26]郭跃进. 高中英语新课程高效创新教学法 新课标·新理念·新教材·新策略·新方法[M].武汉: 武汉大学出版社, 2008.

[27]胡文仲. 跨文化交际学概论[M]. 北京:外语教学与研究出版社, 1999.

[28]胡孝斌. 对任务型教学模式的反思——再谈短期速成汉语教学中'精讲多练'的原则[C]. //迟兰英主编,汉语速成教学研究. 北京:北京语言大学出版社,2011: 35-46.

[29]黄启庆、刘娟娟、杨春雁. 关于外国留学生对汉语教师期望要素的初步调查[C]. //世界汉语教学学会秘书处编.第十一届国际汉语教学研讨会论文选. 北京:高等教育出版社, 2013: 40-52.

[30]黄晓颖. 对外汉语教学中隐性课程的开发[J]. 汉语学习, 2011, (1): 81-86.

[31]贾放. 汉语国际教育专业硕士教育科学研究能力培养刍议[C]. //北京汉语国际推广中心、北京师范大学汉语文化学院编.国际汉语教育人才培养论丛(第二辑). 北京:北京大学出版社, 2011: 183-190.

[32]江新、郝丽霞. 对外汉语教师实践性知识的个案研究[J]. 世界汉语教学, 2010, 24(3): 394-405.

[33]江新、张海威. 对外汉语教学观念与教学行为研究[C]. //世界汉语教学学会秘书处编.第七届国际汉语教学学术研讨会论文集. 北京:外语教学与研究出版社, 2011.

[34]姜丽萍. 汉语作为第二语言课堂教学[M]. 北京: 北京大学出版社, 2011.

[35]蒋小棣. 汉语国际教育硕士专业课程设置研究[M]. 北京:世界图书出版公司北京公司, 2009.

[36]李柏令主编. 新思域下的汉语课堂——"以学生为中心"的对外汉语教学探索[M]. 上海: 上海交通大学出版社, 2010.

[37]李庚. 对提高教育硕士专业学位研究生培养质量的探讨[J]. 辽宁师范大学学报(社会科学版), 2009, (3).

[38]李静. 我国体育硕士专业学位教育存在的问题与对策研究[J]. 北京体育大学学报, 2010, (7).

[38]李娜. 构建和谐、有效、科学、创新的班集体[C]. //北京汉语国际推广中心、北京师范大学汉语文化学院编.国际汉语教育人才培养论丛(第一辑). 北京:北京大学出版社, 2008: 220-228.

[39]李娜. 对汉语国际教育硕士专业英语课的思考及调查[C]. //北京汉语国际推广中心、北京师范大学汉语文化学院编.国际汉语教育人才培养论丛(第三辑). 北京:北京大学出版社, 2012: 87-93.

[40]李泉. 文化教学定位与教学内容取向[J]. 国际汉语, 2011a, (1).

[41]李泉. 汉语国际教育硕士培养原则与实施重点探讨[C]. //北京汉语国际推广中心、北京师范大学汉语文化学院编.国际汉语教育人才培养论丛(第二辑). 北京:北京大学出版社, 2011b: 59–70.

[42]李泉. 国际汉语教师培养规格问题探讨[C]. //姜明宝主编.汉语国际教育人才培养理论研究. 北京:北京语言大学出版社, 2013: 128–142.

[43]李泉、金香兰. 国际汉语教师的角色认知[C]. //世界汉语教学学会秘书处编.第十一届国际汉语教学研讨会论文选. 北京:高等教育出版社, 2013: 16–24.

[44]李瑞红. 自主学习模式中英语教师的角色定位[J]. 滨州职业学院学报,2006,(11).

[45]梁晓萍、邓葵. 对于汉语国际教育硕士专业学位培养方案及课程设置的分析与思考[C]. //北京汉语国际推广中心、北京师范大学汉语文化学院编.国际汉语教育人才培养论丛(第三辑). 北京:北京大学出版社, 2012: 63–75.

[46]梁宇. 从教师自主发展看国际汉语师资培训教材建设——以《我的课堂活动设计笔记——话题功能篇》为例[C]. //世界汉语教学学会秘书处编.第十一届国际汉语教学研讨会论文选. 北京:高等教育出版社, 2013: 97–101.

[47]廖继莉.汉语国际教育硕士汉外语言对比课堂教学改革尝试[C]. //北京汉语国际推广中心、北京师范大学汉语文化学院编.国际汉语教育人才培养论丛(第三辑). 北京:北京大学出版社, 2012: 170–178.

[48]林立,易燕,马青,朱昱,代芊编著. 任务型学习在英语教学中的应用[M]. 北京: 首都师范大学出版社, 2005.

[49]林秀琴. 汉语国际教育硕士教学能力培养问题探讨——关于“教学实训”系列课程的设想[C]. //北京汉语国际推广中心、北京师范大学汉语文化学院编.国际汉语教育人才培养论丛(第三辑). 北京:北京大学出版社, 2012: 202–208.

[50]刘芳芳.论对外汉语教学中的隐性课程[J]. 渤海大学学报 , 2008, (1) .

[51]刘启艳. 论合作学习中的教师角色[J]. 改革纵横,2001,(1).

[52]刘颂浩. 第二语言习得导论——对外汉语教学视角[M]. 北京: 世界图书出版公司北京公司, 2007.

[53]刘颂浩. 汉语国际教育专业硕士培养:经验和反思[C]. //姜明宝主编.汉语国际教育人才培养理论研究. 北京:北京语言大学出版社, 2013: 64–77.

[54]刘玉静、高艳. 合作学习教学策略[M]. 北京: 北京师范大学出版社, 2001.

[55]卢华岩. 对外汉语课堂教学行为的理论与实践[M]. 北京: 北京大学出版社, 2011.

[56]鲁子问. 中小学英语真实任务教学实践论[M]. 北京: 外语教学与研究出版社, 2003.

[57]罗春英. 留学生话语中的交际策略和偏误类型及成因论析[J].云南师范大学学报(对外汉语教学与研究版), 2012,10 (4): 23–28.

[58]罗少茜、路锡钦. 解读任务型的教学途径:任务·真实性·任务链[J]. 中小学外语教学, 2002,Vol. 25 , 20-23.

[59]马冬梅. 英语教学中小组口语活动后的学生自我纠正[J].外语教学与研究，2002, 34 (2): 131-135.

[60]马秀丽. 社会文化学理论和第二语言教师教育[J]. 华文教学与研究，2011, (4).

[61]马燕华. 关于汉语国际教育硕士学位论文定位的思考[C]. //北京汉语国际推广中心、北京师范大学汉语文化学院编.国际汉语教育人才培养论丛(第一辑). 北京:北京大学出版社, 2008: 249-259.

[62]马燕华.论课程实施类专业学位论文评价标准[C]. //北京汉语国际推广中心、北京师范大学汉语文化学院编.国际汉语教育人才培养论丛(第三辑). 北京:北京大学出版社, 2012: 271-278.

[63]毛悦. 基于任务的汉语速成教学模式研究[C]. //迟兰英主编，汉语速成教学研究. 北京: 北京语言大学出版社，2011: 3-13.

[64]覃辉、鲍勤主编. 建构主义教学策略实证研究——以云南农村高中英语教学为案例[M]. 昆明: 云南大学出版社, 2010.

[65]汝淑媛. 试论通过教学实习培养汉语国际教育专业硕士的教学能力[C]. //北京汉语国际推广中心、北京师范大学汉语文化学院编.国际汉语教育人才培养论丛(第二辑). 北京:北京大学出版社, 2011: 244-251.

[66]施良方. 课程理论——课程的基础、原理与问题[M]. 北京:教育科学出版社, 1996.

[67]司红霞. 汉语国际教育专业要注重方法和方法论的引导——以第二语言习得课教学为例[C]. //北京汉语国际推广中心、北京师范大学汉语文化学院编.国际汉语教育人才培养论丛(第三辑). 北京:北京大学出版社, 2012: 300-305.

[68]孙德坤. 教师认知研究与教师发展[J]. 世界汉语教学, 2008,(3): 74-86.

[69]汤亚平.汉语国际教育专业硕士实习建议[C]. //北京汉语国际推广中心、北京师范大学汉语文化学院编.国际汉语教育人才培养论丛(第四辑). 北京:北京大学出版社, 2014: 232-237.

[70]田艳. 国际汉语课堂教学研究——课堂组织与设计[M]. 北京: 中央民族大学出版社, 2010.

[71]王才仁. 英语教学交际论[M]. 南宁: 广西教育出版社, 1996.

[72]王宏丽. 北京师范大学汉语国际教育硕士培养模式研究[C]. //北京汉语国际推广中心、北京师范大学汉语文化学院编.国际汉语教育人才培养论丛(第一辑). 北京:北京大学出版社，2008: 52-68.

[73]王宏丽,朱小健. 汉语国际教育硕士生的海外实习与学位论文开题[C]. //北京汉语国

际推广中心、北京师范大学汉语文化学院编.国际汉语教育人才培养论丛(第一辑). 北京:北京大学出版社, 2008: 260-275.

[74]王健昆. 汉语国际教育专业硕士"汉语本体知识与对外汉语教学"课程建设的思考[C]. //北京汉语国际推广中心、北京师范大学汉语文化学院编.国际汉语教育人才培养论丛(第一辑). 北京:北京大学出版社, 2008: 142-148.

[75]王路江. 汉语国际推广与对外汉语研究生教育的创新[J]. 学位与研究生教育, 2008,(11): 51-55.

[76]王锐. 第二语言课堂教学中实施合作学习策略的研究[C]. //郭鹏主编,汉语国际教育研究(第2辑). 北京:高等教育出版社,2011: 73-80.

[77]王瑞烽. 小组活动的任务形式和设计方式及其在对外汉语教学中的应用[J]. 语言教学与研究, 2007, (1): 82-87.

[78]王若江. 关于汉语国际教育硕士专业学位培养方案的思考[C]. //北京汉语国际推广中心、北京师范大学汉语文化学院编.国际汉语教育人才培养论丛(第二辑). 北京:北京大学出版社, 2011: 36-43.

[79]王坦. 合作学习的理念与实施[M]. 北京: 中国人事出版社, 2004.

[80]王坦. 合作教学导论[M]. 济南: 山东教育出版社, 2007.

[81]王坦、宋宝和、刘吉林. 走向自主——杜郎口中学教学改革解读[M]. 济南: 山东教育出版社, 2007.

[82]王薇. "以学习者为中心"的汉语师资培养模式——以北京第二外国语学院汉语国际教育专业教学改革为例[C]. //北京汉语国际推广中心、北京师范大学汉语文化学院编.国际汉语教育人才培养论丛(第四辑). 北京:北京大学出版社, 2014: 151-158.

[83]王学松. 来华美国留学生对汉语教师的评价标准——以PiB"教学评价"为例[J]. 东北师大学报(哲学社会科学版), 2008,(2): 158-161.

[84]王学松. 再论汉语国际教育硕士专业学位研究生的文化知识和文化素养[C]. //北京汉语国际推广中心、北京师范大学汉语文化学院编.国际汉语教育人才培养论丛(第二辑). 北京:北京大学出版社, 2011: 128-136.

[85]伍新春、管琳. 合作学习与课堂教学[M]. 北京: 人民教育出版社, 2010.

[86]谢艳. 中小学对外汉语教学中兴趣培养模式初探——以东北育才学校国际部为例[C]. //北京汉语国际推广中心、北京师范大学汉语文化学院编.国际汉语教育人才培养论丛(第四辑). 北京:北京大学出版社, 2014: 332-346.

[87]魏慧萍. 试论汉语国际教育专业硕士培养的"理—知—行"模式及其特色[C]. //北京汉语国际推广中心、北京师范大学汉语文化学院编.国际汉语教育人才培养论丛(第三辑). 北京:北京大学出版社, 2012: 339-343.

[88]魏永红. 任务型外语教学研究：认知心理学视角[M]. 上海: 华东师范大学出版社, 2004.

[89]温晓虹. 汉语作为外语的习得研究——理论基础与课堂实践[M]. 北京: 北京大学出版社, 2008.

[90]吴成年.汉语国际教育专业硕士的战略意识[C]. //北京汉语国际推广中心、北京师范大学汉语文化学院编.国际汉语教育人才培养论丛(第三辑). 北京：北京大学出版社, 2012: 351-361.

[91]吴成年. 当代中国流行文化的国际传播与国际汉语教育[C]. //北京汉语国际推广中心、北京师范大学汉语文化学院编.国际汉语教育人才培养论丛(第四辑). 北京：北京大学出版社, 2014: 68-77.

[92]吴春相. 谈谈汉语国际教育硕士生的实践是一种体系[C]. //北京汉语国际推广中心、北京师范大学汉语文化学院编.国际汉语教育人才培养论丛(第二辑). 北京：北京大学出版社, 2011: 219-227.

[93]吴春相. 汉语国际教育硕士形象塑造问题初探[C]. //北京汉语国际推广中心、北京师范大学汉语文化学院编.国际汉语教育人才培养论丛(第三辑). 北京：北京大学出版社, 2012: 1-8.

[94]吴勇毅. 意大利学生汉语口语学习策略使用的个案研究[J].世界汉语教学, 2008, (4): 88-100.

[95]吴中伟. 论任务的典型性[C]. //李晓琪主编，汉语教学学刊(第4辑). 北京：北京大学出版社，2008: 275-285.

[96]吴中伟,郭鹏. 对外汉语任务型教学[M]. 北京: 北京大学出版社, 2009.

[97]夏耕. 从埃及汉语教育看汉语国际推广教学能力的培养[C]. //姜明宝主编.汉语国际教育人才培养现状与对策. 北京：北京语言大学出版社, 2013: 64-75.

[98]夏纪梅、孔宪辉. “难题教学法”与“任务教学法”的理论依据及其模式比较[J]. 外语界, 1998, (3).

[99]肖惜. 信息化外语自主学习导航[M]. 武汉: 武汉大学出版社, 2010.

[100]萧国政.汉语国际教育专业硕士培养的多维挑战与模式应对[C]. //北京汉语国际推广中心、北京师范大学汉语文化学院编.国际汉语教育人才培养论丛(第三辑). 北京：北京大学出版社, 2012: 344-350.

[101]熊玉珍. 信息技术支持下的国际汉语教师专业发展[C]. //姜明宝主编.汉语国际教育人才培养现状与对策. 北京：北京语言大学出版社, 2013: 332-340.

[102]徐宝妹、吴春相.汉语国际教育硕士专业学科建设刍议[C]. //北京汉语国际推广中心、北京师范大学汉语文化学院编.国际汉语教育人才培养论丛(第一辑). 北京：北京大学出

版社,2008: 42-51.

[103]徐彩华、史芬茹. 开设海外儿童汉语教学技能课的尝试与探索[C]. //北京汉语国际推广中心、北京师范大学汉语文化学院编.国际汉语教育人才培养论丛(第四辑). 北京:北京大学出版社, 2014: 321-327.

[104]徐锦芬. 大学外语自主学习理论与实践[M]. 北京: 中国社会科学出版社, 2007.

[105]徐晶凝.国际汉教硕士高级汉语课的设置构想[C]. //北京汉语国际推广中心、北京师范大学汉语文化学院编.国际汉语教育人才培养论丛(第三辑). 北京:北京大学出版社, 2012: 94-99.

[106]徐娟、宋继华. 对外汉语教师信息素养的内涵、评价体系与培养[J]. 国际汉语教学动态与研究, 2005, (1).

[107]徐丽华、孙春颖.以培养核心职业能力为重心的汉语国际教育硕士专业学位研究生教育管理[C]. //北京汉语国际推广中心、北京师范大学汉语文化学院编.国际汉语教育人才培养论丛(第三辑). 北京:北京大学出版社, 2012: 249-254.

[108]许超.教师成为咨询者的归因分析与应对策略[J], 新课程研究, 2007, (3).

[109]许嘉璐. 放开眼界, 更新观念,让汉语走向世界——在北京师范大学纪念开展对外汉语教学40周年大会上的讲话[J], 语言文字应用. 2006,(S1): 2-7.

[110]许嘉璐. 解放思想 交流经验 共探新路——在"国际汉语教育人才培养研讨会"开幕式上的讲话[C]. //北京汉语国际推广中心、北京师范大学汉语文化学院编.国际汉语教育人才培养论丛(第一辑). 北京:北京大学出版社, 2008a: 1-12.

[111]许嘉璐. 解放自己 大胆实践——在"国际汉语教育人才培养研讨会"闭幕式上的讲话[C]. //北京汉语国际推广中心、北京师范大学汉语文化学院编.国际汉语教育人才培养论丛(第一辑). 北京:北京大学出版社, 2008b: 13-21.

[112]许希阳. 以问题为导向的任务型教学研究——以对外汉语口语教学为例[J]. 暨南大学华文学院学报(华文教学与研究), 2009,(3):7-13.

[113]严明主编. 语言教育心理学理论研究[M].长春:吉林出版集团有限责任公司, 2009a.

[114]严明主编. 大学英语自主学习能力培养模式研究: 体验的视角[M]. 哈尔滨: 黑龙江大学出版社, 2009b.

[115]杨翠蓉、胡谊、吴庆麟. 教师知识的研究综述[J]. 心理科学, 2005, (5).

[116]杨惠元. 汉语听力说话教学法[M]. 北京: 北京语言学院出版社, 1996.

[117]杨惠元. 课堂教学理论与实践[M]. 北京: 北京语言大学出版社, 2007.

[118]杨启亮. 教育硕士专业的课程制约性与对策[J]. 江苏高教, 2001, (3).

[119]杨蓉蓉. 国际汉语教师跨文化能力的内涵及其培养:定性与实证相结合的考察[C]. //北京汉语国际推广中心、北京师范大学汉语文化学院编.国际汉语教育人才培养论丛(第四

辑). 北京:北京大学出版社, 2014: 22-28.

[120]杨晓黎. 国际汉语教师培养要重视实习教材建设[C]. //世界汉语教学学会秘书处编. 第十一届国际汉语教学研讨会论文选. 北京:高等教育出版社, 2013: 3-7.

[121]杨晓黎. 新形势下汉语国际教育专业人才的培养[C]. //北京汉语国际推广中心、北京师范大学汉语文化学院编.国际汉语教育人才培养论丛(第四辑). 北京:北京大学出版社, 2014: 192-196.

[122]杨用同. 汉语国际教育硕士的师资队伍建设[C]. //北京汉语国际推广中心、北京师范大学汉语文化学院编.国际汉语教育人才培养论丛(第三辑). 北京:北京大学出版社, 2012: 215-221.

[123]岳守国. 任务语言教学法:概要、理据及运用[J].外语教学与研究, 2002, 34 (5): 364-367.

[124]翟宜疆. 教师跨文化意识与汉语国际教育专业硕士培养[C]. //北京汉语国际推广中心、北京师范大学汉语文化学院编.国际汉语教育人才培养论丛(第三辑). 北京:北京大学出版社, 2012: 222-226.

[125]张春燕. 关于中国文化海外传播的路径、内容选择的几点思考[C]. //北京汉语国际推广中心、北京师范大学汉语文化学院编.国际汉语教育人才培养论丛(第四辑). 北京:北京大学出版社, 2014: 78-84.

[126]张和生. 对外汉语教师素质与培训研究的回顾与展望[J]. 北京师范大学学报(社会科学版), 2006,(3): 108-113.

[127]张和生. 汉语国际教育硕士培养的回顾与展望[C]. //北京汉语国际推广中心、北京师范大学汉语文化学院编.国际汉语教育人才培养论丛(第一辑). 北京:北京大学出版社, 2008: 27-35.

[128]张和生. 汉语国际教育专业硕士培养中若干重大问题的思考[C]. //北京汉语国际推广中心、北京师范大学汉语文化学院编.国际汉语教育人才培养论丛(第二辑). 北京:北京大学出版社, 2011: 44-49.

[129]张和生. 就业——汉语国际教育专业学位必须面对的挑战[C]. //北京汉语国际推广中心、北京师范大学汉语文化学院编.国际汉语教育人才培养论丛(第三辑). 北京:北京大学出版社, 2012: 394-398.

[130]张和生, 鲁俐. 再论对外汉语教师的素质培养[J] . 语言文字应用, 2006, (2) .

[131]张建民. 国际汉语教师隐性知识显性化的途径[C]. //世界汉语教学学会秘书处编.第十一届国际汉语教学研讨会论文选. 北京:高等教育出版社, 2013: 284-287.

[132]张捷鸿、常庆丰.汉语国际教育硕士培养模式的探索与设想[C]. //北京汉语国际推广中心、北京师范大学汉语文化学院编.国际汉语教育人才培养论丛(第三辑). 北京:北京大学

出版社, 2012: 332-338.

[133]张美霞. 在短期汉语教学中开展任务式教学法的设想——以初级汉语水平的短期汉语教学为例[J]. 云南师范大学学报(对外汉语教学与研究版), 2009,(2): 42-48.

[134]张淑慧. 中文教师的文化意识及教学目标[C]. //北京汉语国际推广中心、北京师范大学汉语文化学院编.国际汉语教育人才培养论丛(第四辑). 北京:北京大学出版社, 2014: 263-273.

[135]张圆. 培养对外汉语应用型硕士的教学实践能力——建设以实践性知识为基础的课程[C]. //北京汉语国际推广中心、北京师范大学汉语文化学院编.国际汉语教育人才培养论丛(第一辑). 北京:北京大学出版社, 2008: 129-135.

[136]赵金铭. 对外汉语教学理念管见 [J]. 语言文字应用, 2007,(3): 13-18.

[137]赵金铭. 汉语国际传播研究述略[J]. 浙江师范大学学报(社会科学版), 2008, 33(5): 19-24.

[138]赵金铭. 课程体系与实习体系——汉语国际教育硕士专业学位的两个科学体系[C]. //北京汉语国际推广中心、北京师范大学汉语文化学院编.国际汉语教育人才培养论丛(第二辑). 北京:北京大学出版社, 2011: 1-9.

[139]赵颖. 北京师范大学汉语国际教育人才培养过程中合作学习的优越性[C]. //北京汉语国际推广中心、北京师范大学汉语文化学院编.国际汉语教育人才培养论丛(第一辑). 北京:北京大学出版社, 2008: 315-319.

[140]郑艳群. 对外汉语教育技术概论[M]. 北京: 商务印书馆, 2012.

[141]周守晋. 国际·汉语·教育——浅议国际汉语教师培养与课程建设的创新[C]. //姜明宝主编.汉语国际教育人才培养理论研究. 北京:北京语言大学出版社, 2013: 283-294.

[142]朱瑞平. 汉语国际教育专业硕士班"中国文化"可的教学及相关思考[C]. //北京汉语国际推广中心、北京师范大学汉语文化学院编.国际汉语教育人才培养论丛(第一辑). 北京:北京大学出版社, 2008:177-188.

[143]朱瑞平. 略论汉语国际教育人才培养的针对性问题[C]. 北京汉语国际推广中心、北京师范大学汉语文化学院编.国际汉语教育人才培养论丛(第二辑). 北京:北京大学出版社, 2011: 50-58.

[144]朱瑞平. 汉语国际教育专业硕士国外生源培养问题[C]. 北京汉语国际推广中心、北京师范大学汉语文化学院编.国际汉语教育人才培养论丛(第三辑). 北京:北京大学出版社, 2012: 288-293.

[145]朱瑞平.需求与因应:国际汉语教师中华文化传播能力培养[C]. //北京汉语国际推广中心、北京师范大学汉语文化学院编.国际汉语教育人才培养论丛(第四辑). 北京:北京大学出版社, 2014:14-21.

[146]朱小健. 在职汉语国际教育专业硕士培养初探[C]. //北京汉语国际推广中心、北京师范大学汉语文化学院编.国际汉语教育人才培养论丛(第二辑). 北京:北京大学出版社, 2011: 137-144.

[147]朱永生. 有关国际汉语教育硕士专业课程设置与教学实习的几点设想[J]. 云南师范大学学报(对外汉语教学与研究版),2008, (2).

[148]朱志平.论汉语国际教育专业硕士培养模式的"转型"[C]. //北京汉语国际推广中心、北京师范大学汉语文化学院编.国际汉语教育人才培养论丛(第三辑). 北京:北京大学出版社, 2012: 306-315.

[149]朱志平.论汉语国际教育专业硕士所需课堂教学能力——基于对美国中学汉语课堂教学的观察[C]. //北京汉语国际推广中心、北京师范大学汉语文化学院编.国际汉语教育人才培养论丛(第四辑). 北京:北京大学出版社, 2014: 179-191.

[150] [美]威廉·鲍威尔和[印尼]欧辰·库苏玛-鲍威尔主编. 如何进行个性化进行——来自国际学校的启示[M], 张园译.北京: 北京大学出版社, 2013.

[151] [美]F.戴维. 课堂管理技巧[M].上海:华东师大出版社, 2002.

[152] [美]M.P.德里斯科尔. 学习心理学——面向教学的取向[M], 王小明等译.上海: 华东师范大学出版社, 2008.

[153] [美]R.M.加涅、L.J.布里格斯、W.W.韦杰. 教学设计原理[M], 皮连生、庞维国等译.上海: 华东师范大学出版社, 1999.

[153] [美]柯传仁、黄懿慈、朱嘉. 汉语口语教学[M]. 北京: 北京大学出版社, 2012.

[154] [美]约翰逊等. 合作性学习的原理与技巧——在教与学中组建有效的团队[M], 刘春红等译.北京: 机械工业出版社, 2003.

[155] [美]Joanne M. Arhar, Mary Louise Holly, & Wendy C. Kasten 教师行动研究——教师发现之旅[M]. 黄宇、陈晓霞、阎宝花等译,北京:中国轻工业出版社, 2002.

[156] [比]Kris Van den Branden 编. 任务型语言教育:从理论到实践[M], 陈亚杰、薛枝、栗霞译. 北京: 外语教学与研究出版社, 2011.

[157] [美]Diane Ciaccio. 完全积极的教学——激励师生的五种策略[M]. 郑莉、闫慧敏译,北京:中国轻工业出版社, 2005.

[158] [新加坡]Thomas S. C. Farrell. 反思课堂交流——亚洲案例[M], 余艳译. 北京: 中国轻工业出版社, 2005.

[159] [美]Thomas L. Good & Jere E. Brophy. 透视课堂[M], 陶志琼等译.北京: 中国轻工业出版社, 2002.

[160] [美]George M. Jacobs, Michael A. Power & Loh Wan Inn. 合作学习的教师指南[M],杨宁、卢杨译.北京: 中国轻工业出版社, 2005.

[161] [新加坡]Ng Aik Kwang. 解放亚洲学生的创造力[M], 李朝晖译.北京: 中国轻工业出版社, 2005.

[162] [美]Priscilla Norton & Karin M. Wiburg 信息技术与教学创新[M]. 吴洪健、倪男奇译,北京:中国轻工业出版社, 2002.

[163] [美]William B. Ribas 新教师入门指导[M]. 王卫华译,北京:中国轻工业出版社, 2006.

[164] [美]Judith Haymore Sandholtz, Cathy Ringstaff & David C. Dwyer 信息技术与学生为中心的课堂[M]. 宋融冰译,北京:中国轻工业出版社, 2004.

[165] [美]Richard A. Schumuck & Patricia A Schumuck.班级中的群体化过程(第八版)[M]. 廖珊、郭剑鹏等译,北京:中国轻工业出版社, 2006.

[166] [英]Paul Seligson. 帮助学生说英语[M], 李冬云译. 南京: 凤凰出版传媒集团译林出版社, 2007.

[167] Ames, S., Angle, M., Brubaker, S., Mahan, J., Marchand, D., Walker, D., O'Neil, S., & Pappas, M. 1995. *Teaching electronic information skills: A resource guide for grades K-5.* McHenry, IL: Follett Software Company.

[168] Ausubel, D. P. 1961. In defense of verbal learning, *Educational Theory, 11* , 15-25.

[169] Ausubel, D. P. 1963. Cognitive structure and the facilitation of meaningful verbal learning, *Journal of Teacher Education, 14* , 217-221.

[170] Barnhardt, S. 1999. Establishing a learner centered foreign language classroom, From The National Capital Language Resource Center, www.nclrc.org/readings/hottopics/learnercenter.html.查阅日期:2007-12-7.

[171]Breen, M. 1987. Learner contributions to task design. In C. Candlin & D. Murphy (Eds.), *Language Learning Tasks* (pp.23-46). London: Prentice Hall.

[172]Brown, H. D. 2001. *Teaching by Principles: An Interactive Approach to Language Pedagogy.* Beijing: Foreign Language Teaching and Research Press.

[173]Brown, A. L., Ash, D., Rutherford, M., Nakagawa, K., Gordon, A. & Campione, J. C. 1993. Distributed expertise in the classroom, In G. Salomon (Ed.), *Distributed cognition,* New York, NY: Cambridge University Press.

[174]Bureau of State Library, Division of School Library Media Services, Pennsylvania Department of Education. 1988. *Integrating information-management skills: A process for incorporating library media skills in content areas.* Harrisburg, PA: Pennsylvania Department of Education.

[175]Byram, M. 1997. *Teaching and Assessing Intercultural Communicative Competence.* Clevedon, UK: Multilingual Matters.

[176]Connelly, F. M. & Clandinin, D. J. 1999. *Shaping A Professional Identity: Stories of Educational Practice*, Teachers College Press, 1-4.

[177]Council of Europe 2001. *Common European Framework for Reference for Language: Learning, Teaching, Assessment.* Cambridge: Cambridge University press.

[178]Darling-Hammond, L. 1995. *Authentic Assessment in Action.* Teachers College Press.

[179]Devin-Sheehan, L., Feldman, R. S. & Allen, V. L. 1976. Research on children tutoring children: A critical review. *Review of Educational Research, 46*, 355-385.

[180]Dishon. D. & O' Leary, P. W. 1998. *A guidebook for cooperative learning: A technique for creating more effective schools* (2nd ed.). Holmes Beach, FL: Learning Publications.

[181]Edge, J. 2008. Interested theory and theorizing as goal. *TESOL Quarterly, 42* (4), 653-665.

[182]Eisenberg, M. B., & Spitzer, K. L. 1991. Skills and strategies for helping students become more effective information users. *Catholic Library World, 63* (2), 115-120.

[183]Ellson, D. G. 1976. Tutoring, In N. L. Gage (Ed.), *The psychology of teaching methods* (Seventy-fifth Yearbook of the National Society for the Study of Education), Chicago, IL: University of Chicago Press.

[184]Eun, B. 2012. From learning to development: a sociocultural approach to instruction, *Cambridge Journal of Education.*

[185]Foley, J. 1991. A Psycholinguistic Framework for Task-Based Approaches to Language Teaching, *Applied Linguistics, 12* (1), 62-75.

[186]Foster, P. 1998. A classroom perspective on the negotiation of meaning. *Applied Linguistics, 19* , 1-23.

[187]Freeman, D. 2002. The hidden side of the work: Teacher knowledge and learning to teach: A perspecitve from North American educational research on teacher education in English language teaching. *Language Teaching, 35* . (1), 1- 13.

[188]Fullan, M. G. 1990. Staff development, innovation, and institutional development. In B. Joyce, (Ed.), *1990 Yearbook of the Association for Supervision and Curriculum Development.* Alexandria, VA: Association for Supervision and Curriculum Development.

[189]Fullan, M. G. & Stiegelbauer, S. 1991. *The new meaning of educational change.* New York: Teachers College Press.

[190]Garmston, R. & Wellman, B. 1999. *The adaptive school: A sourcebook for developing collaborative groups.* Norwood, MA: Christopher-Gordon Publishers, Inc.

[191]Gatto, J. T. 1992. *Dumbing us down: The Hidden curriculum of compulsory schooling.*

Philadelphia, PA: New Society Publications.

[192]Glaser, W. 1986. *Control theory in the classroom.* New York: Harper & Row.

[193]Goffman, E. 1981. *Forms of Talk* [M]. Oxford : Basil Blackwell. (转引自 Ellis. R, 2003: 252) .

[194]Hannafin, M. 1994. Emerging technologies, ISD, and learning environments: Critical Perspectives. *Educational Technology Research and Development,* (5),49–53.

[195]Hazelip, K. 1993. Outcome Inter–view, Tom Gurskey. *OUTCOMES, 12,* (1).

[196]Horwitz, E., Horwitz, M. & Cope, J. 1986. Foreign Language Classroom Anxiety, *Modern Language Journal, 70* (2),125–132.

[197]Humblet, I. & Van Avermaet, P. 1995. De tolerantie van Vlamingen ten aanzien van het Nederlands van niet–Nederlandstaligen. In: E. Huls & J. Klatter–Folmer (Eds.), *Artikelen van de Tweede Sociolinguistische Conferentie* (pp.1–20). Delft: Eburon.

[198]Johnson, K. 2009. *Second language teacher education: A sociocultural perspective,* New York, NY: Routledge.

[199]Johnson, K. & Golombek, P. 2003. "Seeing" teacher learning, *TESOL Quarterly.*

[200]Johnson, K. & Golombek, P. 2011. The transformative power pf narrative in second language teacher education. *TESOL Quarterly, 45* (3), 486–509.

[201]Kagan, D. 1992. Implication of Research on Teacher Belief. *Educational Psychologist, 27* (1).

[202]Kealey, D. & Protheroe, D. 1996. The Effectiveness of Cross–Culture Training for Expatriates: An Assessment of the Literature on the Issue. *International Journal of Intercultural Relations, 20,* 141–165.

[203]Kelley, L. 1994. *Teachers at the center of educational reform: Professional development and the culture of schools as facilitators of change.* Unpublished manuscript.

[204]Kindsvatter, R., Willen, W. & Ishker, M. 1988. *Dynamics of Effective Teaching,* New York: Longman.

[205]Korthagen, F. A. J. 1993. Two Modes of Reflection, *Teacher and Teacher Education,* (9), 75–77.

[206]Lave, J. & Wenger, E. 1991. *Situated learning: Legitimate peripheral participation,* New York, NY: Cambridge University Press.

[207]Little, D. 1995. Learning as Dialogue: the dependence of learner autonomy on teacher autonomy. *System 23* (2), 175–181.

[208]Long, M. H., & Crookes, G. 1991. Three approaches to task–based syllabus design.

TESOL Quarterly, 26, 27–55.

[209]Lortie D. C. 1975. *School Teacher: A Sociological Study.* Chicago,IL: The University of Chicago Press.

[210]Machado de Almeida Mattos, A. 2000. A Vygotskian approach to evaluation in foreign language learning contexts. *ELT Journal,* 54, 335–45.

[211]Morton, T. & Gray, J. 2010. Personal practical knowledge and identity in lesson planning conferences on a pre–service TESOL course, *Language Teaching Research.*

[212]Murphy, J. 2003. Task–based learning: The interaction between tasks and learners. *ELT Journal, 57,* 352–60.

[213]Naiman, N., Fröhlich, M., Stern, H. & Todesco, A. 1978/1996. *The Good Language Learner,* Clevedon: Multilingual Matters.

[214]Nunan, D. 1989. *Designing Tasks for the Communicative Classroom.* Cambridge: Cambridge University Press.

[215]Office of Teachnology Assessment. 1988. *Power on! New tools for teaching and learning.* Washington, DC: U, S. Government Printing Office.

[216]Pajares, M. 1992. Teacher's beliefs and educational research: Cleaning up a messy construct. *Review of Educational Research, 62* (2).

[217]Prabhu, N. S. 1980. Theoretical Background to the Bangalore Project, In Regional Institute of English. South India, *Bulletin, 4* (1), 17–26.

[218]Ryan, R. M. & Deci, E. L. 2000. Intrinsic and extrinsic motivations: classic definitions and new directions, *Contemporary Educational Psychology, (25),* 54–67.

[219]Richard, J. & Lockhart, C. 1994. *Reflective Teaching in Second Language Classroom.* Cambridge: Cambridge University Press.

[220]Richards, J. & Rodgers, T. 2001, *Approaches and Methods in Language Teaching,* (2nd edition), UK: Cambridge University Press.

[221]Samuda, V. 2001. Guiding relationships between form and meaning during task performance: The role of the teacher. In M. Bygate, P. Skehan & M. Swain (eds.) *Researching Pedagogic Tasks, Second Language Learning, Teaching and Testing* (pp.119–40). Harlow: Longman.

[222]Sergiovanni, T. J. 1994. Organization or communities? Changing the metaphor changes the theory. *Educational Administration Quarterly, 30* (2),214–226.

[223]Sharan, S. 1980. Cooperative learning in small groups: Recent methods and effects on achievement, attitudes, and ethnic relations. *Review of Educational Research, 50,* 241–271.

[224]Skehan, P. 1996. Second language acquisition research and task–based instruction, In

Willis, J. & Willis, D. (Eds.), *Challenge & Changes in Language Teaching*, Heineman.

[225]Silberstein, S. 2008. “Theorizing” *TESOL. TESOL Quarterly, 42* (2), 299–302.

[226]Stepien, W. 1997. Quoted in J. Clarke & R. Agne. *Interdisciplinary hign school teaching*. Needham, MA: Allyn and Bacon.

[227]Stooksberry, J. 1996, July/August. Using the kindergarten model in the intermediate grades. *Clearing House, 69* (6), 358–359.

[228]Swain, M. 1997. The output hypothesis, focus on form and language learning. In V. Berry, B. Adamson & W. Littlewood (Eds.), *Appling Linguistics* (pp. 1–21), Hong Kong: University of Hong Kong.

[229]Swain, M. & Lapkin, S. 2001. Focus on form through collaborative dialogue: Exploring task effects. In M. Bygate, P. Skehan & M. Swain (Eds.), *Researching Pedagogic Tasks, Second language Learning, Teaching and Testing* (pp.99–118). Harlow: Longman.

[230]Swan, M. 2005. Legislation by hypothesis: the case of task-based instruction. *Applied Linguistice, 26* (3), 376–401.

[221]Tonnies, F. 1957. *Community and society* [*Gemeinschaft und gellschaft*]. C. P. Loomis (Ed.). New York: Harper & Row. (Original work published in 1887)

[232]Wilson, B. 1995. Wetaphor for instruction: Why we talk about learning environments. *Educational Technology, 35* (5), 25–30.

后　记

汉语国际教育事业的肇始和大发展，是在许嘉璐先生以其远见卓识和先进理念，高瞻远瞩地抓住了历史机遇，进行了开创性的倡导和率领之下，经过坚持不懈的多年艰辛努力才得以实现的。许先生这样说："这是一个崭新的事业。没有经验，没有现成的路，但是本着小平同志所开创的事业的道路，只有发展才能解决一切问题，只有改革开放，解放思想，才能摆脱目前两难的境地，尴尬的境地。为什么说是两难？汉语国际推广不是我们要做，是各国要我们做。拒人家之要求于门外，难！那就是我们要倒退到封闭保守。我们接受这个邀请，派人出去，难！因为我们培养的学生和我们教师自身，还不适应国外的情况。身处两难境地自然尴尬，要想摆脱这种尴尬，只有闯，要想闯，就得打破自身的束缚，要掀掉遮盖自己目光的障碍。"(许嘉璐,2008a:1)这项新兴的事业是在以往对外汉语教学事业有了很大发展的基础上，突破了很多难关之后才能够实现的，也带动了整个学科的跨越式发展。汉语国际教育将教学视野拓展至全球，并且将文化传播的重担肩负起来，成为了国家文化发展战略中的一个重要的环节，在满足国际社会需要的同时，也赢得了国际社会的尊重。

汉语国际教育的发展也带来了整个汉语教学事业的战略性转变，也得以使这个学科做大做强，能够去争取一级学科的地位。实际上，汉语国际教育事业的发展对于汉语教学学科发展更为重要的意义在于，使本学科在教学大发展的基础上有了赶上和超越世界第二语言教学先进水平的历史机遇，因为汉语国际教育在世界范围内的飞速发展提出了许多新的教学和研究的课题，可以推动和托举汉语第二语言教学进入世界第二语言教学研究的前列和前沿。我们每一个从事汉语国际教育的教学和研究工作的人，都应当担当起自己的历史责任，树立起对世界第二语言教学发展做出贡献的信念、勇气和豪情，具备前瞻性的发展意识，把握时代的脉搏，勇于探索，大胆创新，进行教学的改革。

汉语国际教育事业的发展，实际上是汉语的全球化发展，也是中国文化的全球化发展，是整个中国全球化进程的一个组成部分（不是要世界中国化，而是中国进入世界，成为其中的一部分）。可以说，汉语国际教育是一种文化从边缘向中心的迂回运作。文化复兴不仅是中国自身的繁荣就可以实现的，而是要以其影响力和规模重新成为中心。外部的恐惧和敌意来自新中心的出现和争夺中心地位的冲突，特别是当一种趋势日益明显而不可避免的时刻。我们应当以广阔的胸怀，利用好后发优势，把握机遇，迎接挑战，攻克难关。

海外汉语国际教育的发展，可以促进国内的对外汉语教学的发展。中国的社会、经济是在飞速地变化发展着的，汉语教学唯有跟上这种快速的变化和发展，也才能发展自身，才能生存。应当感谢中国社会经济的飞速发展，带来了汉语教学的大发展的机遇，使汉语教学也能够为国家的发展出一份力，这是汉语教学的教师们应当感到无比自豪的，因为我们在中华民族伟大复兴的历史伟业中也贡献了自己的力量。

汉语国际教育专业硕士师资培养的核心问题是探索培养模式和建立课程体系，这些都需要很大的投入，是以往的教学经验所不具备的，是一种很大的转型，是一种很大的创新，而从这种转型和创新之中，也可以形成对新型人才（海外汉语教师）培养、选拔和考核的标准，而尤其重要的是要摸索出面向海外汉语教学实践的具体教学内容以及教学实施方式。教学创新必然要经过实验、试点、摸索以及调整等一系列的实践阶段，很难一步到位。任务型语言教学也许在开始阶段的投入多、费时长，但是学习者的自主运行开展以后，则易于进行，从而改变学生学习被动的局面。

汉语国际教育硕士的培养实际上就是迎接挑战、克服困难、解决问题的一种尝试，在其培养任务和培养过程中都存在着矛盾，包括培养通用型还是专门型人才的矛盾，多样化与针对性的矛盾，精深与宽广的矛盾，等等，对相关的问题进行探讨和研究其必要性自不待言。

本书是我在日本明海大学任教期间完成的，在日本任教的两年期间，完成了此书写作的准备和写作定稿工作。但是，实际上研究本课题的最初设想是在6年前就萌发了，那是在2009年给2007级汉语国际教育专业硕士上课的时候。当然，在指导我所带的汉语国际教育专业硕士的海外教学实习和毕业论文开题及写作的过程中，在作为课程负责人指导其他汉语国际教育专业硕士国内实习的过程中，以及在进行师资培训和对赴海外进行汉语教学的志愿者出国前集中培训时试讲的指导时，也形成了很多感受和看法，逐步深化了我对此课题的认识。

赴日进行汉语教学，也给本书作者提供了就近观察日本汉语教学情况以及写作本书的时间，但是相关的资料却寻找不便，故此本书作者不得不从国内邮寄和携带了一百多本相关书籍以及许多复印的单篇期刊论文以供参考。还有许多有关的课题值得研究，如通过任务型教学方式培养汉语国际教育师资教学管理和课堂管理能力的课题，以及培训汉语国际教育师资在任务型教学方式中测试学习者成绩的能力的课题等等，很遗憾由于本书篇幅的限制，只能留待以后呈现给读者了。

作　者

2015年1月记于日本明海大学